星云大师

江苏江都人,1927年生,为临济宗第四十八代传人。十二岁出家,1949年赴台。1967年创建佛光山,并担任佛光山寺第一、二、三任住持。先后在世界各地创建三百余所道场,创办二十四所美术馆、图书馆、出版社、书局、五十部"云水书坊"行动图书馆、五十余所中华学校、十六所佛教学院、五所大学等。

大师著作超身,现有三百余册著述,并被翻译成英、日、德、法、西、韩、泰、葡等二十余种语言,流通世界各地。2013年获得"影响世界华人终身成就奖",2016年向国家博物馆捐赠北齐佛首,现为国际佛光会世界总会终身荣誉总会长。

星云智慧

星云大师 著

王力行 主编

高希均 述评

生活·读书·新知 三联书店

Copyright © 2017 by SDX Joint Publishing Company
All Rights Reserved.
本作品版权由生活·读书·新知三联书店所有。
未经许可,不得翻印。
本书中文简体字版权由上海大觉文化传播有限公司独家授权

图书在版编目(CIP)数据

星云智慧/星云大师著.—北京:生活·读书·新知三联书店,2017.12
ISBN 978-7-108-06141-6

Ⅰ.①星⋯ Ⅱ.①星⋯ Ⅲ.①佛教－人生哲学－通俗读物 Ⅳ.①B948-49

中国版本图书馆 CIP 数据核字(2017)第 244190 号

责任编辑	王秦伟 成 华
封面设计	米 兰
责任印制	黄雪明
出版发行	生活·讀書·新知 三联书店
	(北京市东城区美术馆东街 22 号)
邮 编	100010
印 刷	江苏苏中印刷有限公司
排 版	南京前锦排版服务有限公司
版 次	2017 年 12 月第 1 版
	2017 年 12 月第 1 次印刷
开 本	880 毫米×1240 毫米 1/32 印张 14
字 数	320 千字
定 价	68.00 元

"破船多揽载"

星云大师

我一生只希望好好地做一个修道的和尚，并没有什么大志大愿要去办多少事业，也没有想要成为一个专业的作家，我只是有一个随缘的性格，用一句中国的俗话来形容，就是"破船多揽载"。

无论做什么事情，我都没有受过专业训练，只因为我有不忍圣教衰，不忍众生苦，不忍世间没有公平正义，不希望人生懒惰懈怠的性格，因此只要我看到、听到、遇到的任何事，都想随喜随缘去做。就这样，养成了我一生在佛教里，不但懂得佛门的丛林寺院生活、戒律规矩、各种专任职务的内容，也欢喜布置花园草木，增添盎然生机；欢喜房屋建筑，砌砖墙、钉板模；就是厨房里面各种酸甜苦辣的料理烧煮，我也有家传的技能；甚至制作衣服鞋袜、布置地方场所，在我也都不为难事。当然，一般的打扫、清洁、整理，我也心甘情愿从事，认为是自己分内之事。

到了后来，又再有各种因缘训练我，让我和各类人、事接触。先是从老年的信徒开始，在宜兰念佛会里，我带领他们念佛、参禅；后来，除了老人以外，又觉得青年人需要教育，所以我就办了补习班、文艺营、歌咏队；继而办了幼儿园、星期学校、儿童班、小学、中学、大学以及佛教学院;再办出版社、电视台、报纸等。就这样,我走上了社会教化的不归路,自我发心在社会弘法以来,凡是机关学校、工厂监狱,有人要我前去为他们讲说佛法时,我都从未拒绝,总是排除万难地去满足他们的愿望。

我虽没有正式经过学校教育,可是由于生性好学,无论是古典的文史哲学、近代的散文小说,还是一些中外名著,尤其报章杂志,我都是如饥似渴地在忙碌中抽空认真阅读。所以,我的世界也就愈来愈广阔了。而与一些社会人士之间的往来,是教育家的,我就和他们谈教育,向他们学习、了解教育的内容;是军事家的,我就和他们谈论行军布阵,在心内模拟指挥大军团的情况;是经济学家的,我虽不爱钱财,但也向他们学习一些经济的观念,例如从经济学者高希均教授的言谈中,我就受益很多。

总之,我不感觉缺乏,只觉得在这个世间,最重要的就是服务、结缘,用佛教的话讲就是要"慈悲"。我本来也没有想行走天下、弘扬佛法,但是就有各种因缘推动着我去做。可以说,我对佛门的信心,除了自己基本的信仰以及诸佛菩萨的加持,最重要的还是慈悲、服务、结缘,尤其今日能够"佛光普照,法水长流",这都得要感谢社会的老中青各界影响我、教育我、助长我,让我时时有一种悟道的感受。

我一生自视做了一些善行好事,但是少有人称道;反倒是在奉行佛法、推动人间佛教当中,佛门内外给予我的阻碍、批评很多。好在我的个性,总能把外在的境界不看成是什么严重的事,只求"岂能尽如人意,但求无愧吾心"。就像我办了多少的学校,人家都不谈不说,只说我在哪里办过什么补习班、做过一些什么随堂开示;早期我游走在台湾的三家电视台之间,三四十年未曾间断,也少有人谈起。

另外,我有很多学术性的经典注释、论文著作,也少有人问津,反而是我那许多不成文的作品,像《玉琳国师》《无声息的歌唱》等小说和几首小诗,承蒙艺文界给予我不少的赞美;我的一些通俗化讲演、趣谈,也引起了人家说我是一个讲故事的专家。甚至后来我每天在《人间福报》写专栏,十五年没有间断,也都没有什么人讲我的文章、好事。除了有北京大学楼宇烈等几位教授采用人间佛教论文作为教科书和西方一些大学把我的文章翻译成各种语言作为教科书,几乎大家都没有留意过我写的文章。

现在承蒙天下文化要为我出版《星云智慧》一书,说是星云的"随笔""杂感"倒还可以,称"智慧",实在愧不敢当。总之,谢谢天下远见发行人兼总编辑王力行女士和同仁们的帮助,也谢谢有缘的读者们了!

佛说的、人要的、净化的、善美的人间佛教

王力行

星云大师二十三岁来台,弘法已超过一甲子。他的创新、改革、构建、验证,把人间佛教落实到每个人的生活里。

曾经请教过星云大师:"什么是人间佛教?"他回答说:"佛说的、人要的、净化的、善美的,就是人间佛教。"他也说:"人间佛教不是我或太虚大师创立的,探本究源应是释迦牟尼佛的学说。"正因是"人要的",也就和我们的生活、生存,社会的变迁、和谐、进步,世界的和平、环境息息相关。

星云大师推动人间佛教,就是希望回归佛陀本怀,将佛法落实到各阶层,让大家透过佛陀的智慧,认识自己、肯定自己。他特殊的弘法方式:

一、不同的语言说法。
二、不同的方式弘化。
三、不同的愿心为教。
四、不同的目标证悟。

最终是要强调"佛性平等""缘起中道""自觉行佛""转识成智"。这种把佛法用于人间事、人间理,惠及广大的人群,而不仅仅是佛教徒的创新做法,使得人间佛

教"给人信心、给人欢喜、给人希望、给人方便"的信念深植人心,大家朗朗上口。

星云大师是位了不起的宗教家,他摆脱过去被误导的佛教避世消极的形象,关怀世间事。当台湾或世界各地发生与人相关的喜悦、灾难和冲击时,他的"随缘性格"就会发挥,他的"不忍圣教衰、不忍众生苦、不忍不公不义、懒惰懈怠"的心也自然流露。

多年来,他以一支先天优异、后天努力的文学之笔,对于现实社会的一些关键大事,写下自己的感想、省思和建议,陆续在各报章、杂志上刊出。

这本《星云智慧》一书,就是集结了大师多年来对许多问题的评论。我们把全书分成八章:人间事、悲苦事、大众事、谈心事、智慧事、佛门事、两岸事、大千事。在书中,大师谈媒体、谈民主、谈灾难、谈教育、谈生死,事事都离不开佛理佛法。字字珠玑,看出他的慈悲、智慧、包容和无私。

每章最后,更有高希均教授的述评文章,使得本书更臻圆满。

目录

001　星云大师　"破船多揽载"

001　王力行　佛说的、人要的、净化的、善美的人间佛教

人间事：要舍去，解人间烦恼

003　挑战压力的勇气
010　现代青年应有的人生观
013　如何战胜自己
017　正人心、去虚假
020　明辨杀生之因——对皮草话题的回答
023　生命的密码
033　以忍为力
043　十度空间
047　让下一代正确面对人生

051　马先生打瞌睡
055　看见梦想的力量
058　民主的修为——吾言有罪
061　【述评】 山上有星云

悲苦事：须放下，解人生苦悲

065　在无常中重建希望
070　器官移植的意义
073　转危为安的方法——为SARS疫情祈愿
077　七月须知
081　救灾无国界
084　如何转祸得福
088　暴力
092　开放
095　妥协
098　战火

102　【述评】 生命七七、云端九九——写在星云大师生日八八

大众事：修忍让，解生活之道

107　团结力量大
111　请全民支持反贿选

114	没有台湾人——在台湾居住的,都是台湾人
120	对国民党选战策略之建议
123	大和解·救台湾
126	我们的"牛肉"在这里!
128	"去中国化"之我见
137	国民党党主席改选后
141	选举的良心·人民的觉醒
145	"终止国统论"之我见
149	"萧仔,你要回来救台湾啦!"
152	当司法沉沦的时候
155	权力之前,该怎么办?
158	拒领公投票的重要性
162	让"选贤与能"复活
166	爱台湾要讲究法治,是非应止于智者——响应李家同教授
169	我的意见:选贤与能
173	【述评】"星云价值"能改善政府乱象吗?

谈心事:勤行善,解蒙昧杂心

179	慈悲爱心列车要永远开下去
182	什么是福报?
185	2003年新春告白
192	行三好,救台湾——读高希均教授《挑"好"的说》一文有感

196	放生与护生
200	从和谐到和平
204	2012年新春告白
213	对玄奘遗迹大唐兴教寺将拆除的看法
216	【述评】 慈悲与智慧——星云大师创建的佛陀纪念馆

智慧事：喜读书，解世上痴愚

223	教育的省思
227	明"因"识"果"，圆满自在——谈教育
230	我对废除死刑的看法
234	圆——谈辛亥革命100年的代表字
236	丈夫七出
239	抢救文化出版业
243	有感寺庙不收门票
247	为大专院校校长会议开示
251	【述评】 星云之心——读《百年佛缘》

佛门事：主修行，解入世之法

261	中国佛教与佛教青年
266	复兴佛教与批评

272　佛教青年临到时代的考验

277　我们要有殉道的精神

281　一个"卍"字两个头

285　佛诞节,为何不能放假?

289　比丘尼僧团的发展——2002年4月20日"人间佛教与当代对话"学术研讨会专题讲演

302　宗教与和平——于国际自由宗教联盟世界大会演讲

311　印度佛教复兴——安贝卡博士五十周年纪念致辞

314　明治维新的镜子

318　弱者!你的名字叫"和尚"

322　授外籍宗教人士荣誉证,值得喝彩!

325　【述评】"改变"的力量——记第一届"星云人文世界论坛"

两岸事:用包容,解人际之间

331　佛教对全球问题的概观

339　如何建设和谐社会

346　《人间福报》十年有感

351　花,美丽了台湾

355　禅在中国

359　理性、包容、爱台湾

363　看到两岸融合的契机

367　欢迎张志军主任来台

370	两岸和敬,不计较一两句话
374	【述评】 挑"好"的说——"家和万事兴"的曙光会出现

大千事:执正见,解偏执之言

379	21世纪的讯息与展望
384	我对宗教融和的世界观
389	佛牙来台
393	邪教之害
397	十邪:再论邪之害
401	世纪生春
404	宗教与当代世界
410	融和与和平——日内瓦国际会议中心专题演讲
419	【述评】 星云奇迹——佛光山人间佛教的兴起

人间事：要舍去，解人间烦恼

挑战压力的勇气

诸位仁者：

从9月5日到10月10日，一个月零五天之中，几位执事陪着我走过美国、加拿大、巴西、阿根廷、英国、德国、瑞士、法国。三十五天的行程，天天在坐飞机，有时甚至长达二十六个小时，下了飞机，人好像踩在云里、飘浮不落实的感觉；天天在搬运行李，二十四只大纸箱，装满佛光山与佛光协会的讯息，要带给遍于海外的佛光人。

每到一个别分院，我总听到徒众跟我提起读书的事。读书本来是一件很美妙、很重要的事，但是我觉得读书会使一个人读得很成功，但是也会使一个人读得很失败；读书会使一个人很有用，但是也会使一个人一无是处；读书能使一个人很明理，但是也会使一个人变成很无明；读书能使一个人懂得谦虚，但是也会使一个人变成知识上的傲慢；读书能使一个人思想开通，但是也会使一个人顽冥执着；读书能使人成圣成贤，但是也会使人自私自利；读书能启发正知正见，但是也会使人变得愚昧偏邪；读书能使人气度宽宏，但也能使人肚量狭小；读书能使人精进奋发，但也会使人懒惰无能。

有的人很能读书，有的人不能读书；有的人爱读书，有的人不爱读书；有的人很会读书，有的人不会读书；有的人活读书，有的人死读书。佛光山的大家,你们要读哪一种书呢?读书要学以致用,学了以后没有用处,倒不如不学,你要怎么用法呢?

有的弟子问我:一天到晚坐飞机,不觉得危险吗?一天到晚忙碌奔波,不觉得压力很大吗?因此,让我想起一些问题,我有几点意见告诉你们:

一、我不觉得有压力

大家常常说:"我工作压力很大""我生活压力很大"。但是我确实不觉得有压力。人生本来就需要奋斗,世间本来就是一种责任。一个气体饱满的皮球,如果你不打它、压它,它怎么弹跳得起来?我们为什么甘心做个泄了气的皮球呢?为什么不能承受压力,使自己进步、再升华呢?我很庆幸自己童年的时候,遭遇到一些苦难、挫折,使我养成习惯压力的个性,因此日后纵然遇到压力,我也不觉得,反而感到很幸福。我们要有不怕向压力挑战的勇气,一旦不觉得有压力,能够奋斗不辍,自然有力量。

二、我不觉得有危险

世间究竟哪里才是安全?哪里又是危险呢?我从小就在战乱中度过,先是抗日战争,再是国共内战。四十多年前,我来到台湾也不是为躲避战乱,而是为了参加"僧伽救护队",为因战乱而伤亡的人救苦救难,结果反而平安地过了四十多年。因此,佛光山的弟子不要害怕危险,要像富楼那尊者,甚至基督教、天主教的教士们那样,冒险犯难,到边远险恶的地方传播佛法真理。

三、我不觉得有困难

世间没有困难的事,只要我肯发心,困难也迎刃而解,变得不困难。拿破仑曾说,"在我的字典里找不到一个'难'字"。我们也要训练自己的人生没有困难的畏怯。我们佛弟子成佛作祖,如此难行能行、难忍能忍的事,都有勇气追求实践,成佛都敢承当,了生脱死都敢承认,除此,天下还有什么更困难的事吗?不要常常把困难放在心里,摆在嘴边,那是推诿、不负责任的态度。

四、我不觉得有忙碌

我一天到晚在海外五大洲、大陆和台湾等地,有许多的会议要开,许多的事情要办,许多的人要见,许多的人轮流要和我讲话,坐车子有人和我讲话,连坐飞机空服人员、驾驶员也跑来和我说话。在忙碌的生活中,大家要养成人忙心不忙的定力,忙碌而心中自有一份安详、宁静,忙乱中自己要能够处变不惊,大家应该做一个虽忙碌而悠闲的人。

五、我不觉得有是非

有人生活在人我是非之中,我以为说人是非者,便是是非人。我不轻易相信是非,也不为是非所动,因为是非好坏没有那么要紧。我一生受到多少毁谤打击,从生下来就被人品头论足了数十年,佛陀都有人毁谤,我何如人也,我还把是非看得那么严重吗?我要耿耿于怀吗?有的人为了别人的一句话、一件事,几天吃不下饭,几夜睡不着觉,甚至几年过去了,还挂碍在心头,背着是非过日子,徒然增加自己的烦恼,不是很愚昧的行为吗?我们要以佛法的般若智慧来照破是非,虽处是非而不说是非,不怕是非。

六、我不觉得有寒热

有的人天气太热了受不了,天气太冷了又不能适应,寒冷、炎热又有什么关系呢?禅师说:"寒冷的时候要到寒冷的地方去,炎热的时候就到炎热的地方去。"前贤古德的禅语诗偈,我们一点也没有受用吗?今日佛弟子最大的悲哀,就是不能运用佛法来转变环境,反而随境而转。冷热随他去,心中自清凉,你能如此,你就能随处而安,随缘自在了。

七、我不觉得有荣耀

许多的信徒恭敬我、赞叹我、供养我,但是我心上从不觉得有丝毫的荣耀。因为大家对我的恭敬、赞叹、供养,只让我觉得更加的任重道远,更加的战战兢兢,要如何加倍精进勇猛,才能回报檀那(注:信徒)厚德!佛陀处逆境而不忧苦,处顺境也不欣跃,我佛光弟子也要有如此的涵养,顺逆当前,都能如如不动。

八、我不觉得有委屈

生活中不可能事事尽如人意,但是也不必因此烦恼。比如出国上飞机前,海关人员要搜身;上车子没有位子坐,法治面前人人平等,我一点也不觉得委屈。有晚辈来拜访我,我都说:"不必了,我去你那里谈话好了。"对方认为我移驾太委屈了,在我看来,一切都很平常,何来委屈呢?我希望佛光人都要有这种"能大能小,能进能退,能屈能伸,能荣能辱"的气度,纵然有委屈也不以为意。

九、我不觉得有时差

我飞行各地,一路转机,世界各地都有时差。有时正当美国半夜二三点时,经常有徒众、执事在台湾吃过晚饭后,就打电话给我,我都是从睡眠中起来接听。他们吃过药石(晚饭)有时间打电话,不过我半夜在睡眠也有时间听电话。我希望佛光山的弟子要有国际的性格,首先要培养没有时差的烦恼。不觉得有时差的困扰,才能海阔天空,任性逍遥。

十、我不觉得有空距

古人说咫尺天涯,天涯咫尺,天涯若比邻,哪里是近的?哪里又是远的?"只要自觉心安,东西南北都好。"我确实在世界上走到哪个国家,都觉得哪个国家很好,风景好、气候好、人情好,三千大千世界都好,大千世界都在我的方寸之间,还有什么空间距离的不便感觉呢?

十一、我不觉得有灰心

很多人常问我:"师父!您曾经失望吗?您曾经灰心吗?"对于一切的人或事,我总认为"当然的",人我的意见纷争是"当然的",事情的困难棘手也是"当然的",被人欺侮陷害,想到自己道德不够;被人打击伤害,想到待人慈悲不够。如此一来,便没有什么灰心失望了。我对于弟子从来没有灰心的念头,我对于遭遇到的事情也没有沮丧退转的心,有的只有随缘的平常心。

十二、我不觉得有缺乏

有的人需要维他命丸,有的人需要别人的呵护,有的人需要物质的供应，有的人需要精神的关爱。佛光山的弟子要养成没有缺乏的习惯，我们拥有了佛法、拥有了慈悲，拥有了六度万行的清净功德，我们还缺乏什么呢？

除了十二种不觉得有什么之外，大家还应具备十二种我觉得有：

（一）我觉得我有慈悲。

（二）我觉得我有发心。

（三）我觉得我有耐心。

（四）我觉得我有勤劳。

（五）我觉得我有随缘。

（六）我觉得我有坦诚。

（七）我觉得我有合群。

（八）我觉得我有惜福。

（九）我觉得我有惭愧。

（十）我觉得我有感恩。

（十一）我觉得我有明理。

（十二）我觉得我有担当。

希望各位仁者：

精进实践，

道业有成。

星云

佛光纪元二十六年

十月二十一日

（刊于1992年10月佛光山传灯学院）

修心之钥

☆ 人生本来就需要奋斗,世间本来就是一种责任。我们要有不怕向压力挑战的勇气,一旦不觉得有压力,心里自然产生力量。

☆ 说人是非者,便是是非人。不轻易相信是非,也不为是非所动,因为是非好坏没有那么要紧。

☆ 禅师说:"寒冷的时候要到寒冷的地方去,炎热的时候就到炎热的地方去。"冷热随他去,心中自清凉,如此才能随处而安,随缘自在。

现代青年应有的人生观

一个人的生活在物质上有所满足后,就需要精神的生活;拥有精神生活后,还要追求艺术的生活;生活中要求真、求善、求美;有了艺术生活后,就想要再超越,进而向往宗教的生活。

现代青年应具有什么样的人生观呢?

一、从退让中体验乐趣

我们现在的口号是"向前进",不能开倒车,一般人也都认为退让比较消极,其实这可不一定。为什么呢?"以退为进",有时候退一步比进一步高明。因为我们大都只看到前面的世界,忽略了后面这一个世界其实也很有乐趣。佛教里有一首偈语说:"手把青秧插满田,低头便见水中天;六根清净方为道,退步原来是向前。"我从佛教生活中感受到一点心得,就是我们在人际间如何相处,自己如何和他人处得快乐,提供四点给大家参考,即(一)你对我错;(二)你大我小;(三)你有我无;(四)你乐我苦。

二、从宁静中安顿身心

我们经常听别人说:"这个世界太动乱了,现在的社会噪音很多,我们找不到片刻的安宁、片刻的寂静。"寂静是很重要的,宁静才能致远;从宁静中可以找回自己,从宁静中可以找回智慧。

三、从自制中克制物欲

外界给予我们的诱惑太多,金银财宝、感情、洋房、汽车等都是诱惑。现在年轻人也委实了不起,需要培养很大的力量,才能在与外界作战时有胜算。修心主要也是与烦恼欲望作战,从道德、修养中可以感受到这股力量,而忍耐和自制就是我们战胜诱惑的主力。

四、从空无中认识人生

现代年轻人的人生观为什么狭小而不能宽大?要想宽大,像虚空一般,要能对"空"有所认识。"空""无"一般人常将其视为佛教老套,所有东西都说四大皆空,这是完全不了解最高真理"空"的意义。一般人说"空",有"空"的观念,就是"不空";佛教的"空",不是由知识得来的,而是从体验得来的。佛教的"空"是要从"万有的因缘"上去了解的,例如桌子,你们说是木材、是大树、是种子,其实这些,都是结合宇宙有的因缘,才成为我们眼前所看到的东西,人生的因缘种种也无非是从真空中而产生妙有的。

提供以上几点让大家参考,希望带给青年朋友,建立更美好的人生观!

(刊于1998年12月20日《觉世》月刊1391期)

修心之钥

☆ "以退为进",有时候退一步比进一步高明。从退让中体验乐趣,从退让中体会更开阔的空间。

☆ 宁静,重要且可贵!

☆ 年轻时早日建立有智慧的人生观,人生将走得更稳,境界更美好。

如何战胜自己

世间有很多伟大的革命家,他们为社会大众带来了福祉。但是,所谓的"革命家",首先必须要革自己的命,要把自己内心的自私、贪欲、嗔恚、嫉妒、愚痴、执着、傲慢、褊狭等毛病一一革除,能够真正用心为天下黎民百姓牺牲奉献,才能成为真正的革命家。

例如,中国近代史上,孙中山先生历经十一次的革命,推翻清朝,缔造民国,这是人尽皆知的史实。但是,他所革除的,不只是清朝的专制,更是自己的私心、私念,因此得能致力于"天下为公,世界大同"的理想。

至圣先师孔子一生学不厌、教不倦,甚至"发愤忘食,乐以忘忧,不知老之将至"。他痛斥邪恶、虚伪,而以君子、圣人为修养的最高理想,并且终生致之。因为他能够战胜自己的懒惰、恶习,因此圆满道德事功,成为一代圣人。

佛教里的曹洞宗祖师洞山良价禅师为了慕道求法,毅然割舍亲情,写下情挚意切的"辞北堂书",终于获得母亲的祝福,潜心道业,广度有情,成为一代祖师。

一个人能够为了理想而牺牲奉献,能够战胜自己,才是真正的胜利。因为,人生最大的敌人,不是别人,而是自己;人生最大的胜利,也不是战胜敌人,而是战胜自己。

然而,在中外的历史上,有不少军事家,他们虽然一时战胜了敌人,却无法战胜自己贪求的野心,最后只有功败垂成。例如拿破仑、希特勒、亚历山大等;再如近代的日本军阀,因为贪图中国的土地,发动侵略,虽然短暂地统治了台湾,最后仍然落得无条件投降。

其实,在人生的旅途中,每个人纵使有一些与自己理念不尽相同的反对者,但是依佛教来讲,自己心中的"八万四千烦恼",才是自己真正的敌人,它们像贼人一样,出没不定,最难打败。因此,王阳明先生说:"破山中贼易,破心中贼难。"

所谓"八万四千烦恼",实际上是以贪嗔痴为首领,它们是烦恼的根本,也是人生最大的敌人。学佛,就是向自己的烦恼魔军作战;念佛,就是对自己的烦恼习气革命。当一个人的心中不再被自私、贪欲、怨恨、不平、比较、计较、嗔恚、嫉妒等情绪占据时,当下就是解脱烦恼,就是战胜自己。

在企业界颇负盛誉的台南奇美实业公司董事长许文龙先生,他把公司每年的盈余给员工分享,他战胜了自己的私欲、贪求、占有,故能视员工为一家人,而能让员工分享利益,成为人所敬重的实业家。

现任台北市长马英九先生,是一个有为有守的政务官,他本不希求做官发财,然而一旦人民需要他,即毅然弃守个人的坚持,他战胜了自己的执着,为民加入选战,这就是政治家的典范。

一般说来,经营企业的实业家,无不希望在商场上胜利,带兵作战的军事将领,无不希望在战场上报捷;然而人生最大的敌人,不是别人,而是自己的心。一个人如果没有向自己的内心革命,纵然成功,也只是事功上的成就,自己的道德人格不能圆满,即不能名之为成功。

目前台湾正值地方领导人选举,未来不管任何人当选,如果大家在竞选时,都有"我最好"的信心;落选时,都有"你最好"的风度,大家摒除成见,捐弃私欲,共同合作,这就是真正战胜自己的人,也才是真正的赢家。

(刊于 2000 年 3 月 14 日《人间福报》)

修心之钥

☆ 学佛,就是向自己的烦恼魔军作战;念佛,就是对自己的烦恼习气革命。

☆ 人生最大的敌人,不是别人,而是自己的心;事功上有成就,自己的道德人格不圆满,即不能名之为成功。

正人心、去虚假

台湾地区领导人已于2000年3月18日由人民投票选出,这场新世纪的领导人大选,使得全台人民的情绪沸腾到极点,创下百分之八十二点七的历年最高投票率。如今选战虽已落幕,人民的激情却未见消退,原因是原本被认为"三强鼎立"的战局,结果却出乎意料,不但国民党败北,而且以百分之二十三的得票率创下国民党历届选举之最低纪录,不得不将执政五十五年的政权转移给胜选的民进党。

尽管事后国民党紧急开会检讨,将败选原因归于辅选不力、党内分裂等因素,然而此次代表国民党出线参选的连战先生,却认为自己有"被骗"的感觉,原因是选前他曾三次拜访李远哲先生,皆被对方以"不愿介入政治,保持中立"的话回应,未料最后却出面挺陈水扁;甚至选前的民调也与开票结果相去甚远,因此连战说这场选举不仅让他伤身,而且伤心。

尤有甚者,部分选民因为不满选举结果展开示威抗议,无形中为民主政治的选举蒙上阴影。

综观整个事件的症结,就是一个"假"。

假,就是不诚实,不坦白;假,就是违反自然,就是不正常,更是不合真理。世间上凡一切"假",必为人所唾弃,例如美国总统克林顿在绯闻案中,因为证词作假,险些被迫下台。所以佛教五戒中的戒妄语,就是不说假话,假话会伤人心;不做伪证,伪证出卖人格;不卖假药,假药害人生命等。

作假,是一种病态,说假话的人无非为了掩饰自己的错误,或是为了图谋某种利益。但是说了一次假话,必须编造更多的谎言才能自圆其说,不但自己劳神费心,一旦谎话被拆穿,重者身败名裂,轻则斯文扫地,甚至整个社会因为太多人喜欢说假话,乃至讲真话没有人相信,偏偏爱听虚伪的假话,以致造成社会的纷争、诉讼迭起,所以今日社会风气需要善化、美化、净化,尤其需要"正人心、去虚假"。

是故,激烈的选战已落幕,选举结果也明朗化,对于选前举发的抹黑案、贿选疑云、弃保效应等,个中不管谁是谁非,肯定当中有人讲假话。因此,希望社会的公正人士勇敢地站出来讲真话,要让真相大白于天下,不要讲假话,不要再让假象迷惑人心,以免造成社会的纷争与不安,这也是政治人物应有的风范。果能如是,则可谓功德无量矣!

(刊于 2000 年 3 月 22 日《人间福报》)

修心之钥

☆ 不说假话,假话会伤人心;不做伪证,伪证出卖人格;不卖假药,假药害人生命。

☆ 社会风气需要善化、美化、净化,尤其需要"正人心、去虚假"。

☆ 要让真相大白于天下,不要讲假话,不要再让假象迷惑人心,以免造成社会的纷争与不安,这也是政治人物应有的风范。

明辨杀生之因
——对皮草话题的回答

在前日(2月4日),佛光山举办花木奇石艺展记者联谊会。为表示礼貌起见,记者临走前,我接见了这些完成采访的记者。忽然有一记者来到我跟前,问我应不应该对穿戴皮草的人挞伐谴责。

当他提出此一问题时,我脑中几乎一片茫然,因为方才的花木奇石艺展与此主题毫不相干,佛光山举办的花木奇石艺展所倡导的是生命的提升、心灵的安顿,与皮草并论丝毫没有任何关联,如果硬要进行讨论的话,也许是其中园区内的素食动物园了。可是佛光山的素食动物园,其旨意是建立在生命的教育意义上,借由儿童认识动物的柔软与和善,从而培养内心的慈悲和对生命的关怀。

因此,我对该记者的问话动机并不十分清楚。我只是说,穿戴皮草的人,他们的原意是建立在皮草温软美观的层面,买皮草的人并没有考虑到杀生的问题,而我们应该要追本溯源,对动物的滥捕、滥杀才是最严重,应该受到人们的谴责。

一向少看电视的我,对动物保护团体所拍摄的残杀动物画面,心中深为不忍。但是如果要谴责穿戴皮草的人,首先必须要追溯皮草的制造来源。虽说没人穿就没人买,没人买就没人杀,但是凡事都有前因后果的关系,在此一问题上,我们必须要从因的层面去追究,因为"有杀生才有人买,有人买才有人穿"。

在人们日常生活中,皮草用品种类颇多,鞋子、皮包、衣物、用具等,这都是人们久远以来的陋习,光是一味苛责穿戴皮草的人,不去重视"戒杀"这个问题,是无法真正解决问题的根本所在。

上述是我对皮草话题的回答。

(刊于 2005 年 2 月 7 日《人间福报》)

修心之钥

☆ 买皮草的人并没有考虑到杀生的问题,而我们应该要追本溯源,对动物的滥捕、滥杀才是最严重,应该受到人们的谴责。

☆ 没人穿就没人买,没人买就没人杀,但是凡事都有前因后果的关系,在此一问题上,我们必须要从因的层面去追究,因为"有杀生才有人买,有人买才有人穿"。

生命的密码

时间：2007 年 4 月 10 日
地点：重庆巴渝剧院

人，生从哪里来？死往何处去？有没有前生？有没有来世？生命究竟何去何从？这是许多人很想了解的问题。

本文分别就佛教和科学的立场，从体、相、用、理四个层面，来探讨生命的奥秘。人，如何因身、口、意的造作，而使生命生生世世流转不息？生物界中，如何从单一细胞演化到三千万个物种，却仍符合佛陀所说的因缘法？人能不能单独活在世间，不需要别人给予的因缘？在苦乐参半的世间，如何通过修行，达到证悟涅槃？驱使生命轮回的动力，究竟是什么？生命的密码又是哪些要素？以下兹分为四点加以说明：

一、以科学来说是基因，以佛法来说是业力（体）

19 世纪，奥地利遗传学家门德尔对豌豆进行研究，他发现生物身上的特征是由遗传因子所决定，而这个遗传因子就是现代所说的"基因"。基因位于细胞核内的染色体中，是决定生物性状的基本单位。每个基因控制着生物体上的一项特征,且基因之间也会交互影响。例如:人类体形的高矮胖瘦、智商的优劣高低;植物外观的不同花色、生长的抗病机制;动物奔跑的速度快慢、环境适应的能力强弱,都与基因有着密切的关系。此外,亲代透过基因遗传,将身上的特征传给下一代,这也说明了亲子之间,为什么会长得相像的原因。

近年来,美、英、德、法、日、中等世界各国的科学家,更致力于人类"基因图谱"的建立,希望找出人体所有的基因,并列为图谱,以帮助癌症、先天性疾病等患者,针对有缺陷的基因加以治疗,期使患者恢复健康。然而,根据最新研究数据显示,人体内至少含有三万个以上的基因,且每个基因含带有几千至几万个碱基对,实在非常复杂。因此,科学家想要借由解读基因,来探索生命的奥秘,仍有一段很长的研究之路要走。

生命的密码,站在科学的立场是基因,以佛法而言是"业力"。业,是身、口、意所造作的各种行为。业的类别依性质区分有善业、恶业、无记业。此外,招感三界五趣的总报者,称为"引业",而令此总报体的种种差别得到圆满决定的,称为"满业"。又表现在外,能示予他人,称为"表业",持续潜隐于内的业果力量,无法表示于外,令他了知,称为"无表业"。各人所造的善恶诸业,往后必招感相应的苦乐果报。当招感果报的受果、受时俱定,称为"定业";反之,受果、受时俱不定,暂不受报,称为"不定业"。

身、口、意的行为,无论善恶,都会产生一股力量,驱使我们去造作新的行为,新的行为又会产生新的力量。如此,行为生力量,力量又生行为,辗转相生,形成了循环式的业力推动圈。而这些善恶业力,平时就如种子般埋藏在我们的第八识——阿赖耶识中,一旦种子遇缘,便起现行,果报分明。经云:"假使百千劫,所作业不亡;因缘会遇时,果报还自受。"善恶业的因缘成熟,一切还得自作自受,这是业力招感果报不变的定律。

生命密码是什么?这个问题,若以体、相、用三者来区分回答,生命密码的"体",是科学所说的"基因"、佛法所指的"业力",而基因好似业力。基因理论促进生命科学的发展,对地球生命的起源、生命形态的演化、细胞发育分化的过程、疾病发生的研究,提供了很好的参考资料,且现代科学家也成功地繁殖了基因克隆牛、基因克隆羊。虽然如此,但科学人工的复制,也仅限于复制动物外在的有机形体,对于内在的精神世界和心灵能量,依旧无法复制。且以佛教观点来看,复制牛、复制羊的基因,也都是由业力润生而成,所以生命仍要用生命才能复制,一切都离不开因果。尽管科学日新月异,还是无法发明生命,因为生命是因缘和合,生命是业力维系。业力犹如念珠的线,把我们的生命从过去到现在、从现在到未来,生生世世串连在一起。

二、以能量来说是转换,以轮回来说是因果(相)

二千多年前,佛陀即说万物是由地、水、火、风四大所组成,后来科学家也证实,空气(风)、水、火、土是宇宙组成的要素,而且这四种要素均具有轻与重、冷与热、干与湿、软与硬、静与动等相反的特性,由于这些特性组合比例的不同,便产生不同的变化,形成宇宙的包罗万象,也为万物带来生命。

然而,这些有生命的万物,并非只是被动的接受者,它们也联手创造、补充维系生命的地、水、火、风四大要素。例如:植物进行光合作用,将太阳能转换成可以储存的化学能,并让大气丰富含有维持生物所需的氧气(风)。生物的新陈代谢循环,帮助捕捉制造水所需要的氢元素,使它们不致散逸到太空中(水)。亚马孙雨林则是世界的心脏,调节着全球的气候(火)。微生物和植物活着时,帮助将巨砾化为微尘,死后尸身埋入表土,成为其他生物的养分来源,而所有的生物死亡时,尸身又被微生物分解,重返大地(地)。因此,从宇宙的现象来看,生命的密码,就在不同形式的能量转换。

站在佛教的立场,生命的密码所展现的相是因果轮回。何谓因果?简单地说"种什么因,得什么果"。因果,是宇宙万有生灭变化的普遍法则。从自然界到众生界,从天体到微尘,没有一个现象能脱离得了因果关系,所以因果也是宇宙人生的实相。

又因果通于过去、现在、未来三世,因此我们不能只看一时。有时现生造业现生受报,或现生造业来生受报,或现生造业多生后受报。尽管果报有迟速,但种下"因"后,未得"果"前,因是不会消失的;反之,不作一定的业因,也就不会得到相应的结果。故《涅槃经》云:"善恶之报,如影随形,三世因果,循环不失。"我们想要掌握自己的命运,就必须先了解三世因果,正是所谓"欲知前世因,今生受者是;欲知来世果,今生作者是。"

谈到轮回,世间一切的现象都离不开轮回循环的道理。例如:宇宙物理的运转是轮回,善恶六道的受生是轮回,人生生死的变异是轮回,心念生住异灭的起伏是轮回,春夏秋冬四季的更递是轮回,三世时空的流转是轮回,东西南北方位的转换是轮回。在循环相续的轮回之中,存有着固定的法则,它是有次序且有因果,犹如时钟的指针,不会乱跳,永远沿着钟面十二点、一点的顺序循环行走。

众生累劫以来,因身、口、意的造作,种下善恶业因,招感六道轮回的果报。在轮回中,幻化的身躯虽有生死,但生命本体是长存不死;六道众生的形体虽有差异,但生命的本性却是相同。生命没有贵贱的差别,只有因为各人造业的行为,而呈现善恶、好坏。也唯有在因果之前，众生才拥有真正的平等，生命才有真正的尊严。

生命的密码是什么？以宇宙现象来看，是能量转换；以轮回的立场而言，是因缘果报。我们想要拥有好的结果，就须种下好的因缘，佛教里有一首《因果报应十来偈》，说明了其中的道理：

> 端正者，忍辱中来；
>
> 贫穷者，悭贪中来；
>
> 高位者，礼拜中来；
>
> 低下者，骄慢中来；
>
> 瘖哑者，诽谤中来；
>
> 盲聋者，不信中来；
>
> 长寿者，慈悲中来；
>
> 短命者，杀生中来；
>
> 诸根不具者，破戒中来；
>
> 六根具足者，持戒中来。

三、以生物来说是演化，以同体来说是缘起（用）

在《观念生物学》一书中提到，约莫三十八亿年前，海底诞生了第一个细胞，由于这个细胞不断地演化，形成今日多样性的物种。可以说，追本溯源，现今地球上所有的物种都是来自这个细胞，因此在显微镜下，所看到的鱼类、两栖类、爬虫类、鸟类、哺乳类的胚胎，早期发育几乎长得一模一样。达尔文的《物种起源》提到，所有生命有一个共同起源，经过不断地变化、分枝、淘汰和由简至繁的演化，生命才愈趋复杂，而人类则是一个极致表现。

在漫长的生命演化史上,物种不断地存在、灭绝,目前存在地球的物种约有三千万之多,每一个物种又和其他物种相关联,无法单独存在,例如:植物靠昆虫来传播花粉,它们也成为昆虫和其他动物的食物。当然,如果能如《贤愚经》所说的"如蜂采华,但取其味,不损色香",就是动物与植物最美妙的相处方式了。鱼儿在水中觅食,同时也成为其他动物的腹中物;幸而鱼能产卵,数量之多,难以估计。万物是如此相依相存,形成一个巨大的生物圈。

三十八亿多年来,由最初的单一细胞,随着环境的变迁,演化到今日有三千万个的多样物种,虽然生物圈的变化是如此巨大,但总不出二千五百年前佛陀所言"一即一切""多从一有""法不孤起,仗境方生"的因缘法则。

生命的密码展现在用上,以佛教而言是缘起。世间的万事万物,既非凭空而有,也不能单独存在,必须种种因缘条件和合才能成立。一旦因缘散失,事物本身也就归于乌有,这种说明"诸法因缘生,诸法因缘灭"的因果定律,称之为"缘起"。

缘起是佛教的根本教理,也是宇宙人生本来的、必然的、普遍的理则。当初佛陀在菩提树下金刚座上,夜睹明星,证悟成佛,他所证悟的就是缘起法。缘起法表现在有情生命的流转上,称为"十二缘起";表现在世间事物的生成上,则称为"因缘所生法"。

所谓"十二缘起"是指:有情众生由于累劫的"无明"烦恼,造作各种"行"为,因此产生业"识"。随着阿赖耶识在母体子宫里渐渐孕育成生命体,是为"名色";名是生命体的精神部分,色则指物质部分。数月之后,生命体的眼、耳、鼻、舌、身、意六根成熟,称为"六入";胎儿脱离母体后渐渐开始接"触"外境,并对外界的苦乐感"受",产生"爱"染欲望,进而有了执"取"的行动。结果由于身、口、意行为的造作,又种下了后"有"的生命体。有了"生"终将难免"老死","死"又是另一期生命的开始。所以,生命的流转是无始无终的生死轮回,而十二因缘正是有情众生生死流转的根源。

如何才能跳脱生死轮回,得到解脱?唯有泯灭生死根本的"无明烦恼","无明灭则行灭,行灭则识灭,识灭则名色灭,名色灭则六入灭,六入灭则触灭,触灭则受灭,受灭则爱灭,爱灭则取灭,取灭则有灭,有灭则生灭,生灭则老死忧悲苦恼灭",如此才能究竟解脱。

宇宙中一切事物都是相依相成,众生之间也具有同体共生的关系。我们每个人能在世间生存,必须依靠众多的因缘,例如:父母的生养,家人的照顾,师长的教导,朋友的帮助,长官的提携,大众的服务,社会的供给,政府的保护等。事实上,不只是人与人之间,就是人与物、人与境,也都是同体共生、互为因缘。以全球暖化为例,由于人类大量使用化石燃料,制造过多的二氧化碳,致使地球温度升高,南北极冰川融化,海平面上升,陆地淹没,气候变化,天灾增加,生物面临生存的危机,而人又怎可能幸免于难呢?反之,我们如果能够减少使用石化燃料,降低二氧化碳排放量,可使地球暖化稍获抑制,对于全球生态的好处多多,对自身的生存,又何尝不是有所帮助?

生命的密码是什么?从生物学的角度,是众生演化的现象;从同体共生的立场来看是缘起。因此,要体现同体共生的智慧,应先提倡缘起的思想。

四、以入世来说是苦乐,以出世来说是涅槃(理)

人生在世,虽苦乐参半,却可以通过正确的修行,达到证悟涅槃的解脱境界。这个生命的密码,以入世来说是苦乐,以出世来说是涅槃。

人间生活有苦有乐，然而泰半以苦居多，即便现在是乐因，未来无常变化，也有可能成为苦果，因此《大宝积经》云："身为苦器，苦所逼迫。"我们的身体是一个苦器，除了人生不可避免的生老病死苦外，日常生活要为三餐起居劳累奔波，要为眷属儿女牵肠挂肚，有时欲望不满，冤家聚首，也都使我们苦不堪言。

苦的种类很多，除身体上的老病死苦，心理上的贪嗔痴苦外，还有二苦、三苦、八苦、十八苦。若依苦的程度来分，欲界有苦苦、坏苦、行苦，色界只有坏苦、行苦，无色界唯有行苦。如果从苦的内容来分，则有生苦、老苦、病苦、死苦、爱别离苦、怨憎会苦、求不得苦和五阴炽盛苦。

在生灭的世间里，苦是人们所厌弃的，但人生终不免要有许多苦痛；乐是人们所追求的，但人生之乐却是那样的稀少短暂。那么，要如何来看待入世的苦乐呢？当太苦时，我们要提起内心的欢喜快乐；太乐时，也应该明白人生苦的真相。如此，才不致因苦或乐，而造成心绪的起伏不定。

《般若波罗蜜多心经》云："照见五蕴皆空，度一切苦厄。"常人之所以痛苦，皆起因于执着五蕴为有。因此，我们如果能够观照五蕴皆空，便能看透苦乐的虚妄性，泯除苦乐的差别见，无论处于任何环境、任何时空，都能悠然自在，放旷逍遥，度一切的苦厄。

《涅槃经》云："灭诸烦恼，名为涅槃。"涅槃，就是四圣谛中的"灭谛"，是灭除贪欲、嗔恨、愚痴、无明、邪见、是非、烦恼的清净无染、物我双亡、圆满光明、自由自在的世界。所以，当我们通过佛法的修持，拥有般若的慧解，舍弃贪嗔痴烦恼的束缚时，当下就能获得清净自在的涅槃境界。

生命的密码是什么？以科学而言，是遗传的基因，是能量的转换,是生物的演化,是入世的苦乐。站在佛教的立场,是串联一世世生命的善恶业力;是造因感果、生死相续的因果轮回;是相依相存、同体共生的性空缘起;是烦恼断灭、清净无染的佛性涅槃。唯至今人类的知识实属有限,有关精神、心灵等内在层面问题的探讨,仍以佛教的研究为主要范畴。

生命的积极性意义,在建立同体共生的观念,建构和谐的社会,因此我们能够深刻了解、体悟佛教的业力、轮回、因果、缘起、涅槃等真理,自然能掌握生命的密码,解开生命的奥秘,增加人生的力量,共创一个清净圆满、安和乐利的世界。

修心之钥

☆ 生命的密码,站在科学的立场是基因,以佛法而言是"业力"。业,是身、口、意所造作的各种行为。

☆ 以宇宙现象来看生命的密码,是能量转换;以轮回的立场而言,是因缘果报。我们想要拥有好的结果,就须种下好的因缘。

☆ 生命的起源如此奥妙,生物圈的变化如此巨大,但总不出二千五百年前佛陀所言"一即一切""多从一有""法不孤起,仗境方生"的因缘法则。

以忍为力

时间：2007年4月11日
地点：重庆华岩寺重庆佛学院

各位嘉宾、各位朋友：

很欢喜有这个因缘，与大家谈谈"以忍为力"的智慧与妙用。

中国是一个讲究修身养性、崇尚人伦道德的民族。五千多年来，百家诸经无不推崇勤俭、忠义、守时、谦让、孝顺为美德，多少古圣先贤更是以之为修养、为传家宝。其中，更将"忍"视为人生最大的修养。在佛教，"忍辱"更是菩萨必须修行的德目之一。

我们反观今日的社会，种种乱象的根源，多是不能"忍"。忍不下一口气，而恶言刀枪相向；忍受不了他人春风得意，而嫉妒诬陷；不能忍受生活各项压力，而放弃人生；不能忍穷忍苦，转而投机取巧，欺瞒诈骗。可以说整日在"不能忍"当中汲汲营营，费尽心力，把生活搞得乌烟瘴气、一塌糊涂。所以说，"忍"不但是人生一大修养，是修学菩萨道的德目，也是快乐过生活不可或缺的动力。

该如何"以忍为力"呢？我分别从忍的四个意义来谈这个问题。

一、忍是内心的智慧

一个信仰佛教的人,不单只是以拜佛、诵经、参加法会为修持,在日常生活中,学习"忍"更是重要。在面对他人的叱骂、捶打、恼害、嗔呵、侮辱,能够安然顺受,不生嗔恨;对于称赞、褒奖、供养、优遇、恭敬,更能不起傲慢,不耽溺其中、意气洋洋,不但是为人称许的修养,也是一种智慧的展现。所以佛陀说:"忍者无怨,必为人尊。"

佛陀也在《佛遗教经》中,告诫弟子"能行忍者,乃可名为有力大人。若其不能欢喜忍受毁谤、讥讽、恶骂之毒,如饮甘露者,不名入道智慧人也。"忍是经过一番寒彻骨的养深积厚而孕育成的涵养。

佛教讲"忍",有三种层次:第一是生忍,就是为了生存,我必须忍受生活中的各种酸甜苦辣、饥渴苦乐,不能忍耐,我就不具备生活的条件。第二是法忍,是对心理上所产生的贪嗔痴成见,我能自制,能自我疏通、自我调适,也就是明白因缘,通达事理。第三是无生法忍,是忍而不忍的最高境界,一切法本来不生不灭,是个平等美好的世界,我能随处随缘地觉悟到无生之理。所以忍就是能认清世出、世间的真相,而施以因应之道,是一种无上的智慧。

一般人都以为,忍就是打不还手、骂不还口,对违逆之境硬吞、硬忍耐。其实,忍并非懦弱、退缩的压抑,而是一种忍辱负重的大智大勇,是能认识实相、敢于接受、直下担当、懂得化解的生活智慧。怎么说呢?我就四点为大家说明:

(一)忍是认识。对每个当前所面临的好坏境界,先不急着做出反应,而能静心、冷静思考,其中的是非得失、前因后果都清楚"认识",才足以生起"忍"的智慧与力量。

(二)忍是接受。认清世间的是非善恶喜乐,更要放宽肚皮,坦然接受。好坏、冷热、饱饿、老病、荣宠怨恨、有理无理、快心失意事都接受。接受得了,才有心思寻求解决之道,善因好缘就会随之而来。

有一个叫花子,中了奖券第一特奖,高兴得不得了。由于需要等半个月才能领到奖金,他没地方保存奖券,就把它夹到讨饭的棍子里面。等待期间,叫花子仍是欢天喜地,走路轻飘飘的,每天讨饭之余,都在梦想领到奖金以后,该如何规划?买一幢楼房,空调、电视、冰箱应该样样俱全,还要一部轿车,再讨个老婆,几年后,带着妻儿到国外游乐,啊!那种生活说多惬意就有多惬意。想到心花怒放时,叫花子情不自禁把木棍扔到海里去,还不屑地骂了一声:"哼!我发财了,还要这乞丐棍子干什么?"没想到,要去领钱时,才猛然想起奖券还夹在木棍里,可是木棍早已经随着海水不知去向了。

叫花子得意忘形,无法安忍,不能静心"接受",让大好美事成了泡影。反观东晋谢安,在淝水之战中,侄儿谢玄以寡击众,大胜苻坚几十万大军,捷报传来,正与人弈棋的谢安仍然不露声色,丝毫不为所动,淡淡然接受快心事。愈是有智慧的人,愈能安忍于动乱中,以冷静沉静响应一切,理出应付事变的方法。

唐伯虎的《百忍歌》说得好:"君不见如来割身痛也忍,孔子绝粮饿也忍,韩信胯下辱也忍,闵子单衣寒也忍,师德唾面羞也忍,刘宽污衣怒也忍。好也忍,歹也忍,都向心头自思忖,囫囵吞下栗棘蓬,恁时方识真根本。"好事也接受,坏事也接受,得之不喜,失之不忧,才具备应付万难的能耐与智慧。

(三)忍是担当。很多人因为担不起"输",担不起污辱,担不起逆耳的一句话,甚至担不起别人太好,天天在嫉妒嗔火里面讨生活,怎么不把功德、好因缘统统都烧尽了呢?当有人对我们恶口毁谤、无理谩骂的时候,能够默然以对,以沉默来折服恶口,才是最了不起的承担和勇气。明朝吕坤在《呻吟语·应务》中说："不为外撼,不以物移,而后可以任天下之大事。"能够接受他人的指正与批评,不为八风所撼,不为物欲所动,才是真正的大器。

《百喻经》里有一个故事:由于久旱不雨,池塘的水都干涸了,一只乌龟渴得濒临死亡边缘,就恳求天上飞的两只大雁带它离开池塘。大雁虽然感到为难,却又十分同情乌龟,于是两只大雁就合力叼了一根树枝,让乌龟衔着,并且一再叮咛乌龟,在空中飞行的时候,不管任何情况都要衔紧树枝,不能开口。两只大雁架起乌龟去找水喝,它们飞行经过村庄。一群村童望着天空大叫:"大家快来看呀!一只乌龟被两只大雁衔去了。"乌龟一听,很生气,我才不是被大雁衔去,是大雁带我去喝水呀!乌龟认为村童冤枉了它、委屈了它、轻视了它,嗔心一起,就开口大骂:"你们懂什么!"就在开口的当儿,乌龟立即从空中掉下来,摔得粉身碎骨了。

要能成就大事,就要一切能忍,能担当。

(四)忍是化解。苦的要化解,才能转苦为乐;乐的也能化解,才能增上。顺逆之境懂得处理、运用、化解,就是一种忍的功夫。你看,水受热便转为气体,水蒸气遇冷又转成云,那是因为水能"化解"外境的压力,才能随缘变化。纵观人类社会,从游牧社会到农业社会,到工商业社会,再到现在的信息时代,也是因为人类能"化解"大时代的种种变迁与考验,才能不断向前,走出新路。

"化解"就是一种"转"的智慧。佛教的唯识宗提出"转识成智"的思想,主要就是说明世间一切的境界起于心识的分别作用,而产生美丑、好坏、优劣种种差别,让我们在分别的世界里起心动念,扰攘不安。要怎么样才能不被纷乱动荡、光怪陆离的现象所迷惑呢?就是要善于调伏自己的心识,要懂得化解,懂得转迷为悟、转忧为喜、转暗为明、转败为胜、转嗔怒为悲心、转娑婆为净土。

在面对生活中的种种人事物境，如果我们心中有佛法，有"忍"的智慧，能由"生忍""法忍"，到"无生法忍"，渐次具足，自然能够放下世间的人情冷暖、是非荣辱，进而淡化对心外世界的执着，这样内心世界变得宽广、豁达，就能活得踏实、自在了。

二、忍是道德的勇气

忍，有时不只是为自己，更是为了利益他人。于人有益的，尽管自己受委屈也能忍下；于人无益的，就算牺牲自己也在所不惜。寒山大师说："欲行菩萨道，忍辱护真心。"菩萨发心，犹能杀身成仁，舍生取义；许多圣贤为国家、为人类的利益，自我牺牲，都是一种敢于承担的道德勇气。

什么是道德勇气？就是明白何者当为，何者不当为；是具足"富贵不能淫，贫贱不能移，威武不能屈"的高尚人格。

在佛教中，唐朝的玄奘大师十三岁出家，为的就是"远绍如来家业，近光佛教大法"，小小年纪就发愿弘法利生。其间他要忍受求学过程中众说纷纭、解释不一的汉译佛典。好不容易冒着九死一生的危险偷渡出关，还要忍受胡人石盘陀的迫害、八百里流沙的茫茫前途、高昌国王曲文泰的名利诱惑……及至十七年后回国，还要承受唐太宗劝他弃道辅政的纷扰与障碍。如果不是凭着忍辱负重的道德勇气，又岂能历经十九年，完成数千卷的佛经翻译。

同样出生于唐朝的鉴真大师，是中国赴日传戒首创日本律宗的高僧。他五次计划前往日本，都告失败，而且在渡海的途中导致双目失明。但是他"为大事也，何惜生命！"忘躯为法的精神，使他愈挫愈勇，终于在六十七岁的时候，第六次成功的抵达日本。不仅将戒律传至日本，也将中国的书法、医药、建筑、雕刻、绘画等艺术带到日本，对日本佛教乃至日本文化有巨大贡献。如果他没有道德勇气，早就被一次次的诬告、天灾人祸、徒众的乡愿无知，给打消了勇气。如果不是坚此百忍，又岂能赢得日皇敕封为"大和尚"，博得日本人的敬仰，为中国人争光。

做人，有着为人着想、为社会着想的道德，也就有了忍的力量与勇气。眼见时下，有人为感情的纠纷、金钱的负债、生活的压力，选择自杀求解脱。如果这些人具备忍受人生困境的能耐，整个大社会具有为人着想的道德修养，是不是能够燃起更多勇敢迎向人生挑战的信心火炬呢？

试想，人活着，拥有什么才是幸福、才能满足踏实？拥有幸福的家庭，拥有相扶持的伴侣，拥有抱负理想，拥有房屋存款，拥有社会声望，拥有互助的朋友……

其实，人生的真谛在于道德、品格的圆满，而这些都必须在人生的风浪里磨炼，在忍耐苦乐得失中养成，在为人奉献服务中渐趋成熟！

三、忍是宽容的慈悲

忍，不是消极的让步，不是无所谓的吃亏受气，而是宽容的慈悲。能怀忍行慈的人，是因为体察到人我平等一如，明白以净止净，终不能得止的"妙味"，所以视一切为理所当然，所以能通达人情事理，豁开心地包容一切有理无理之事。

我们看日僧白隐禅师受到冤枉，信徒将女儿与别人私生的孩子丢给禅师抚养，白隐禅师不辩白、无怨尤，带着孩子四处托钵，化缘奶水，受尽讥笑打骂。直到真相大白，却只是简单地说："这小孩是你们的,你们就抱回去吧!"白隐禅师含忍慈悲,自己受委屈不要紧,也要尊敬对方的人格和颜面。还有,梦窗国师一次搭船渡河,无故被一位将军辱骂鞭打,不但不生嗔恨怨怼,还能体谅将军,心平气和地说:"不要紧,出外的人心情总是不太好。"梦窗禅师体谅人的心,应可以给现代为了不如己意的一句闲话、一个脸色,就大动干戈、刀棍相加的火爆浪子,甚深启示。

可以说,能忍的人,并不是懦夫,反而是真正的大丈夫。他们在受人误解、迫害时,仍然能够谦卑恭敬、和颜爱语应对,表现出勇敢无畏、宽容慈悲的气度。这种忍辱的器量,真是做到"悉能忍受一切诸恶,于诸众生其心平等,无有动摇"的大菩萨行。

《大智度论》就谈到:"诸佛菩萨以大悲为本,从悲而出;嗔为灭悲之毒,特不相宜,若坏悲本,何名菩萨?菩萨从何而出?以是之故,应修忍辱。""一切凡人,侵至则嗔,益至则喜,怖处则畏。我为菩萨,不可如彼,虽未断结,当自抑制,修行忍辱。"在"八风"里打滚,让我们的心境时起时落,失去人格道德,失去生活本该有的乐趣。所以要发愿行慈悲,给别人欢喜,也给自己快乐,将所有横逆都视为理所当然的,互换立场先为人设想,自然能忍下他人加诸的打击,那么人人都可为人间菩萨。

因为能忍,所以能化世益人,能成就大事,能调伏刚强,能化解仇怨。历史上,诸葛亮七擒孟获,才赢得孟获真心来归;蔺相如为社稷着想,屡屡让步不争,感得廉颇向蔺相如负荆请罪;鸠摩罗什大师宽容吕光和姚兴的戏弄、侮辱,让大乘经典得以在东土弘传千年,这些都可作为我们行忍辱、做大事的榜样。

我们行走在人间是非路上,何妨把一切外来的恼害、横逆与挫折都忍住耐下,把名位利禄的诱惑都忍住耐下,学习布袋和尚大肚包容，做个时时处处少烦少恼、自由自在的欢喜菩萨！

四、忍是见性的菩提

忍，是一种在生活诸多境遇中淬炼出的生存力量，也是一种认识宇宙人生实相的智慧。怎么说呢？我先来讲一个故事。

有一次，佛陀在树下禅坐时，一位婆罗门气急败坏地走向前，大骂佛陀。随侍在旁的阿难听到婆罗门刺耳、挑衅的言语，心里很不舒服，可是佛陀却如如不动，即使婆罗门骂到声嘶力竭了，佛陀仍是非常平静。婆罗门见状更是怒不可遏，用力吐了口水在佛陀的脸上，才又气又恼地扬长而去。

婆罗门回家的路上，回想刚刚粗言谩骂佛陀的失礼，相对地，佛陀却平静无忿争，愈想愈是羞愧，于是决定向佛陀忏悔道歉。

站在佛陀面前，婆罗门立刻跪下来，诚恳向佛陀忏悔。佛陀笑答："昨天的我，已经过去了；未来的我，还没有到；当下的我，刹那刹那生灭。请问你要跟哪一个'我'道歉？"

佛陀认识到世间万法本是"缘起缘灭"，无论心理上的贪嗔痴慢，身口表现出的行为、话语、表情，还是人间的是非曲直、爱恨情仇、财富名望、刀枪拳头、山川河月都离不开缘起法则，所以能以平常心去对待婆罗门无礼的谩骂，这便是见性的菩提之忍。

由于深刻体悟到自性、法性本来空寂，本是不生不灭，便无所谓忍或不忍了。于是在境界当前，能够以静制动，以不变应万变，具备能处理、化解、肯担当、负责的笃定与能力。

《论语》记载，楚国令尹子文，三度为官，面无喜色；三次被罢免职务，也没有显现怨怒。一个人在荣耀富贵的时候能够处之泰然，在潦倒难堪的时候也能够安之若素，那才是忍的真功夫，就像佛鉴慧勤禅师所说："高上之士不以名位为荣；达理之人不为抑挫所困。"这也是因为认识到上上下下、来来去去本是世间常态，所以能不随波逐流，不随世间缘起缘灭的现象浮浮沉沉、患得患失了。

真正的忍耐不仅在脸上、口上，甚至在心上，根本不需要忍耐，而是自然就如此，是不用力气、分毫不勉强的忍耐。因为深观缘起性空之理，任何的顺逆之境，都是无自性的，不可把握的，从忍耐事相的当体，就能得到解脱，而不被人情世故所困扰，不被贪嗔痴妄所系缚，成就最高忍辱波罗蜜的修行。

《景行录》里说道："片刻不能忍，烦恼日月增。"禅宗六祖惠能大师也教导我们"忍则众恶无喧"，能忍讥耐谤，就能成就大器；能不为世间忧悲苦恼动摇，就能完成大勇、大力、大无畏、大担当的人格。

佛教将我们居住的世界称作"娑婆"，也就是"堪忍""能忍"的意思。可见，人要活着，就必须以忍处世，不但要忍穷、忍苦、忍难、忍饥、忍冷、忍热、忍气，也要忍富、忍乐、忍利、忍誉。以忍为慧力，以忍为气力，以忍为动力，更发挥忍的生命力。

修心之钥

☆ 一般人都以为,忍就是打不还手、骂不还口,对违逆之境硬吞、硬忍耐。其实,忍并非懦弱、退缩的压抑,而是一种忍辱负重的大智大勇,是能认识实相、敢于接受、直下担当、懂得化解的生活智慧。

☆ 真正的忍耐不仅在脸上、口上,甚至在心上,根本不需要忍耐,而是自然就如此,是不用力气、分毫不勉强的忍耐。

☆ 行走在人间是非路上,何妨把一切外来的恼害、横逆与挫折都忍住耐下,把名位利禄的诱惑都忍住耐下,学习布袋和尚大肚包容,做个时时处处少烦少恼、自由自在的欢喜菩萨!

十度空间

各位读者：大家吉祥！

吾人生存在"宇宙"之间，但是一般人对"宇宙"并不十分了解。所谓"宇宙"，四方上下曰"宇"，古往今来为"宙"，所以"宇宙"就是时间、空间的总称。我们对时间、空间不能了解、认识，哪能认识宇宙呢？就像"阿弥陀佛"四个字，若译成中文就叫"无量寿""无量光"。"无量寿"是超越"时间"的意思，"无量光"是超越"空间"的意思。世间上什么东西能超越时空呢？那就是"真理"，因此"阿弥陀佛"四个字，就是宇宙的真理。

吾人生存，也要有时间、空间；尽管在无限的时间里，寿命有长短，在无限的空间里，也有多少的区隔，但是宇宙供我们生存，必定有其共生共存之道。

说到空间，人类经过百千万年的琢磨，慢慢发现人类生存的宇宙，原来有十度空间。在数十年前，我们只了解到二度空间、三度空间，慢慢而四度、五度、六度……，直到现在才真正洞彻宇宙有十度空间。兹将"十度空间"说明如下：

一、第一度空间。什么是第一度空间？就是"点"。所谓点，例如，一个方盒子，每一个角都是一个点，这就是点的一度空间。

二、第二度空间。什么是第二度空间？就是"线"。例如一个方盒子，两个角，也就是两点之间连成一条线，这一条直线就是物体的二度空间。

三、第三度空间。什么是第三度空间？就是"面"。方盒子的正面、反面、侧面，也就是二条线构成的平面，就是第三度空间。

四、第四度空间。什么是第四度空间？就是"体"。方盒子的四个面构成的立体体积，就是第四度空间。

五、第五度空间。什么是第五度空间？第五度空间是动态的空间，叫"速度"。因为既有空间，就有由此到彼、由彼到此的"速度"，这就是第五度空间。

六、第六度空间。什么是第六度空间？就是"温度"。因为物体移动，相互摩擦，必然会产生"温度"，这就是第六度空间。

七、第七度空间。什么是第七度空间？就是"电"。因为温度产生了热量，当热量累积到相当程度时，就会爆发而产生"电"。有时候我们感受到衣服上有"静电"，就知道必定有空间的存在。

八、第八度空间。什么是第八度空间？就是因电而产生的"声光"。现在，一块小小的芯片，里面藏了多少声光影音，既然能让声光存在，就有空间，这就是第八度空间。

九、第九度空间。什么是第九度空间？就是因声光而产生的"波动磁场"。声光往外发射，就会在空间产生波动，就有磁场，所以第九度空间叫"波动磁场"。

十、第十度空间。什么是第十度空间？第十度空间是属于"心灵"的空间，也是最高层次的空间。佛法讲"心包太虚，量周沙界"，所以整个虚空应该都在我们的心里。若问：世界上什么东西最大？就是虚空！能超越虚空的，只有吾人的心了。当初释迦牟尼佛因为认识自心本性而成佛，因此吾人"若要识得佛境界，当净其意如虚空"。只要我们的心能到达十度空间，自然就能明白宇宙世界了。

（刊于 2007 年 6 月 16 日《人间福报》）

修心之钥

☆ "阿弥陀佛"四个字,若译成中文就叫"无量寿""无量光"。"无量寿"是超越"时间"的意思,"无量光"是超越"空间"的意思。世间上什么东西能超越时空呢?那就是"真理",因此"阿弥陀佛"四个字,就是宇宙的真理。

☆ 人类经过百千万年的琢磨,慢慢发现人类生存的宇宙,原来有十度空间。那就是:"点""线""面""体""速度""温度""电""声光""波动磁场"和"心灵"。

☆ 若问:世界上什么东西最大?就是虚空!能超越虚空的,只有吾人的心了。我们的心能到达十度空间,自然就能明白宇宙世界了。

让下一代正确面对人生

报载4月间台北天母小学有位班导师,在上品德教育课时,播放"地狱变相图"影片给学生观赏。由于片中对上刀山、下油锅、抱火柱等地狱景象描绘逼真,学生看了心生恐惧,有位家长因此向市议员陈情,并向学校抗议,认为老师此举已让小朋友心灵受创。

这件事引发各界不同的看法,其实,那位老师的做法适当与否,容或有讨论空间,但灌输学生"善恶有报"的因果观念,这种正面教育的立意应该肯定。

在中国人的传统观念里,人世间必定有天堂,也有地狱;天堂、地狱代表了善恶因果,所以过去民间的《劝世文》,莫不劝人为善,千万不可为恶,否则将来必堕地狱,受苦无穷。

我童年时,看到一些寺院也会悬挂"十殿阎罗变相图",乃至城隍庙也供有"十殿阎罗"像,凡此都是为了让人自我警惕,"诸恶莫作,众善奉行",否则"多行不义必自毙"的因果观。

关于地狱,佛教有一则趣谈:

有一个人想要知道天堂和地狱有何不同,就实地参观,发现地狱的人吃饭,筷子有三尺长,夹了菜还来不及送到嘴里,便被邻座的人抢先一步吃了,因此互相责怪对方;天堂的人吃饭,筷子也是三尺长,不过他们夹菜后,都是互相送给对方吃,因此充满了和谐、快乐的气氛。

天堂、地狱在哪里?一念善心助人,当下就是天堂;一念恶意害人,地狱即刻现前。因此,天堂、地狱其实都在我们的心里,所谓"本无地狱,此心能造此心消",只要我们时时心存善念,地狱又何足惧哉?

现在是多元化的社会,学校教育知识应该内容广泛。天堂的美好固然值得宣扬,地狱的实相也要了解,地狱并非不看就不存在,现在不敢看,不能自我警惕,不懂得戒惧谨慎,长大后为非作歹,人生的前途也很危险。

因此,老师让学生观赏一些"惩恶劝善"的影片,也是一种教育,心理学家及精神科医生,甚至议员们,不应一面倒地批评、责难校方,不要"因噎废食",这是不对的。

至于父母反对,这也是父母欠缺教育。父母对儿女不能只有"爱的呵护",有时也要让他们实际体验、认识世间严酷的一面,这也是教育。就如春风夏雨可以滋润万物,秋霜冬雪一样可以成熟万物。

只是现在多数儿童是过着养尊处优的生活,不曾吃过苦,认为所拥有的一切是理所当然,不但不懂得感恩,甚至稍有不顺己意就抱怨、责怪,好像一切都是别人不好,自己永远是对的,这是教育的失败。

所以我觉得,应该鼓励青少年为残障、孤苦的人当义工,让他们体会人间疾苦,一方面提升人生善良的本性,同时增加人生阅历,如此对生命的本质及人生的意义、价值,更会有正确的认识。

此外,我觉得现在的家庭教育,应该从过去对"哥哥、爸爸真伟大"的歌颂,改为"爸爸、妈妈真辛苦"的体会。要让儿女了解父母辛苦,知道一切得来不易,他们才懂得珍惜,才会知道感恩。尤其要灌输他们因果观念,如此才能正确面对人生。

遗憾的是,由"地狱变相图"事件,我发现青少年或儿童没有社会性格,不能切实活在现实生活里,大人也不懂得帮助他们及早认识人生、正确面对生活,这令人忧虑,也是我们应该省思、正视的问题。

(刊于2008年11月19日《联合报》《人间福报》)

修心之钥

☆ 天堂、地狱其实都在我们的心里,所谓"本无地狱,此心能造此心消",只要我们时时心存善念,地狱又何足惧哉?

☆ 父母对儿女不能只有"爱的呵护",有时也要让他们实际体验、认识世间严酷的一面,这也是教育。就如春风夏雨可以滋润万物,秋霜冬雪一样可以成熟万物。

☆ 现在的家庭教育,应该从过去对"哥哥、爸爸真伟大"的歌颂,改为"爸爸、妈妈真辛苦"的体会。要让儿女了解父母辛苦,知道一切得来不易,他们才懂得珍惜,才会知道感恩。尤其要灌输他们因果观念,如此才能正确面对人生。

马先生打瞌睡

今天《联合报》《中国时报》等各家媒体,都大篇幅地报道台湾地区领导人马英九先生打瞌睡,引起了许多人的关心,可敬的马先生,你太辛苦了!

打瞌睡,不是坏事。学生听课听得没有兴趣,就会打瞌睡;工作太疲倦,用功太过,也会打瞌睡;公教人员办公,有时候他也会伏案打个瞌睡;行军走得太远了,也会让他在路边坐下来打个盹;甚至和尚做早课,有时也要打瞌睡,因为他起得太早了。就是一般工厂、公司上班,都有休息喝茶的时间,领导人休息的时间在哪里呢?

打瞌睡,有时候也很难以阻止。领导人必定是日理万机,睡眠不够,经常要听一些冗长的报告、甚至无聊的说明,只有偷个空打个盹。只是他是领导人,因为打瞌睡而引起注意,给人偷拍了照片。像学生打瞌睡,他可以一面听老师讲课,一面用铅笔支撑着;路人倚在树干上,人家以为他在欣赏风景,实际上他可能正在打瞌睡;看到僧侣入定了,其实,或许他也是在打瞌睡。

小孩子在母亲的怀里打瞌睡,儿童给爸爸妈妈搀着走路,走累了,他也会打瞌睡;无论男人、女人,用单手托着腮,看似在思考,其实他可能在打瞌睡,乃至老年人,他睁着眼睛都能够打瞌睡。打瞌睡,是生理过度疲劳的现象，应该休息，可是马先生身为领导人，没有那么多的时间给他休息，所以我说，马先生你坐得都打瞌睡了，实在令人可敬。

我自己一生从小非常勤劳，因为勤劳过度经常打瞌睡。师父们讲授经文，我听得没有趣味，很快就会进入睡眠的境界；不过，我的瞌睡很短，只要五分钟就够了。在佛教里，早晚课诵、各种法会开始时都会唱"香赞"，唱到"香云盖菩萨摩诃萨"要拜下去，这一拜，往往有几十秒钟，甚至一分钟，我在那个时候，可能就睡了一觉了。

过去我初办佛学院的时候，当时有很多可怜的妈妈，常常把不聪明的孩子送来佛光山。因为太幼小，在我的学院里经常无法配合。有一个姓李的少年，已经是读初中的年龄，在智力上，连小学三年级的程度都没有，一般称这种学生是"呆瓜"。我接受了他以后，也不知道把他安排在哪里，就让他和学生一起上课。每天从早上第一堂开始，因为他听不懂，一天有六堂课，他就可以睡上六个小时。老师说，再让他在课堂上睡觉，我就不来教书。

我说，老师，你要慈悲，像他这么小小的年纪，能坐在那里一睡六个小时，功力也很高呀。因此，我做老师的时候，总想要把功课教好，让学生听得懂，不能让学生听得打瞌睡了。

我也回想起自己年少的时候，早上三点起床，晚上十一点钟，各种作务，每天睡眠实在不够，往往一拜拜下去就起不来，伏在地上就睡着了。殿堂的老师经常一脚把我踢醒，我也不怨怪，我想这是当然的，拜佛怎么能够睡觉呢？所以我自我训练，到现在站着能睡觉、坐着能睡觉，只要有空闲的时间，我要睡，就可以打个瞌睡。

我虽然打瞌睡，但我自信，生命虽然数十年的时间，但我工作的生命，可以活到三百岁以上。因为几十年来，我没有年假、没有周休，经常忙碌争取时间，每天一个人做五个人的工作，我从二十岁开始为众服务，到了八十岁，就工作了六十年，不就三百岁了吗？我今年八十七岁，体会到忙就是营养、忙就是快乐，甚至在椅子上打个盹，也感到无比幸福。

打瞌睡太多，也是一种毛病。佛陀时代，有一次阿那律尊者在佛陀说法的时候竟打起瞌睡，佛陀呵斥说："咄咄汝好睡，螺蛳蚌蛤类；一睡一千年，不闻佛名字。"那是因为没有佛法，所以才受到佛陀呵斥，但假如是在忙碌之后打瞌睡，也是值得同情而不值得惊讶了！后来，阿那律尊者心生惭愧，因为太用功而导致两眼瞎了。佛陀劝勉他说，一切生命都要有食物才能生存，眼睛也是。他问佛陀什么是眼睛的食物。佛陀说，休息就是眼睛的饮食。因此适当的睡眠也是正当的。

马先生打瞌睡必定是媒体记者最感兴趣的镜头，大家要有体谅的心，马先生必定非常辛苦，应该安慰他，在公忙之余多休息一下。因为过去我们的马先生是一位"帅哥"，不能因为太忙碌，而显得苍老疲态。建议马先生可以把一些事务性的工作，交给相关的人员去办理，毕竟还是要保持体力、清晰的头脑，才能达到最好的领导效率。

现在中共中央总书记习近平先生提出"中国梦"，寄语马先生，你打瞌睡的时候，做的是什么梦呢？

（刊于 2013 年 5 月 22 日《联合报》）

修心之钥

☆ 睡眠不够,谁都会打瞌睡,领导人日理万机,经常要听一些冗长的报告,只有偷个空在期中打个盹。只是因领导人身份,打瞌睡引起注意被拍了照。背后的意味是:"太辛苦了!"

☆ 阿那律尊者太用功而导致两眼失明。佛陀劝勉他说,一切生命都要有食物才能生存,眼睛也是。他问佛陀什么是眼睛的食物。佛陀说,休息就是眼睛的饮食。适当的睡眠,偶尔打瞌睡是正当的。

☆ 领导人应该要适当地睡眠,保持体力及清晰的头脑,才能达到最好的领导效率。

看见梦想的力量

中共中央总书记习近平2月18日在北京会见国民党荣誉主席连战及随访的台湾各界人士,就推动两岸关系和平发展发表《共圆中华民族伟大复兴的中国梦》重要谈话。作为访问团一员,能亲耳聆听习近平总书记的谈话,感到十分荣幸。

我很欣赏和敬佩习近平总书记提出的中国梦,这不仅是总书记个人的愿望,更是包括两岸同胞在内的全体中华儿女的共同愿望。北京之行,让我看见了梦想的力量。

我个人认为,中国梦就是要团结,就是要进步,就是要创新,就是要发展。在实现中国梦的道路上,必须弘扬优秀的中华文化,用中华文化的纽带把两岸同胞紧密联系在一起。

佛教从汉代传入中国,早已与中华文化融为一体,成为我们传统文化、生活习俗的一部分。我一生致力于人间佛教,倡导入世、慈悲、和谐、宽容的价值,因为人间佛教有益于国家、社会、人心的建设。

现在,我们除了中华文化在世界上绽放光芒,在士农工商、科技、经济的建设上也颇有建树。不过,我不希望人民只追求财富增加,也希望他们在心灵上获得富足安乐。

因此,我鼓励"三好"与"四给",希望人人做好事、人人说好话、人人存好心，政府与人民相互"给人信心、给人欢喜、给人希望、给人方便"，不仅自己拥有，并且乐于与人分享，这就是心灵富足的良方。

人心祥和富有，人民幸福快乐，便能建设美丽芬芳的社会。我相信，人间佛教可以丰富中国梦的内涵，我也深信，只要每个人都为社会广植善因与福田，带给人幸福的中国梦一定会早日实现。

此外，推动两岸融合的过程中，佛教中"和"的理念也会有帮助。首先要"自心和悦"。两岸民众要从心里相互尊重、彼此友爱。也就是说台湾人喜欢大陆人，大陆人也喜欢台湾人。彼此心里和悦，和平发展自然水到渠成。

其次要"家庭和顺"。由于时代的改变，几十年来，固有的家庭伦理已经有所改变，甚至日渐式微。现在，我们要恢复家庭的礼节，重视伦理的建设。家庭和顺，社会和谐就有了基础。

再次就是"人我和敬"。现在两岸之间交流愈来愈密切，无论是朋友之谊，商贸互惠，都建立了正向的关系。希望双方重情义、讲诚信，和敬互爱，加强来往。

两岸都是中国人，自然有血浓于水的情感，相信假以时日，自然就会"一家亲"。

（刊于 2014 年 3 月 3 日《人间福报》）

修心之钥

☆ 中国梦就是要团结,就是要进步,就是要创新,就是要发展。

☆ 鼓励"三好"与"四给",希望人人做好事、人人说好话、人人存好心,政府与人民相互"给人信心、给人欢喜、给人希望、给人方便",不仅自己拥有,并且乐于与人分享,这就是心灵富足的良方。

民主的修为
——吾言有罪

古时专制时代,人民说话稍有差错,就犯了"言罪"。轻者,牢狱之灾;重者,杀身之祸,所谓"文字狱",此之谓也。

现在关于核四问题,我从来没有表示过意见,是大家要我表示。我对于有些事物的两极好坏不太了解,就学习无声无言,但现在网络等媒体派我的罪名,吾言有罪。我自视检讨我罪在何方?

有人说,要把核废料放在佛光山。感谢你的慈悲,成就我们的牺牲,佛光山真是荣幸,有这么大的条件,也很愿意为有心人做一些贡献。

目前台湾地区的"民主",让我们完全看不懂民主的意义、价值可贵在什么地方。他能说话,我不能说;我不说,他还要加罪于我。名之曰"民主",个人妨碍别人、欺负别人、伤害别人,也称为自由民主吗?

我虽无言,但是台湾地区的信徒、弟子也给我压力,要我说话,但我说什么呢?我说可,要遭人修理;我说不可,也会遭人修理,究竟可或不可呢?我实在无法了解,只有用佛法说:"佛说可也即曰不可,是名可也。"

最近台湾地区风潮是非很多,在我想,是非止于智者,我不是智者,我也不可能减少民主自由的台湾这种是非善恶的观念,我只有无言。

万想不到,无言也是有罪。网络上不断地诋毁、批评、讽刺,这都是替我消灾,历来为自由民主牺牲的人大有人在,我又何不能吃些亏、委屈一些吗?只是可叹世事、人事如此,夫复何言?夫复何言?自由民主在此美名之下,多少人争议,多少人受到伤害呀!

核四的兴建,是可、是不可?是好、是不好?你们说都可,我说不可;我说可,众曰不可。世间上没有什么可不可,只是看利害关系,现在社会要我说可者,请大家联合,多人聚集,我可以向之报告可也;假如有多人集合要我说不可,我也可以附会曰不可也。为什么要这样模棱两可,因为目前生存之道,只有如此可、不可也,此外,不知奈何、奈何了。

人以危险坚持反对兴建核四,那么,汽车不可上路,因为高速公路车祸太危险;飞机不准起航,因为空难太恐怖;人民不能游山玩水,因为牺牲者太多;百姓不能都市居家,因为空气污染、空调不足,有伤身体。依此,地球城市太小,人挤为患,大家都搬到山上与虎狼野兽同居,又有何不宜?

最近网络流传一则趣谈:

美国:他想打谁,就打谁。

俄罗斯:谁都不敢打他,他也不会去打谁。

英国:美国打谁,他就打谁。

日本:谁打他,他就叫美国打谁。

中国大陆:谁打他,他就打谁。

中国台湾:谁都不打他,他自己打自己。

朝鲜:谁打他,他就打韩国。

真是可叹也,可怜也,可悲也。

(刊于 2014 年 5 月 6 日《人间福报》)

修心之钥

☆ 目前台湾的民主,让我们完全看不懂民主的意义、价值可贵在什么地方。他能说话,我不能说;我不说,他还要加罪于我。

☆ 名之曰"民主",个人妨碍别人、欺负别人、伤害别人,也称为自由民主吗?

☆ 说可,要遭人修理;说不可,也会遭人修理。究竟可或不可呢? 我实在无法了解,只有用佛法说:"佛说可也即曰不可,是名可也。"

【述评】
山上有星云

高希均

一

高雄佛光山
一年来几回

山上有星云
星云有智慧

山上看星　星格外高
山上看云　云格外飘

二

高雄佛陀馆
一年来几回

馆内有大师
大师有慈悲

大师推三好　三好人人好
大师推四给　四给人人给

2015年3月6日

悲苦事：须放下，解人生苦悲

在无常中重建希望

去年"九二一地震"之后,大家最为关心的是"重建"的问题,到底有什么需要重建的呢?

一、乡里家园的重建

中国俗语说"坏的不去,好的不来"。此次"九二一地震",山河大地虽然被地震震毁了,但正好可以借此机会重建新的乡里、新的家园。虽说世事本来就是"无常"的,无常的世界和人生,都在"苦空幻有"的定律之中;但是"无常"把事情变坏,也可以把世界变好。所以政府与民间在"救灾救急"之后,莫不同表关怀此次震灾的重建,就是希望把破坏后的乡里和家园,重新规划得更美好、更坚固,希望未来展现出更安全、更美丽的新风貌。

南投是台湾多山的地方,青山绿水,层峦叠翠,许多的溪流蜿蜒在山与山之间;桥梁、流水、森林、翠竹,处处都给人感觉到大自然的美丽。所以,此次的震灾,应该就地形,把南投县建设成一个如同公园般的净土。房屋不一定要建得太密集,可以疏散开来,在山坡绿树之间,隐藏着一户户的民房,像极了极乐世界,七宝行树、七重罗网,重重无尽,这是南投人受到这一次震灾重创之后,为地方的将来和子孙寄望一个美好的未来。

台中县的灾区,比较严重的地方是东势镇。东势地处横贯公路的入口,有平地、都市的幅员,也有叠嶂秀丽的山峦。如果能趁着此次重建的工程,扩大都市的范围,规划山林的住宅、郊外的小区,今后与紧邻的丰原市,甚至与台中市相互发展,犹如天母和士林之与台北市的关系,前途真是无限的美好。

二、内在心灵的重建

外在的家园重建容易,内在的心理建设比较困难,所以希望政府在协助灾区民众重建乡里和家园之后,能发动各宗教、各社团,帮助灾民进行心理的重建。

过去灾区民众所过的都是"拥有"的生活,有家园、有亲人、有物用;现在家园倒了,亲人伤亡了,物用随着震灾毁坏了,一夕之间忽然呈现一片"空无"。难怪他们一时不能习惯,不能接受这种事实,所以需要通过心灵的辅导,借由对现实世间,甚至对天灾人祸的了解,真正明白:唯有"放得下",才更能"提得起"。

因为鉴于心理咨询的重要,国际佛光会在灾变之初,即印行了五十万本由佛光会檀讲师郑石岩教授所著的《我会再站起来》《应变的教育》两本心灵重建专书,协助灾民进行心理的复健。此外,在大家一阵的救灾热之后,佛光山立刻在各灾区成立十三所"佛光园心理辅导站",给予灾民各种心理的咨询、生活的辅导。

现在的灾民,不但有不少人对生死感到畏惧,甚至连睡觉都不能安然。对于灾民内心的恐怖阴影,唯有通过佛法,协助他们破除颠倒梦想,去除各种幻影畏惧;唯有让灾民自立自强,才能勇敢地走出地震的阴影。

自古以来，先民们不断与山海搏斗、向灾难挑战，故能留给后代子孙安乐的生活。但是，人无千日好，花无百日红，人间的缺陷灾害，都是难以避免的，所以一定要靠我们内在心理的重建以后，才能应付未来对世界、对大自然的挑战。

三、人格道德的重建

当灾区的家园重建了，当灾民的心灵不苦了，紧接着而来的，是人格道德的重建。

人，到了贫穷困苦的时候，人格道德就容易有所欠缺。管仲说，"衣食足而知荣辱"。此次震灾，让我们看到人类互助的美德，但也暴露了不少人性丑陋的一面。例如灾前有建筑商人偷工减料，灾后有不法商人哄抬物价，甚至地方官员囤积救灾物品，还有不肖人士借机贪赃枉法等。所以一次的地震灾变，把台湾民众在道德人格上的种种缺陷，也都一一暴露无遗。

贫穷困难是一时的，人格道德则是一生的！现在灾区不但需要各种的慈心济助，更需要道德的重整。在此次灾变中，不少受灾户所展现的人格操守令人感动。例如佛光会的陈隆升、陈嘉隆、陈新布、沈尤成、李羽芷、赖义明、游明传等人，本身是灾区的受灾户，但每日为了救灾奔波，一年来几乎从未停息。甚至坐落在东势灾区的大愿寺，一面着手于寺院本身的灾后重建，一面为中科小学买地筑路。这些受灾户所表现的道德人格，实在是灾区重建的模范。

四、信仰观念的重建

有了以上家园、心灵、道德的重建之后，有一项更为重要的，就是信仰和正确观念的重建，实在不容漠视。

地震把房屋震倒了，把人员也震得伤亡了，甚至寺庙、教堂，乃至佛像、十字架也都被震垮了，但这许多外在的"有为法"自有它成住坏空的背景。可是回顾当初震灾发生后的第二天，佛光山和佛光会在北、中、南三区成立"救灾中心"，由吴伯雄居士担任主任委员，慈惠、慈容担任副主任委员，每日发动数千名佛光会的会员，甚至动员全世界的佛光人，大家一起捐赠金钱与民生用品，包括棺木、尸袋、帐篷、睡袋、矿泉水、货柜屋等。甚至提供灾民的收容、儿童的认养，以及佛光山丛林学院五百位师生组织"云水诵经团"，每天在灾区为受难者诵经祈福，若无信仰，何能如此？所以，人不可以没有信心，不能够没有信仰；有信仰才有力量，有信仰才有希望。

总结上面所说，虽然诚如经典所云：三界无安，国土危脆。台湾这一场"九二一地震"，让许多人目睹了美丽山河的破碎，经历了温馨天伦的伤残。然而，成住坏空的器世间，有破坏，更要有建设。所以，破坏的就让它破坏吧！希望在政府主导下，应该重建的，就让我们加快步伐重建吧！

（刊于 2000 年 9 月 17 日《人间福报》）

修心之钥

☆ 世事本来就是"无常"的,无常的世界和人生,都在"苦空幻有"的定律之中;但是"无常"把事情变坏,也可以把世界变好。

☆ 人,到了贫穷困苦的时候,人格道德就容易有所欠缺。当灾区的家园重建了,当灾民的心灵不苦了,紧接着而来的,是人格道德的重建。

☆ 我们的信仰、本性,是"无为法",不应该随着世间有为法而"有成有毁"。吾人不应为了一点挫折,就忘失自己的真心本性;我们的信仰观念,不但不可毁坏,而且更要把它重新提振起来。

器官移植的意义

一、生命延续。
二、资源利用。
三、内财布施。
四、同体共生。

佛教里有一则寓言说：有一个旅行的人，错过了住宿的旅店，便以荒郊野外的土地庙作为歇脚之所，岂知半夜三更，忽然见一小鬼背着一个死尸进来。旅人大惊：我遇到鬼了！就在此时，忽然又见一大鬼走来，指着小鬼说："你把我的尸体背来，为何？"小鬼说："这是我的，怎么可以说是你的！"两鬼争论不休，旅人惊恐觳觫，小鬼一见："哟，神桌下还住有一人！"当即说道："出来，不要怕，为我们做个见证，这个死尸究竟是谁的？"旅人心想，看来今日难逃一劫，横竖会死，不如说句真话："这个尸体是小鬼的！"大鬼一听，大怒，即刻上前把旅人的左手折断，两口三口吃入肚内。小鬼一看，此人助我，怎可不管，即刻从尸体上扳下左手接上。大鬼仍然生气，再把右手三口两口吃完，小鬼又将死尸的右手接回旅人的身上。总之，大鬼吃了旅人的手，小鬼就从尸体接回手；大鬼吃了旅人的脚，小鬼就从尸体接回脚。

一阵恶作剧之后,二鬼呼啸而去,留下旅人茫然自问:"我是谁?"

这是佛经中的一则寓言故事,主旨虽然是在阐述"四大本空,五蕴非我",但是故事的情节不就是今日器官移植吗?

器官移植,是近代医学科技的一大成就。器官移植让许多生命垂危的人,得以延续躯体生命;也让捐赠者的慈悲精神得以传世。器官移植是内财的布施,佛陀当初割肉喂鹰、舍身饲虎,所谓"难行能行难忍能忍",二千多年前佛陀已经为我们做了一个最好的示范。到了今天,对于即将朽去的身体,难道我们还不可以废物利用,还不舍得遗爱人间吗?

当你捐出一个眼角膜,就能把光明带给别人;当你捐他一个心脏,就能给他生命的动力;当你捐赠骨髓,就是把生命之流,流入他人的生命之中。器官移植带给别人生机,也是自我生命的延续。

器官移植,打破了人我的界限,破除了全尸的迷信,实践了慈悲胸怀,体现了同体共生的生命。只要有愿心,人人皆可捐赠器官。通过器官移植,让我们把慈悲、爱心,无限地延续流传吧!

(刊于2001年6月15日《成大医院十三周年院庆·成杏医学伦理讲座》:《器官移植之伦理省思》)

修心之钥

☆ 器官移植是内财的布施,佛陀当初割肉喂鹰、舍身饲虎,所谓"难行能行难忍能忍",对于即将朽去的身体,难道我们还不可以废物利用,还不舍得遗爱人间吗?

☆ 器官移植带给别人生机,也是自我生命的延续。

转危为安的方法
——为 SARS 疫情祈愿

之一

因为 SARS 疫情的流行,让各位受苦、受委屈了。我现在是在日本录音,录完音之后,我也将在今天晚上回到台湾,照常弘法工作。

眼看着各位正在忍受痛苦、饱受委屈,但是我要告诉大家,面对疫情,必须要镇静,要处变不惊,千万不可惊慌失措。SARS 疫情也不是绝对的危险,不是不能救疗。现在重要的是,要靠大家临危不乱,用理智来处理。

世界上无论再怎么困难、不好的事情,只要有智慧、慈悲、清净、发愿的心来面对,必能转危为安。所以大家在此社会混乱的时刻,应该静心称念观世音菩萨的圣号,因为观世音菩萨救苦救难,称念他的名号,观世音菩萨必能施以无畏,让我们不畏惧。加上自己有慈悲心,就有力量转化外在的不好境界。

人生在世,有幸与不幸,这都是自己的业力造作所成,也就是佛教所说的"业"。业,有共业与不共业,大家在此 SARS 病疫的共业之下,唯有用慈悲心、大愿力,才能转化共业,不受业力的侵犯。

目前大家暂时受到隔离，虽然难免较不自由，但是就如出家人闭关一样。出家人有时闭关三个月，甚至一年、三年，借机自我潜修。当前大家或有不方便之处，何妨退一步想，就当成是在闭关，借机反省、静修念佛，必能转危为安，必能获得大家所希望的平安与健康。我在日本祈愿诸佛菩萨加被，愿大家都能得到平安、健康。

(2003年4月27日于日本，对和平医院遭隔离人士精神讲话)

之二

天灾人祸，在历史的洪流里，经常发生；瘟疫流行，翻开历史的扉页，时有记载。对有情的世界来说，这就是苦空无常的写照。

我国自古以来，一再鼓励全民要敬天信神，尤其身居高位的人，要修德、修身，自我省悟；要养廉、养众，利益群生。但是一旦遇到全民失去良知美德，则瘟疫的流行、洪水的泛滥、蝗虫的肆虐、山石的流变等，世间种种奇异的现象就会接踵而至，不断发生。

历史上，大明崇祯皇帝等，他们的江山不就是断送在瘟疫的流行之中吗？现在SARS的传染，比起洪水猛兽更为可怕，这就是佛教所说的共业与不共业的问题。

现在的社会，由于大家杀业的造作，瘟疫就会悄悄跟进。当然，这当中也有个别的善男善女，行持修善，也会挽救灾变于少数。如《观音经》所说：一切贪嗔愚痴，自有定数；一切慈悲喜舍，自会功不唐捐。

现在SARS的流行，如果仅止于某一人、某一行政机构的应变、努力，都缓不济急；只有唤起全体人民的觉省，大家共体时艰，人人修德净心，改善社会风气，净化全民人心，才能转化共业。唯有人人讲究信义、心怀悲愍、造福修善、利乐有情,大家少杀业、少奢侈、少失德、少暴敛,全民本着信仰的良知,保持忏悔的心情,则日月光辉之下,希望苍天神祇、诸佛菩萨加被,能够再次给我们一个光风霁月的人间。

愿诸台湾以及其他瘟疫流行的地方,瘟疫消灭,祈求健康善美重回人间,这是我们对诸佛菩萨、苍天神祇的祈愿。

(星云大师为台湾人民祈福)

修心之钥

☆ 世界上无论再怎么困难、不好的事情,只要有智慧、慈悲、清净、发愿的心来面对,必能转危为安。

☆ SARS 的流行,如果仅止于某一人、某一行政机构的应变、努力,都缓不济急;只有唤起全体人民的觉省,大家共体时艰,人人修德净心,改善社会风气,净化全民人心,才能转化共业。

☆ 由于大家杀业的造作,瘟疫就会悄悄跟进,在此病疫的共业之下,唯有用慈悲心、大愿力才能转化。

☆ 隔离难免较不自由,但就如出家人闭关一样,借机反省,静修念佛,祈求大家都能得到平安、健康。

七月须知

中国农历七月里节日很多,如:七巧节、中元节,以及佛教的盂兰盆节、地藏菩萨圣诞等。另外,美国国庆节是公历的7月4日,一般学校则在7月放暑假,乃至联考放榜也在7月。甚至不但学生快乐放暑假,在日本,每逢农历七月盂兰盆节,公司行号都会放假一周,以便员工回家祭祖。

"七"是个奇特、变化无穷、蕴含无尽的数字,"七"天为一周,七月更是下半年度的起始;在佛教则有禅七、净七,乃至七七四十九表示无限的意思。然而长久以来,农历七月一直被认为是"鬼月",是个不吉祥且"诸事不宜"的月份,例如七月不可出门、不可开刀、不可结婚、不可购屋、不可搬家等;如此种种忌讳,应该与道教的七月中元普渡、鬼门关大开之思想有关,可见中国民间习俗受道教信仰的影响很深。

然而尽管民间的七月仿佛"鬼影幢幢",事实上佛教认为七月是僧信孝亲报恩、祈福修善的"吉祥月""功德月""福田月""僧伽月""报恩月""孝道月"。

佛教称农历七月为"孝道月",旨在鼓励行孝报恩,普度斋僧,其功德不但能使生亡两利,同时也在破除一般民间杀猪宰羊、广设宴席以普施鬼魂,于是造成无数生灵成为人们刀下、嘴边的牺牲品之不良风俗。因此每逢七月,一般寺庙大都会启建"盂兰盆报恩孝亲法会",而信徒则为供僧、祭祖而大行布施功德。

所谓"盂兰盆",就是"救倒悬"的意思。根据《佛说盂兰盆经》记载:佛弟子目犍连尊者始得六神通,欲报父母乳哺之恩,即以天眼观见其母生饿鬼中,不得饮食,皮骨相连,日夜痛苦,于是目犍连以钵盛饭往饷其母,然其母以恶业受报之故,饭食皆变为火炎。目犍连尊者为拯救其母脱离此苦,于是向佛陀请示解救的方法。佛陀乃指示于七月十五日众僧夏安居结束日,以百味饮食置于盆中,供养三宝,仗此功德,得使七世父母脱离饿鬼之苦,生人天中,享受福乐。

由此可见,七月十五日举行盂兰盆法会,斋僧供佛,此乃佛陀时代就沿袭至今。然而提倡供僧的意义,我认为应该是借着僧众大集合的日子,给予僧众一个讲习的机会,亦即在供僧法会中,聆听高僧、大德的开示和演讲。一者扩大视野,接收新知识,同时借此机会,让所有的出家众的服装、礼仪和制度等,都得以统一,也让各道场法师们互相联谊交流,观念得以沟通,达到共识,这才是举办供僧的真正意义。

此外,长久以来我也一直呼吁,希望佛教界能建立"三宝节"的共识:四月初八佛陀降诞日为"佛宝节",要浴佛涤秽;十二月初八佛成道日为"法宝节",以腊八粥供佛飨众;七月十五日佛欢喜日、僧自恣日为"僧宝节",借"盂兰盆法会"提倡供僧种福田。

僧是人天的福田,供僧其实是供养三宝,应以佛法僧为主,令佛法久住。现在供僧法会一年比一年盛大,受到社会各界人士的重视,因此近年来佛光山积极提倡"道粮斋僧功德回向法会",期将斋僧功德意义扩大到"不是供养热闹,而是供养办道;不是供养个人,而是供养大众;不是供养一餐,而是供养全年;不是供养一时,而是供养永生。"

甚至不仅举行孝亲报恩供僧法会,佛光山派下各别分院更在七月份每天诵经回向热心护持的檀那及其宗亲父母,并以佛教平等普济六道群生的性格,定期举行瑜伽焰口、三时系念、普佛拜忏等佛事法会。主要目的是希望借此一个月的佛事法会,把民间视为"鬼月"的七月转化为慎终追远、感念亲恩的"孝道月"。同时破除一般民间对七月的种种迷信,不要因为民间牵强附会,大家七嘴八舌,搞得一般社会大众到了七月总是"七上八下",认为诸事不宜。其实,佛教讲"日日是好日,月月是好月",所以应该在七月成办的事,什么都可以去做,实在不必为了无稽之谈而自乱生活步调,甚至因为疑神疑鬼而徒让心灵蒙上阴影,这是大家对七月应有的正确认知。

由于佛光山各分别院经常在七月的法会要我去开示,要说的略述如上。

(刊于2005年8月15日《人间福报》)

修心之钥

☆ 佛教称农历七月为"孝道月",旨在鼓励行孝报恩。

☆ 佛教讲"日日是好日,月月是好月",所以应该在七月成办的事,什么都可以去做,实在不必为了无稽之谈而自乱生活步调,甚至因为疑神疑鬼而徒让心灵蒙上阴影,这是大家对七月应有的正确认知。

救灾无国界

5月12日,四川发生规模7.9级的强烈地震,造成民宅、医院、学校等房舍倒塌之多,生命死伤之重,都是近年罕见。日来从媒体报道得知,官方对于惨重的灾情并不愿意张扬,也不太乐于接受世界各国的人道救助,对此只表达微意如下:

一、天灾不是人祸,有时候天旱不雨,有时候久雨成灾,甚至台风地震,都不是人力所能防范;每次天灾造成的死伤人数多少,也非人为之过,因此大可不必隐瞒灾情,应该尽速报道实际情况,如此并无损于国家的形象,只会激发举世各国同情之心,而使救灾工作获得更多的助缘。

二、世界上的人类,大家都如兄弟朋友一般,彼此应该相互帮助。张家有难,李家助之;李家受灾,张家协助,这就是人情的可贵。此次四川震灾发生的第一时间,世界各国纷纷表示愿意提供人力、物资、金钱等各种救灾援助,这不但展现"救灾无国界"的人道关怀,也表示这个国家极有人缘,举世对他都有好感,才会愿意提供救援,所以面对来自世界各地的关怀,应该坦然接受,让有缘人施予济助,而不要把善缘加以排拒才好。

三、每次灾难发生,都有所谓"黄金救援时间",能够把握这段期间，每分每秒都可能多一个生命因为及时救援而存活下来，所以灾难现场要维持良好秩序，闲杂人等不要好奇围观，以免影响专业人员抢救工作的进行。

四、距离地震发生至今，已过了七十二小时的黄金救援时间，但接着而来，对于灾民的精神安慰、心理辅导，其重要性并不亚于饮水、粮食的供应，所以未来应该安排咨询人员或宗教师长期进驻，给予灾民心灵辅导，建立再生信念。同时筹建组合屋，为灾民重建家园，让他们身心获得安顿。乃至让亡者安息，让伤者获得医疗，让生者重拾未来的信心、希望，这都是当务之急。

总说此次四川强震，死伤人数之多，从媒体报道可以预估，当在十万人左右。人数多少是一回事，重要的是后续的问题不是三五日就能解决。所幸现在当局已开放俄、日、韩、新加坡，甚至台湾的红十字会，以及法鼓山、慈济功德会、佛光山等宗教团体提供各项救助，这实在是明智之举。在此不禁也要为大陆能有此世界观，以及一切公诸大众的为政之道，感到实乃一大进步。未来也希望举世的有缘人，大家本着"人饥己饥，人溺己溺"的慈悲之心，共同发挥爱心，帮助灾民早日渡过难关。

（刊于2008年5月17日《联合报》）

修心之钥

☆ 天灾惨重非人为之过,应不必隐瞒接受世界各国的人道救助,不拒善缘。

☆ 国与国间相互帮助,如同张家有难,李家助之;李家受灾,张家协助,这亦是人情义理的可贵,为政能有此世界观,也是一大进步。

如何转祸得福

今天是"八八"水灾发生届满一个月,虽然当局灾后重建的工作百废待兴,灾民重回家园的路还很长,但回顾灾难发生后,朝野上下,军民同心,大家不分种族、党派、宗教,纷纷投入救灾工作,充分展现了人性善美的一面。尤其有警消及义工人员,为了救灾奋不顾身牺牲生命,这种崇高伟大的人性光辉,更是深深感动了全民的心。

相较之下,一些媒体在报道灾情之余,火力四射地批评政府官员救灾不力,甚至部分政论性节目直接点名,某某首长应该下台、某某长官应该向全民道歉!

这种近乎失去理性的谩骂、批评,正如水灾期间到台湾旅游的一位大陆民众在香港媒体投书所说:水灾期间,在投宿的旅馆看电视,不管转到哪一台、不论哪个时段,所听到、看到的,都是对当政者、救难队、军方的批评声浪,完全听不到第二种声音。他很传神地形容:"新闻看五分钟和看二小时没差别,看一台和看五台没有差别。"因此他忍不住要问:这样的民主有何意义?

他认为媒体可以监督政府,可以督促官员为灾民提供协助,帮忙解决问题,但是不能任意点名官员下台;因为灾难当前,若把一位有经验的官员撤职换掉,继任者要面对的将是什么样的工作处境?这让负责第一线工作的人怎么办呢?他质疑:如果媒体只会议论、评论,甚至只会骂人,只有不停地曝出负面的事,难道这就是媒体的真正功能吗?

诚然,所谓"民主",不是用来骂人的!媒体更不能唯恐天下不乱!一个真正进步的民主地区,应该展现"尊重包容"的民主风度,一个具有民主素养的专业媒体人,对政府不当的措施,应该理性、客观地提出正面且具建设性的建议,而不是肆意地批评、谩骂。

我们看这一个月以来,不只是民间团体救灾不遗余力,其实当局的各部门,所有官员无不战战兢兢地全力以赴投入救灾。纵使他们做得不好、做得不够,但也不能一味地谩骂;骂不但不能成事,而且破坏和谐。

遗憾的是,这一段时间以来,媒体骂声不断,领导人到灾区慰问时,也一再遭人呛声。我们不禁要问:一个民选领导人,就像人民的公仆,已经这么用心在为民服务了,还有什么好骂的呢?难道台湾一定要用"骂"来表达民意,一定要让台湾淹没在一片骂声中而不断向下沉沦才好吗?

俗语说"家和万事兴",一个家庭里如果每天吵吵闹闹,哪里能成事?哪里有快乐可言?一个骂声不断的社会,又如何能富强安乐呢?所以,多年来我一直提倡"三好"运动,也就是"做好事、说好话、存好心",我觉得凡事要朝好处想,要多给人鼓励、赞美;一味地指责、批评,只会适得其反。如果大家能从灾难中发挥互助的精神,提升人性善美的本质,共同建设和谐的社会,那么灾难虽然是祸,又何尝不是"因祸得福"呢!

所谓"他山之石,可以攻玉",由于看到香港媒体刊出大陆读者《在台湾看媒体批评救灾》一文,心有所感,因此在灾难发生满月之际,提出以上的看法,希望能给媒体乃至全民一个反思。

(刊于 2009 年 9 月 8 日《联合报》:《"八八"水灾满月感言:别让台湾在谩骂中沉沦》)

修心之钥

☆ 所谓"民主",不是用来骂人的!媒体更不能唯恐天下不乱!一个真正进步的民主地区,应该展现"尊重包容"的民主风度。

☆ 一个家庭里如果每天吵吵闹闹,哪里能成事?哪里有快乐可言?一个骂声不断的社会,又如何能富强安乐呢?"做好事、说好话、存好心",凡事要朝好处想,要多给人鼓励、赞美;一味地指责、批评,只会适得其反。

☆ 如果大家能从灾难中发挥互助的精神,提升人性善美的本质,共同建设和谐的社会,那么灾难虽然是祸,又何尝不是"因祸得福"呢!

暴力

各位读者：大家吉祥！

现代社会，家庭暴力问题严重。所谓"暴力"，就是强制对人施加压力，对人予以打击，叫作暴力。

过去政治上有权力的人，都使用政治暴力；社会上朋群结党，就用团体的暴力；打家劫舍的土匪，都是用暴力戕害善良，牟取暴利。现在社会上有地方的势力、有舆论的暴力、有黑道的加害力。暴力何其之多！试就暴力略说如下：

一、拳脚相向是身体的暴力。现在社会上有一些人，一言不合就给你一拳，稍不如意就踹你一脚。损毁公物，打坏物品，动不动就用暴力加诸人身。我们经常可见，这一群人在吵架，那一群人在动武，若非暴力性格，何必动拳动脚？拳头要握紧，不要随意打出去才有力量；脚步要站稳，不要轻易迈出才有力量。凡是好拳打脚踢者，只会自暴其短，自损形象。

二、措辞挑衅是语言的暴力。有人讲话，言辞之间总喜欢带些讽刺，甚至带些刀剑，这就是语言的暴力。社会上多的是一言不合而大打出手、一句闲话而争论不休的场面。说话措辞不当，语带挑衅，成为暴力，因此结怨结仇。团体的械斗、国家的战争，多数也是因为语言不合而引起的争端暴力。

三、恶毒算计是心念的暴力。"明枪易躲,暗箭难防",有的人经常在暗处设计陷害别人,或用流言中伤别人,或者罗织罪名,让人失算中计,陷入圈套。害人的人因为躲在暗处,计谋容易得逞,所以这种心念的暴力最为可怕。所谓"知人知面不知心",对于别人心中的毒计、暴力,不能不谨慎提防。

四、污染公害是环境的暴力。现代人环保意识抬头,但仍有一些人缺乏公德心,把垃圾倒入沟渠中污染水源;也有人不顾他人死活,在溪边用火烧的方式处理废弃电缆,制造二噁英,污染空气。甚至有的人盗伐林木、截断水流、排放废气、滥垦山坡地等。这些破坏生态、污染环境的做法,可以说都是环保的暴力,不但有害人体健康,甚至破坏后代子孙赖以生存的地球。对于这些制造公害、对环境施暴的人,社会大众人人得而口诛之。

五、滥捕滥杀是生态的暴力。除了上述的环境暴力以外,现在也有不少破坏生态的暴力,例如滥捕滥杀已经成为公开的行为,很多保育类动物经常遭人猎捕,包括国宝级的鸟类、鱼类、山中动物等。部分不肖分子,为了获取微利,不惜违法捕杀,成为破坏生态的暴力分子。尽管环保专家、生态学者一再呼吁,滥捕滥杀者一样我行我素。甚至有人假借慈善之名,美其名曰"放生",实际上是"放死",也是让人为之扼腕。

六、开采无度是资源的暴力。美国虽然地下资源丰富,但是由于政府限令不可开采,所以他们需要的石油都是大量从国外采购,这是为了保护资源,不想造成过度开发。另外有一些没远见的国家,只图近利,不顾一切地开采。其实世界上的各种矿产,都有一定的限量,等到有限的资源开采告罄,未来的子孙如何生存呢?所以有识之士应该出面，阻止一些开采无度的暴力行为，否则未来如何面对后代子孙呢？

（刊于 2009 年 1 月 5 日《人间福报》）

修心之钥

☆ 拳头要握紧,不要随意打出去才有力量;脚步要站稳,不要轻易迈出才有力量。暴力只会让人自暴其短,自损形象。

☆ 说话措辞不当,语带挑衅,也会成为暴力,因此结怨结仇。

☆ 破坏生态、污染环境、过度开采,可以说是对环保、资源的暴力,不但有害人体健康,甚至破坏后代子孙赖以生存的地球。

开放

各位读者：大家吉祥！

中国大陆自从改革开放以来，政治进步，经济成长，社会安定，国际力量一直增长，这就是拜"开放"之功也。现在有一些国家地区，鸵鸟心态，采取锁国政策，把自己缩在蜗牛壳里不开放，所以不能成其大。

当初日本不接受移民，但现在少子化的日本，人口动力减少，也不得不开放移民。当初马来西亚因为是个信伊斯兰教为主的国家，希望和沙特阿拉伯一样，不接受外商投资；但由于国内经济萧条，后来连总理都愿意到外国招商，希望通过开放求得国家的生存。新加坡一直吸纳全世界优秀人才，只要是建筑师、工程师等优秀人才，都会给予种种优待，开放国门，欢迎人才进入，所以小小的新加坡，却有大大的国力。

开放是有远景的，开放是可以扩大的。美国是一个移民国家，美国的纽约、旧金山、洛杉矶，等于是人种的展览场，今日美国所以能成为世界的领导者，开放是最大的原因。光是美国学校就有来自举世的留学生百万人以上，所以现代人也以接受美国教育为荣，美国则以开放成其大。

放眼未来的世界,必然不是一个国家、一个宗教、一个种族所能独有的,必定要开放。如何开放呢?

一、对外通路要开放。每一个国家,公路邻近哪些国家,要开放通路;海路有多少港口与世界哪些国家相通,都要开放往来。航空也是彼此要开放,人才要交流,观光要放行。只要通路开放,经济上货畅其流,人才上俊才云集,文化上相互交流,开放的国家和社会才会进步。

二、陈旧思想要开放。有些国家人民,还保有一些陈旧的思想,本位主义,没有宏观,没有远见,总怕别人沾光,瓜分了自己的利益。其实现在的社会,利益要分享大众,现在举世慢慢有了"音乐无国界""宗教无国界""爱心无国界"的观念。"无国界"的意思,就是扩大、包容,所谓"有容乃大",包容才能成其大。今后我们看谁的国家伟大,就看他开放的程度多少。

三、闭塞心灵要开放。无论闭塞的思想、闭塞的心灵,先要开放,才能引动国家社会的开放。中国古代的"诸子百家",可以说都是大思想家,都非常开放。像庄子的寓言故事,都是鼓励人们要开放、博大,才能与天地并存。但现在人们的思想与心灵都非常狭隘、自私,以自我为中心,就如韩愈所说,坐井而观天,曰天小者,其实不是天小也,实乃自己所见者小也。

四、内在佛性要开放。佛说"人人皆有佛性"!但是人的佛性,因被无明覆盖,所以不能证得。佛性就是法身,是吾人的生命本体。法身如虚空,包罗万象,所谓"若人欲识佛境界,当净其意如虚空"。因此,吾人要想认识宇宙的本体,先要开放佛性;平等的佛性开放了,还有什么不能包容的呢?

(刊于2009年1月31日《人间福报》)

修心之钥

☆ 经济上货畅其流,人才上俊才云集,文化上相互交流,开放的国家和社会才会进步。

☆ 现在举世慢慢有了"音乐无国界""宗教无国界""爱心无国界"的观念。"无国界"的意思,就是扩大、包容,所谓"有容乃大",包容才能成其大。今后我们看谁的国家伟大,就看他开放的程度多少。

妥协

各位读者：大家吉祥！

在这个世界上，有不同的国家、不同的种族、不同的宗教、不同的文化、不同的生活、不同的理念等，讲起来有百千种的不同；让一些不同的人类生活在世间上，有那么多的不同，怎样会平安呢？所幸聪明的人类，为很多的不同，想出了相互包容、共同存在的办法，那就是"妥协"，例如：

一、党派政争要妥协。世间争执最多、情况最严重的，要算党派政争了。当发生斗争的时候，双方最需要的，就是妥协。世间没有绝对的赢家，不要认为凭着斗争，就能降伏对方，取得胜利。就算一方胜利，一方失败，但是消耗了多少实力，花费了多少代价，如此获得的胜利，得不偿失。世间最大的胜利，就是妥协，奉劝党派的人士们，学会妥协，这是化解党派政争的至宝。

二、劳资纠纷要妥协。过去国与国战争，是为了抢占国土，增加势力，因而发生战争，今后的国际间，必定是"经济战"胜过战场上的动武了。不只国际间有经济战，就是一国之内也有经济之战。劳资纠纷，就是严重的经济纷争；罢市罢工，也是经济斗争。香港国泰航空公司，曾经因为劳资纠纷，员工罢工，机师罢飞；台北市的工商界，前几年为了年终奖金,也有不少劳工、店员发起罢市游行。一旦到了这种场面发生时,整个社会瘫痪,民众生活不便。所以解决之道,最好就是劳资双方坐下来,找出妥协之道。能够两边各领胜场,皆大欢喜,最为可贵。

三、文化差异要妥协。每个国家都有不同的文化,甚至同一个国家,原住民和外来移民,也有文化的不同。中国的边疆民族,各有奉行的文化,有的民族为了坚持自己的文化,不惜发生械斗,死伤无辜人命。假如大家能互相妥协,在异求同,在同中存异,让不同的文化相互尊重,相互包容;只要肯妥协,又怎么会互不相容呢?一般人说,政治最高的艺术,就是妥协。其实世间的文化,最高的境界,也是妥协。

四、立场互异要妥协。人类争执的原因,大多因为立场互异。我有国家的立场,我有民族的立场,我有社团的立场;读书人有读书人的立场,官员有官员的立场。因为有立场,你有你的立场,我有我的立场,不同的立场,就会对抗、斗争,就会互不包容。其实,立场不同,这只是大家的角度不一,才有不同的立场;如果能够转换一下观念,假如我是对方,假如对方是我,能够立场互换,看法就又不同,就不会分裂了。一个国家都由许多不同的分子所组成,军公教人员、士农工商,如果大家都能捐弃立场成见,相互妥协共存,那就是圆满的人生了。

五、思想不同要妥协。许多的差异之中,以思想不同最为严重。自古以来,人类不容许异议分子存在,因政治立场不同、文化思想不同而被害、被杀的人,何止千百万人。思想不同,真有那么严重,真有那么厉害吗?尽管现在有人高唱"思想自由",实在讲,距离这种理想境界,还遥远得很呢!我们只希望不同思想的人,都能相互妥协、共生共存,如此就已经算是很好、很够了。

(刊于 2009 年 2 月 9 日《人间福报》)

修心之钥

☆ 有人说政治最高的艺术,就是妥协。其实世间的文化,最高的境界,也是妥协。

☆ 一个国家都有许多不同的分子所组成,如果大家都能捐弃立场成见,相互妥协共存,那就是圆满的人生了。

战火

各位读者：大家吉祥！

1937年卢沟桥事变，日本侵略中国，点燃了抗日战争的战火；1941年，日本轰炸夏威夷，点燃了世界大战的战火。

战火也不一定是在战场上，政法界委员们大打出手，那是政法界的战火；建筑工地工人斗殴，那是工地的战火。有战火的地方就需要灭火，否则战火弥漫，社会损失不赀。

我们要熄灭一些什么战火呢？又该如何熄灭呢？

一、家庭的战火要忍让。家庭里，夫妻吵架，就是严重的战火；妯娌不和、婆媳相争、兄弟阋墙、姐妹开骂，都是家庭的战火。家庭的战火，虽然不用枪炮刀剑，但是碗筷杯盘随意摔掼，门窗桌椅到处乱踢，嘶喊吼叫，搞得全家不得安宁。

假如此中有一方能忍让一下，不就可以熄灭一场战火了吗？有时候就算没有热战，但全家人陷入无声的冷战之中，生活也不好过。家中的分子，每个人都有建设和谐家庭、欢喜人间的责任。建立和谐家庭要忍让，建设欢喜人间要赞美。

二、工作的战火要沟通。有时候战火不在家庭里，战火在工作场合里。机关公司,同事一起工作,有某一方感到不公、不平,感到冤枉、委屈;到了不能忍的时候,战火开启,也是乌烟瘴气,难以说清谁是谁非。

一般的公家场所、私人之间,开启战火的人比较理亏,因为有很多渠道可以解决争议,何必一定要相骂、相诉呢?你用战火止争,永远不能止。就算你本来有理,但你开头点燃战火,总是不为人所接受,所以不如用沟通为上。

三、人事的战火要无我。人世间,有财的地方就有争端,有利的地方就有争端,有名的地方就有争端;人间只要牵涉到人,一个人倒也罢了,二个人、许多人,争端就难以制止了。

万般争执皆由"我",假如能有"无我"的观念,把别人放在第一,把自己放在第二,金钱、利益、名位,你们先得。不该是我的,我一分不取,该是我的,你们计较,你们要求多得,我也能委屈让步。能不"自我第一",不就没有争执、战火了吗?

四、球场的战火要服从。球场上也是容易引起战火的地方,因此一场重要的球赛,总会派来警察维持秩序,主要就是怕球场的赛事变成武打戏码。假如球队都是经过严格训练,不管胜败,都肯服从裁判,不管输赢,都能服从规矩;球场竞赛不管如何激烈,只要肯服从裁判,那就天下太平了。

五、国际的战火要和解。战火最严重的,要算国际战争了。例如第一次、第二次世界大战,现在甚至有人忧心再启第三次世界大战。我们看到美国远征阿富汗、再战伊拉克,甚至中东的以阿战争,乃至海峡两岸,有人挂念未来会成为火药库。

战争是最残忍、最没有意义的行为,我们呼吁全世界有良知的人们,社会已经进步到这种时代,为何不谋取和平而要互动干戈,为何要再启战端呢?人类唯有止息战火,谋求国际和解,世界才有和平的一天,人类才有安宁的日子可过。

(刊于 2009 年 2 月 15 日《人间福报》)

修心之钥

☆ 有战火的地方就需要灭火,否则战火弥漫,社会损失不赀。

☆ 用战火止争,永远不能止。就算你本来有理,但你开头点燃战火,总是不为人所接受,所以不如用沟通为上。

☆ 战争是最残忍、最没有意义的行为,唯有止息战火,谋求国际和解,人类才有安宁的日子可过。

【述评】

生命七七、云端九九

——写在星云大师生日八八

高希均

一、生命七七

今年(2014年)是抗日战争(1937年)"七七"事变的七十七周年。天下文化出版了《我们生命里的七七》(张作锦、王力行主编)。八年抗日战争,割裂了一代中国人的命运;颠沛流离,国破家亡,留下了难以磨灭的伤痛。

星云大师在书中写了一篇长文追忆。当时只有十岁的他,听到南京大屠杀,看到日军的暴行,尤其追忆栖霞山出家修行的因缘。

"七七"变成了我们出生那个年代不可磨灭的一段生命。

二、生日八八

8月17日在佛光山上庆祝一位伟大的宗教家八十八年前的诞生。佛光山在华人世界是一个慈悲、信仰、开放、创意的象征。大师的智慧高,但不是高不可攀;大师的道理深,但不是深不可测。如果"一念之间"可以改变一切,那么,佛光山就是最能产生"好念头"的地方,星云大师就是会使你产生"好念头"的人物。海内外民众都熟悉的"三好"(做好事、说好话、存好心)的发源地就在这里。只要有机会与大师接触,就会被他所感动。

在人类漫长的历史中,不是每一个世纪都出现伟人;更不是每一个时代都有受人尊敬的领袖。在台湾我们何其幸运地见证到六十五年前,一位二十三岁的扬州和尚,经过半世纪来一步一脚印的全心投入,以及全年无休的无私奉献。他已变成了华人世界受人敬仰的佛教领袖,特别是他对台湾、大陆,以及全球华侨社会,都产生了深远的影响。

星云大师所凭持的就是半个世纪以来他一直在拓展的、传播的、实践的人间佛教。

这位民国以来的"百年人物",这位"民族之光"的佛教领袖,以其智慧与才能,把深奥的佛理,变成亲近的道理;以其毅力与创意,再把这些佛理变成生活中的示范;更以其感召力与执行力,半个世纪以来兴建了佛光山、佛教学院、美术馆、五所海内外大学,创办香海出版社、人间卫视、《人间福报》,以及壮丽的佛陀纪念馆。

这是来自海内外无数信徒的自发力量,这是来自人间佛教感召的有形力量,这更是来自大师慈悲与智慧所产生的整合力量。

三、云端九九

　　数字革命已把人类浩瀚的信息与知识放置在云端。十年后大师九十九岁,"九九"象征"永久",我们不要担心大师是否还健在,因为大师终身的智慧——在海内外的开示、文章、演讲、著述、言行——已经放在云端,永远不会消失。只要上云端,大师就活生生地出现。

　　综合大师对人类及信徒的影响可以归纳为:

　　(一) 既受信众欢迎,又受各界尊敬。

　　(二) 既贴近人生,又深化信仰。

　　(三) 既可亲近,又可实行。

　　(四) 既有一时之效(像特效药),更有持久扩散效果(像补药)。

　　(五) 既是言教,又是身教。

　　(六) 既是文教,又是佛教。

　　(七) 既增进台湾自信,又促进大陆诚信。

　　(八) 既深入华人社会,又遍及西方世界。

　　这真是星云精神、星云价值、星云之心所产生的难以置信的综合效果;可以称为台湾的"星云奇迹"。

2014 年 8 月 20 日

(作者为远见・天下文化教育基金会董事长)

大众事：修忍让，解生活之道

团结力量大

中国人一向被讥为一盘散沙,甚至有人说,三个日本人可以创办一个大公司,三个德国人可以主持一个市政府,三个中国人却会把一个家庭搞得一塌糊涂。因为中国人一向长于"发展自我",所以有人又喊出"团队精神""集体创作",佛教更以"因缘所生法",强调众缘和合的重要。

其实,团结的重要,人人知道;团结的口号,人人会喊。但是,真正付诸行动,却非易事。因为,人性的弱点有"顺我者昌、逆我者亡"的毛病,也就是不能容纳异己;不能容纳异己,所以不能团结,不团结,就会彼此抵消力量。

亚洲四小龙之一的新加坡,国家虽小,因为倡导团队精神,故能跻身先进国家之列;反观中国虽大,因为大家争相标榜个人,讲究一己之能,因此发挥的力量就有所限制。

台塑的王永庆、长荣的张荣发等企业家,造就了台湾的经济繁荣,但是如果没有许多下游的工业,何能有台塑、长荣的成功?台湾的电子工业发达,大家归功于施振荣、张忠谋等人,但是如果没有许多科学家的努力,何能有台湾的电子工业?举凡任何事业的成就,无不是集合多数人的努力与智慧始得有以致之,此即所谓的"分工合作"，当中所体现的，也正是团结的精神。

团结，就是众缘和合。一栋房子的建造，光有钢筋水泥是不够的，必须有木材、砖瓦等原料，以及人力、空间等各种条件具足，才能平地起高楼。

一棵大树的长成，光有种子的"因"未必能萌芽，当中还必须有阳光、空气、水分、土壤等众"缘"成就，才能绿树成荫。

看到年轻的儿女有所作为，就应该想到父母所付出的多少辛苦；看到一个伟大人物的成功，必不能抹杀多少部属的拥护。

所谓团结，尤其要有牺牲奉献、成就他人的精神。长久以来，中国人在海外经常互相排挤、互相出卖、互相批评，因此让外籍人士耻笑我们"狗咬狗"，甚至以"公鸡"来形容中国人不服领导的性格，最后只有同归于尽；反观日本人，他们有"鸭子"的团队精神，因此走遍世界各国，到处开发小区，成立会社。

甚至翻开中国的历史，历朝历代之所以亡国，都是因为君臣不和、众叛亲离，最后导致国破家亡。乃至一个公司之所以倒闭，主要也是因为干部不合作，主管领导无方，最后只有关门歇业。正如一个人，眼耳鼻舌身不听心的指挥，自然形神不全。

现在的社会，在政治上，党与党之间互相不能包容，彼此无不极尽所能地攻讦对方。在宗教方面，基督教几百个教派，彼此你争我夺；伊斯兰教也有教派之争，甚至发动战争；佛教虽然不以教派为主，但是"人"派强烈，彼此互相打击，正可谓"国之不国，教之不教"，真是令人扼腕！

现在虽然是民主时代，但是先进的民主国家，还是应该注重沟通、协商、交流，而不是一味地排挤，如果世间的士农工商都被打倒了，我的穿衣吃饭从哪里来呢？

因此，一个家庭之中，父母与子女应该互相慈爱尊敬；邻里和邻里之间，彼此要守望相助；一个机关团体里面，上下要同心一意；乃至各宗教、各党派之间，都应该以团结为重，团结才能实现和平。

团结，就有力量！只要团结，所谓"楚虽三户，亡秦必楚"，甚至"兄弟同心，其利断金"。本报的出刊，所体现的，也正是团结的力量。例如，在短短的筹备期间，僧信二众，大家有志一同，有人发心供稿，有人参与编辑；有人协助印刷，有人专责发行；有人广为介绍，有人欢喜订阅。于是在众缘和合之下，《人间福报》终于发刊了，诚所谓"众志成城；团结就有力量！"证诸世事，实不虚也！

（刊于 2000 年 3 月 25 日《人间福报》）

修心之钥

☆ 团结,就是众缘和合,各安本位,各献所长,个体、团体都能得到发展。

☆ 中国人不服领导的性格像"公鸡",各行其是,力量抵消;日本人有"鸭子"的团队精神,因此走遍世界各国,到处开发社区,成立会社,在海外就能形成一种力量。

☆ 一根筷子易折,一束筷子坚强,众志成城,团结就有力量!

请全民支持反贿选

贿选，通俗地说就是公职候选人与选民之间买票和卖票的行为。选举公职人员本意为选贤与能，服务公职。可是利用物质贿赂、金钱买票，却已伤害了自己的贤德与能力，不够资格当选为公职人员。而选民拥有的神圣一票，因为以少数的金钱或打火机、钥匙圈、农历等出卖一张选票，其人格价值是何其低廉！台湾地区推行民主选举公职，已有数十年之久，至今买卖选票成为当然的事情，这是对于民主的极大讽刺！

贿选，扰乱了社会的秩序，导致民主政治的污点，使贤德人士无法出头，令人一看到当选的公职人员就误会他们是以农历、打火机、手表、味精和照相机换来的，即使有许多真正凭实力的当选人，我们所想到的也只是那些丑陋的物品。曾经有某候选人在选举前往我手掌中塞了一个十万元的红包，被我严厉地拒绝，可是他却说，这已是选举的最后关头，你不要，我也不知道要送给谁。我回答他，你不知道送给谁，但是我一生的人格不能让你如此践踏。一些财团、金牛认为只要花上几百元或几千元台币就可以购买我们的灵魂，殊不知如此做法，我们的政治从此不再清明，政府不再廉能，社会不再平等，道德公义何在？政府尊严何在？法制良心何在？

有人以为贿选买票卖票只有你知我知,没有其他人知道,事实岂单是你知我知,还有天知地知,更有因果知道。选民的眼睛是雪亮的,怎可说无人知道?因此,我仅呼吁选举公职者以及所有选民,你们还给民众一点尊严吧,请你们不要再表演贿选的丑剧吧,谢谢你们!

(刊于2001年9月16日《百位名人谈贿选》,台湾高雄地方法院检察署等出版)

修心之钥

☆ 贿选对于民主是极大讽刺!贿选买票卖票不只你知我知,还有天知地知,更有因果知道。

没有台湾人
——在台湾居住的,都是台湾人

10月初,我到巴西主持"国际佛光会第三届第三次理事会议",承蒙圣保罗州联邦警察总监Dr·Francisco派了一队警察人员为我开道,并且二十四小时在我的住处巡逻、护卫,前后达十天之久。因为有这一段因缘,彼此建立了深厚的友谊,所以当活动结束后,他又特地陪同夫人到如来寺来见我。

巴西没有所谓巴西人

一见面,他们神情感动地告诉我:"佛法这么好,为什么佛教这么迟才传到巴西来?"我一听很自然地赞美说:"巴西人很淳朴、很善良,也很有佛性。"他听我如此一说,随即回答了一句很有所见的话。他说:"我们巴西没有人,我们没有所谓的'巴西人'!"

乍听此言,我一下愣住了。他看我一脸讶异,马上补充说明:"全巴西有一亿六千万人口,大部分都是外国移民,所以实际上并没有真正的巴西人。全世界的人,谁到巴西来,谁就是巴西人;正因为没有巴西人,所以大家都是巴西人。"

听了他这一番充满哲理与智慧的高论后,我忽然有所感,我想到自己在台湾已经住了五十四年,但是到现在并没有人认定我是台人。现在台湾有很多人是光复后才生出的,比我迟到台湾,但是他们都说自己是"台湾人",却把我归为"大陆人"。

台湾人都是"中国人"

"谁是台湾人?"果真要深入探究起来的话,其实台湾最早也没有人。台湾最早只有虫蛇野兽,后来才有居民。到了三百年前,郑成功驻守台湾后,陆续有了福建人、广东人、客家人移民到台湾。尤其1945年日本投降后,台湾一下子从中国大陆涌进了大批的移民,使得台湾忽然增加数百万人口。因此,基本上台湾本来并没有人,台湾人最初也都是由福建、广东,乃至从中国大陆各省移民到台湾,所以都称作"台湾人"。严格地说,台湾人都是"中国人"。

中国人乃至世界上的人,用时代来说,有古代人与现代人之分。在中国的历史上,有尧舜禹汤时代的人,有春秋战国时代的人,有汉朝人、南北朝人、隋唐人、宋元明清人。若以地域来分,则有新疆人、东北人、广东人、福建人、台湾人等。这些人如果不能认同他们都是"中国人",真是情何以堪!

有群人见证时代悲剧

从地理方位来分,若再扩大开来,世界上有美洲人、非洲人、亚洲人、欧洲人、大洋洲人等,甚至现在还有外星人、宇宙人,乃至边缘人、流浪人、自我放逐的人。

尤其,人类很残忍,为了战争,使百姓流离失所,本来是这个地方的人,为了逃难,不得不成为那个地方的人;本来是那个地方的人,离乡背井,千里迁徙,落地生根,成为这个地方的人。甚至为了战争,造成很多有家难归、有国难投的"国际人",例如在泰北的美斯乐,到现在还住着一群没有国籍的"国际孤儿",他们见证着时代的悲剧。

我定位自己是地球人

我在台湾已经生活半个世纪以上,很多在台湾出生的人都是在我之后到台湾,但他们都说我不是台湾人,认为台湾不是我的出生地。但是我到出生地扬州,他们也不认为我是扬州人,所以后来我就把自己定位为"地球人",只要地球不嫌弃我,我就能在地球上居住。

我旅居在世界各地,看到第一代的移民、第二代的移民,虽然在当地都已入籍,但他们还是认为自己是"中国人"。尤其因为皮肤、种族、语言的不同,当地一些狭隘的国家主义者,始终无法给予认同。所以让人忍不住要说,可怜的华人噢!

这次到了巴西,巴西人认为他们没有巴西人,大家都是外来人,也都是巴西人,所以在巴西没有种族的问题,多么可爱的社会。

多么可爱的巴西人

另外,在圣保罗有位华裔市议员 William Woo,也到如来寺找我谈话。他已担任过一届的市议员,问我下一届继续竞选议员好不好?我问他:"你是中国人,为什么在巴西能当选议员呢?"

他说:"来到这里就没有中国人,既然是住在巴西,就都是巴西人,因此不管什么国家来的人民在此竞选公职,并不会受到不同的待遇。"落土生根,多么可爱的巴西人!

美国国庆中国人摇旗

二三年前我在美国,看到国庆游行时,游行队伍中的中国人都在摇旗呐喊,他们说"我是美国人"。围在路边的美国本地人听了都非常高兴,大家认为这是对本地的认同。但是美国人对自己国家的国旗,并不像中国人那样礼敬,却也无损于他们对国家的爱戴。

我旅行在欧洲,有英国人、法国人、德国人,但现在他们建立欧洲共同市场,都说"我们是欧洲人"。美国、加拿大的人,都说自己是美洲人,智利、巴西、秘鲁、巴拉圭人,都说他们是南美洲人。如果再扩大一点,不就是地球人了吗?

方位标志别分裂感情

哪里人只是个代称,只是一个方位的标志,其实大家都是"人",都是"地球人"。

过去台湾有北部人、南部人、东部人,现在又分出本省人、外省人,这都是狭隘的民族主义者,才会硬把人与人之间用地理来分割,造成感情上的分裂,自损民族凝聚的力量,实在划不来。

人类世界是个大熔炉

一个国家中,士农工商,也是分士人、工人、商人、农人;甚至男人、女人、老人、年轻人,各种人等。人类世界其实就是一个大熔炉,就如五线谱,Do Re Mi Fa Sol La Si,成为交响乐,多么美好,何必硬要把交响乐截断呢?所以,不管美国人、巴西人、台湾人,都是假名,实际上,哪里人都是地理、时空所造成,人都有同等的人格尊严,不可以把人格撕毁。

我不是台湾人,我就是台湾人!我的意思是,"没有台湾人",就是"在台湾居住的,都是台湾人"。我觉得世界上的人都不应该自我设限,不要画地为牢,大家应该想到我们都是"地球人",地球人为什么不能同体共生呢?

(刊于 2003 年 10 月 26 日《联合报》)

修心之钥

☆ 全巴西有一亿六千万人口,大部分都是外国移民,所以实际上并没有真正的巴西人——但住在了巴西,就变成巴西人。台湾人为什么不能用同样的逻辑?

☆ 哪里人只是个代称,只是一个方位的标志,其实大家都是"人",都是"地球人"。哪里人都是地理、时空所造成,人都有同等的人格尊严,同是"地球人",地球人为什么不能同体共生呢?

对国民党选战策略之建议

选举的时刻要到了,总有人会问我对时局政策的看法,因此,我提出一些建议看法,以供参考。

一、促进经济复苏。

(一)让企业"根留台湾"。

(二)让台商"回流"。

(三)吸收外商投资。

二、解决失业问题。

(一)成立"就业辅导会"。

(二)设立"创业基金",定出贷款、偿还办法。

(三)提供"失业补助金"。

(四)民众"客厅"当"工厂",政府代销产品。

(五)政府设立专门机构,协助移民投资。

三、提供低利贷款,帮助"无壳蜗牛"建立"安乐窝"。

四、因应WTO对岛内农业带来的冲击,可请专家研发农产品加工技术,帮助农民开拓出路。

五、积极与外国订定"贸易协议"。

六、拓展对外空间。

七、消弭族群对立。

八、促成两岸"三通"。

九、恢复两岸对谈。

十、尊重"司法"独立,不可选择性办案。

十一、政党要年轻化,争取年轻族群的认同。

十二、选举候选人要及早训练,从地方村、里长开始,到民意代表,甚至领导人,以培养人才。

十三、党内初选候选人在一年前就要决定,不要让想要参选的人因路已走得太远而不愿放弃,彼此战斗,或是出走,引起两败俱伤。

十四、教育改革,重新检讨"教授治校"之弊端;普及教育,让所有学子皆有受教育读书的机会。

十五、整顿治安、消除黑金;公务人员不官僚,提出便民措施。

十六、改善交通,解决停车"一位难求"之窘境。

十七、制定"老人福利办法",确实照顾"独居老人"与"银发族"。

十八、开放"公办民营"事业。

十九、定出百分之六十"内阁"名单,百分之四十保留。

二十、将"兴票案"的真相公开讲清楚(成立写作团,发表文章评论、说明)。

(2003年11月11日)

修心之钥

☆ 佛法不离世间,选举众生事。有人问对时局政策的看法,就提出一些建议供参考。

大和解·救台湾

我出生于江苏扬州,十二岁在南京出家;又在十二年后二十三岁时来到台湾,于今五十六年。台湾这一块土地,孕育我生命的成长、滋养我将佛法弘扬到世界,以我对于这块土地的感情,能说我不是台湾人吗?

在台湾这块土地上的人,大都受政治的感染,不是这边,就是那边;其实,立场虽不同,每个人都希望台湾这块土地和人民会更好。选举是表现台湾的成长进步、自由民主,但现在我们台湾的板块分裂,造成强烈的冲击,好像已成南北两个台湾。实在不忍心看可爱的台湾这块土地沉沦、人民辛苦。

佛法教我们去除我执,由于政治的党派我执难除,思想上的法执更加难以化解;如果长此分裂,台湾的前途和希望究竟在哪里呢?人间的一切行为、善恶,都是业力因缘所造成,但是解铃还须系铃人;如果大家放开心胸,彼此尊重包容,视人扩己,有人我对调的看法,共同为可爱的台湾这块土地,各自牺牲小我,来成就台湾。

所以,我至诚地恳切希望,台湾诸位贤达、政党领袖、企业人士、军警学商、农工民众以及宗教各界一起促进台湾的"大和解",以建立共识、共有、共享,共同为台湾前途努力臻致祥和。

"过去的是非不必再去谈论，放眼往前看未来台湾的希望。和解之道要不念旧恶、不计前非、袒开心胸、各自让步，让每一个台湾的人民，共同享受这一块土地上的雨露芬芳。"

政治的决裂，我们希望回到谈判桌上来议论。希望台湾政党诸公、各界领袖，用超越政治的胸怀、用公正共有的态度，促进政治的和解，来挽救台湾的未来。这是自"三二〇"以来，台湾同胞不断地函电要我向大家表达意见。我不忍台湾长此纷争，以此为愿，希望各界垂鉴。

（刊于 2004 年 3 月 29 日《人间福报》）

修心之钥

☆ 政治的党派我执难除,思想上的法执更加难以化解。和解,必须大家放开心胸,彼此尊重包容,各自牺牲小我,来成就台湾这块土地。

我们的"牛肉"在这里!

每次到了选举,选民、媒体记者都会质问各个候选人:"牛肉在哪里?"对此,我们也提出"牛肉"在这里:

一、捍卫台湾地区,维持两岸现况。维护和谐与团结安定,繁荣国民经济。

二、一个中国。两岸政治实体,和平共处;相互尊重,互助互荣。前途问题,相信两岸人民智慧,会找到两岸人民都满意的和平解决之道。既要满足大陆人民意愿,也要满足台湾人民意愿,双方都不要强加于人。

三、选后立即恢复两岸协商。直接"三通",作为第一个议题,取得共识后,立即执行。随即协商两岸和平共处五十年协议,此是期稳定两岸关系,再协商扩大台湾国际空间问题。

四、选后立即分别召开各方面代表协商会议,民主协商振兴经济和政、教、商、工、农等改革议题。最后取得共识后,提请"立法院"立法,请"政院"施行。

五、实施"诚实"政治,政府言必信,行必果。有错即改。政府和从政者对人民的承诺不诚实,人民依法共弃之。

(2003年11月11日)

修心之钥

☆ 两岸前途问题,相信两岸人民智慧,会找到两岸人民都满意的和平解决之道。

"去中国化"之我见

自有人类以来,"族群问题"一直存在于各个国家与民族之间,不但经常造成国与国之间的战争,有时一个国家内部因为族群对立,也会导致分裂,甚至发生内战。

在台湾,"本省人""外省人"、"客家人""闽南人"之省籍与族群问题,经常在选举时被有心人士用来操作选情,从中获取选票。去年(2004年)3月间的领导人选举,"族群意识"再度被挑起,不但严重分化台湾人民、破坏社会和谐,尤其选前选后更有人喊出"本土化"与"去中国化"的口号,不禁让人怀疑,在此"多元文化"的时代,各个国家莫不想尽办法要吸纳他国文化,以撷取别人之长来补自己之不足,所谓"纳之唯恐不及",岂有"去之"之理!所以对于现在台湾有人喊出要"去中国化",真是令人百思不解,如此思想,更是匪夷所思。

谈到"去中国化",中国人一向以拥有五千年的悠久文化而自豪,其实如果回溯到当初先民们茹毛饮血、巢穴而居、树叶为衣的时代,哪里有什么文化可言?这一切都是经过中国人智慧与经验的累积,慢慢改善生活,在创造本国文化的同时,也吸纳他国文化,诸如西方文化、印度文化、中原文化等各种外来文化相互交融汇聚,因此有了现在的"中华文化"。现在我们日常生活中的许多用语,诸如"慈悲"

"平等""因果""无常"等,就是随着佛教从印度传入中国的,再如西装、洋房、咖啡等,不都是西方文化的代表吗?当然,中国的文化诸如造纸、罗盘、指南针等,也为西方各个国家所引用,所以文化本身本来就应该互相交流,每一个国家的文化,有输出、也有输入,这是自然的现象,但是从来没有听说过哪个国家想要去掉哪些文化。

过去我云游在世界各地弘法,记得有一次在美国康奈尔大学讲演,该校一位约翰·麦克雷教授在叙谈时说道:"你来美国弘法可以,但是不能开口闭口都是中华文化,好像是故意为征服美国文化而来的。"当时我听了心中就有一个觉悟:我应该要尊重别人的文化,我们来到这里只是为了奉献、供养,如同佛教徒以香花供养诸佛菩萨一样。所以由此事例可以看出,美国人吸收他国文化,但是他们害怕被人征服。

第二次世界大战时,日本偷袭珍珠港,虽然炸弹大炮摧毁了美国的军事实力,但征服不了美国人,反而是现在日本的丰田汽车进口到美国,几乎一半以上的美国人都是开丰田汽车。日本的丰田征服了美国的交通、经济,但是美国人并不认为这样不好,因为物品总是要经得起竞争,因此现在全世界的国家彼此都在互相观摩,互相吸收各方的文化,尤其台湾过去积弱贫穷已久,现在也在经济上不断邀请各国专家到台湾来指导发展经济之道。例如,天下文化公司曾经邀请美国麻省理工学院史隆管理学院彼得·圣吉(Peter M·Senge)来台作专题讲演;去年"大选"期间,连战也邀请诺贝尔经济学奖得主克莱恩(Lawrence R·Klein)担任国民党的经济顾问,这些都是希望借助于别人的长才来发展台湾的经济。

过去中国虽然曾与日本、德国交战,在战场上吃了许多败仗,但是过去老蒋还是用了不少德国人与日本人当顾问,目的也是为了吸收他国文化来壮大自己。另外,在体育发展上也是一再聘请各国的教练指导,光是为了培训纪政,就特地从美国请了瑞尔教练来台指导,甚至球队也找佣兵来培养实力。

文化没有国界,文化是人类文明发展的结果,但也促进了人类文明的发展。中华文化有很悠久的历史,一直是中国人引以为傲的事,但现在却有人一下子就想把他全然去掉,可谓"数典忘祖",殊不知文化乃经过古圣先贤多少的心血所成,如今竟想毁于一旦,实在是有愧于祖先。

过去我每回听到有人想要"去中国化",心中只觉得无奈;但是最近有一天早晨醒来,想到大家又要"去中国化",心中不禁感到一股莫名的害怕。害怕什么呢?想想:我的祖先是中国人,"去中国化"后没有祖先了;我的故乡在中国,"去中国化"后故乡没有了;我平时只会讲中国话,既不会英文,也不懂日文等其他语言,"去中国化"后讲什么话呢?我每天吃的是中国米,穿的是中国服,忽然"去中国化"了,吃什么饭?穿什么衣服呢?我的朋友大都是中国人,"去中国化"后,朋友也没有了。这时我忽然发现,造成恐怖的原因原来是:"去中国化"后,没有"我"了;没有"我",整个人就好像悬在半空中一样,没有任何的依靠,如此怎么会不令人感到害怕呢?

世界上任何一个民族,总有一个国家。我在台湾居住、弘法五十多年,当然我也爱台湾,但是我出生在中国,与中国是血肉相连,有着割不断的血缘关系。我一生走过西北沙漠,到过敦煌写经,看到四川石刻,游过杭州西湖,曾在扬州的瘦西湖上荡舟,也曾在太湖之滨漫步。我在南京生活过一段很长的日子,也参观过西安的兵马俑、法门寺的地宫、北京的万里长城及颐和园等,大陆各地的寺庙几乎都曾留下我的足迹,我在大陆的同学至今也大都健在,我的祖庭大觉寺目前正在复兴中。一旦"去中国化"后,祖庭没有了,同学没有了,师长也没有了,什么都没有了。

其实,"去中国化"是不顾现实、是开时代倒车的"封闭"思想,现在台湾医学发达,各种医疗技术都是向西方学习的文化;台湾的科技发展,也是大量吸收西方文化的结果。我们现在不接受外来文化,难道要把飞机、电力公司等,退回给别的国家吗?我们多少进口的医药,是否也应该退回原产地呢?我们不接受这些外来文化,我们自己本身还能有多少文化呢?

过去日本统治台湾,也曾处心积虑地想"去中国化",名字不可以用中文,要叫日本名字,称呼父母也不可以叫"爸爸""妈妈",要叫"多桑""卡桑",他们想尽办法要以日本的皇权文化来入侵中国,但是虽然日本统治台湾五十年,如今又在哪里呢?

文化是自然的,是民心发展的结果,不是用武力强迫加诸就可以要什么文化就有什么文化。中国人过去一向自豪地对全世界人说:纸张是中国人发明的,后来才有印刷术的发展;指南针是中国人发明的,于是航空、轮船才有方向、目标;火药是中国人发明的,后来才有瑞典的诺贝尔和平奖之设立。连诺贝尔先生都受到中华文化的利益,甚至举世人类其实都是中华文化的受惠者,中华文化的博大精深,于焉可见。

俗语说"有容乃大",世界上任何一个国家要想雍容华贵,就要有"泰山不让土壤,河海不择细流"的胸襟,愈多种文化的融合,国家愈是伟大。人类可以和人类自己相互为敌,但不能跟文化敌对。我游走世界,也一直在倡导"本土化",但是我的本土化是奉献的、是友好的、是增加的,不是排斥的,不是否定的。例如,过去华人在美国参加国庆节游行,虽然他们都已取得在美移民身份,但是心中并未认定美国是自己的国家，所谓"人在曹营心在汉"，因此我鼓励佛光会员在参加美国国庆游行时，高喊"我是美国人"。我认为我们来到别人的国家，既然身在美国、生活在美国，就应该融入当地，而不能在别人的国中成立"国中之国"。

当然，文化是可以交流的，但是将心比心，我们也不希望在中国里还有"美利坚合众国"，也不可以有"大日本帝国"，但是我们也不能排斥美国文化和日本文化。相同的，我们是台湾人，也是中国人，难道台湾的"本土化"一定要通通否定中国才是本土化吗？我们上百万的台商为何要回到大陆去？有识之士何以一直主张要"三通"？这些自然的发展趋势，我们还能"去中国化"吗？

回顾中国几千年来的历史，中国人一直饱受战争的蹂躏与分裂，诸如春秋五霸、战国七雄、三国鼎立、五胡十六国、五代梁唐晋汉周、南北宋等；就拿中华民国时期来说，也有军阀割据，难道这样的分裂才算是"本土化"，才算是"去中国化"吗？海峡两岸、两岸四地，才算是"去中国化"吗？孙中山先生"世界大同"的理想，为后代子孙所歌颂。中华文化之大，如果中国不吸收外来文化，我们今天就没有胡椒、胡萝卜、胡瓜、胡桃等蔬菜水果可吃，因为这些都是从印度、中亚传来的外国文化，甚至连电视、电冰箱、空调、自来水都没有得用，也没有阿司匹林、抗生素可以养生疗病。

当初台湾才刚开放国民可以出境观光时，台湾人到日本莫不争相抢购日本货，这不是在崇拜日本文化吗？台湾人几乎人人都羡慕韩国的高丽参，这不是崇拜韩国文化吗？青年学子源源不断地到西方国家留学，不也都是为了吸收他们的文化吗？一个地区，吸收他人文化都来不及了，怎么还要"去中国化"呢？这不是在开时代的倒车吗？

日本近代能够迅速崛起，靠的是明治维新；所谓明治维新，就是吸收他国文化，成为日本的近代化，如此才能强盛得起来。现在台湾要"去中国化"，难道要我们回归过去简陋、贫穷的生活吗？我们可以创造自己的文化，但不能强调"去中国化"，文化是自然形成，也要任其自然去除，就像中国的裹小脚文化裹了几千年，养太监也是养了数千年，但现在不是随着时间自然淘汰了吗？不好的文化会随自然的规律消失，不必要我们费心去打倒他。

多年来我在世界各地弘法，希望佛教发展"国际化"，同时我也在推动"本土化"，但我所推动的不是"去"，而是"给"。我在五大洲建寺，就是希望通过佛教，给当地人带来更充实的精神生活。例如，建设西来寺的时候，就是觉得美国科技发达、宗教也多，假如能够再增多一种佛教给人民选择，不是更美好？而事实证明，美国到底是一个移民的大冶洪炉，他们接受外来文化，取人之长，补己之短，因此能成为世界的大国。

现在世界的发展都是朝向"联合国"的思想，台湾实在不能断然搞独立，因为这是违反时代的思想潮流；"独立"过程不知要遭遇多少的困难与危险！这样的心态也太过狭隘了，这是"我执"和"法执"在作祟。台湾人应该开阔胸襟与视野，要能包容异己，才能丰富文化内涵，才能成其大。

虽然我是出生在大陆的扬州人，但我说我是"台湾人"，我也是"中国人"，甚至凡是住在台湾的，都是台湾人，这是天经地义的道理。我们从台湾移民到美国，可以称为"美国人"，移民到澳大利亚，称为"澳大利亚人"……为什么从别的地方移民到台湾，不能称为"台湾人"呢？

我移民到台湾近六十年后，我乐于做"台湾人"，更乐于做"中国人"。我们看,一个女孩子嫁给了张家,都说生是张家人,死是张家鬼;我们身为中国人,当然也是生为中国人,死为中国魂。所以,请台湾政坛上有政治雅量的各位政治家,要努力促进族群的和谐,不要再分南部人、北部人,甚至台北人、台中人、高雄人、台南人、宜兰人等,其实大家都是人。甚至现在也不只是倡导人权,而是"生权"时代的来临,一切人都有人权,一切众生也都有生权,破坏生权,不重视环保,不爱护生态,是在开文明的倒车,开倒车的人还是要回到原始的时代去。

自古以来中国的江西人最可爱,他们很喜欢认"老表",只要有一点关系的都是表亲,所谓"一表三千里"。假如生在台湾,一表才三百里,太可惜了。所以"四海之内皆兄弟",大家要有"同体共生"的认知,千万不要搞分裂。族群分裂,这是国家的危机,也是人民的不幸;族群不和,国家内耗,最终只有同归于尽。唯有彼此互相包容、互相尊重,国家才能强盛发展。

中国过去讲"五族共和",汉满蒙回藏,纵有战争,但如元朝的蒙裔占领中国,也不敢蒙化中国;清朝满人统治台湾,也不敢满化中国,因为中国之大,中华文化之丰,不是一时就能被取代的。如今才多大土地的台湾,就想要"去中国化"!姑且不谈台湾是否真有独立的条件,可以肯定的是,台湾在文化上是不能脱离中国的;即使政治军事力量强大,文化也不能独立。所以现在我们的台湾人、客家人、闽南人、山地人、外省人,在台湾都是台湾人,应该要种族大融合,相互尊重,不管芋头、番薯,现在都已经分不开了,何不从自然融合上来发展,就如芒果与苹果接枝,就会产生新品种,不同品种的花不也可以相互繁殖成为美好的生命?为何人类反不如植物之懂得顺时势而发展未来呢?

我创建佛光山，一千多个出家弟子，他们都是台湾人，但是我从来没有想到他们是台湾人，在我心里，他们是中国人；他们也没有分别心，认为我是中国人，都当我是台湾人。其实树起族群对立，让兄弟同胞互不兼容，难道家族就会兴盛，国家就会富强吗？所以我敬告我们的当政者，"去中国化"会造成种族分裂，这无异为台湾的前途敲起一记警钟，千万不可玩火自焚；唯有大家摒除私心，跨越历史藩篱，互相尊重包容，一起共创人类的幸福与和平，才能为自己留下历史定位，这也是全民所乐见与期盼的未来，是所至祷。

（刊于2005年7月1日《联合报》；《去中国化之我见——推动本土化不是去而是给》）

修心之钥

☆ 我们可以创造自己的文化,但不能强调"去中国化",文化是自然形成,不好的文化会随自然的规律消失,不必费心去打倒他。

☆ "去中国化",是心态狭隘的"我执"和"法执"在作祟,中华文化之丰,数千年都不曾被打倒或取代。

☆ 不同品种的花也可以相互繁殖成为美好的新生命,为何人类不懂自然融合以顺势发展更幸福的未来呢?

国民党党主席改选后

国民党改选党主席,这几天在台湾地区简直吵翻了天。不但国民党内部意见纷纭,竞选双方你来我往,媒体更是一再报道,一时之间好像台湾什么事都不重要,只有选举才是大事,甚至就连社会民生都可以摆在一边。这种情况每逢选举就会上演一次,不禁令人对台湾的民主发展感到忧心。

过去民进党党主席选举,从黄信介、林义雄、许信良、施明德、谢长廷、陈水扁等,直到现在的苏贞昌,谁上谁下,感觉是很平常的事;国民党主席改选,吵吵闹闹,花了好几个月的时间,现在选出了马英九,大势已经底定,站在民主的立场,大家应该尊重民意,要让一切回归平静,彼此各就本位。

其实马英九和王金平都各有所长,王金平是政坛长者,和谐稳健;马英九形象清新,勤政清廉,他们两位任何一人做党主席,都孚众望。只是投票结果百分之七十以上的党员选出马英九,可能是希望国民党"改革"优先,因此寄以殷殷之望;得票十二万余的王金平平时广结善缘,也有他的拥护者。现在选举落幕,大家都在拭目以待,静观他们二位展现民主风度。我在选举当天看着开票过程,到了晚间七点就已约略看出结果,我知道选举之后媒体必定要访问胜负双方,当时就想为王金平代拟一个落选的感言，大意如下：

"感谢支持我的国民党党员同志，虽然我失败了，但仍感谢各位的厚爱；现在马英九先生当选了，全党的多数同志既然选择了马英九，我们全体就应该站在多数的一面，拥护马英九先生为本党创造新的未来。金平从政近四十年来，所有为民服务的政治诚信，虽蒙部分同志厚爱，但不及大家对本党改革的期望，这是时代的思潮所使。马英九先生既然举起改革的大纛，大家自当全心全力共同为本党奋斗，所有过去'拥王''拥马'的同志，选举后都应该要'拥党'，大家捐弃成见，共同再创国民党的春天。"

上面的理念，是因为我在美国观察他们多次的总统选举，落选的一方均有如此风度表现，绝不以成败及个人的情绪而做不好的示范。王金平和马英九先生都是星云所景仰的朋友，我对他们二位的拥戴没有偏颇。但选后国民党有些干部发出一些杂音，实在也有失民主风度。例如有人公开说，她心目中的国民党主席只有连战，另有"立委"则在选后发表要退党之言。其实党员以服从为天职，这也是民主的游戏规则，如果国民党不能产生新的领袖，一直怀念过去，难道不怕被时代淘汰吗？像这样的言论，国民党要想创新，未来要有希望，此实难矣！

现在选举过后，我们为王金平先生落选感到遗憾，我们也为马英九先生得到这么多同志拥戴而祝贺。我们更希望国民党荣誉党主席连战先生应该趁此时刻，呼吁国民党员团结一致，创造改革的契机，让国民党浴火重生，这也是连战先生对国民党最大的贡献。

从事政治的人物，时而上台，时而下台，应该视为常事。当初既然决定从政，就应该知道政治不如家族事业，政党是国家的机器，在此一机器运转之下，是停是前，都由不得自己，民主时代要由人民决定。因此,现在最要紧的,我认为王金平先生及他十多万的拥护者,应该配合支持马英九先生的百分之七十多选票的党员,以及那些没有投票的人士。大家共同齐心协力,没有个人的爱憎,只有党的需要,大家同心同德,团结就是力量,则国民党的未来必能再造孙中山先生"天下为公"的荣耀。

我们也衷心希望,原来国民党的党工不必闹着辞职,也不要恋栈不去。新的领袖必定有新的作风,"长江后浪推前浪,世上新人换旧人",得失不要太计较。所以我呼吁全体国民党员应该拥护新主席,共同渡过国民党的财政危机与分裂危机,甚至新主席若有感到经费不足时,也可以发起国民党员"献金运动",借此可以考验党员对党的爱护与信心。我们更希望马英九先生表现尊重王金平前辈,继续获得王金平的合作。总之,未来如何团结全体党员,大家站在各阶层党工的立场,发扬党为民服务的精神,重振国民党百年老店的光荣过去,这是值得大家深思的课题。

(刊于 2005 年 7 月 21 日《联合报》《人间福报》)

修心之钥

☆ 政党是国家的机器,民主是尊重民意,选前热烈竞争,选后要让一切回归平静,同心团结,各就本位。

☆ 选举是一时的,选贤与能为社会民生贡献才智,使前途更美好,才是选举目的。

选举的良心·人民的觉醒

最近几个月来,每天看报的心情是沉重而不愉快的,因为翻开报纸,喧嚣扰攘的选举新闻充斥版面,看到那么多今后将作为我们领导的候选人,不谈自己的理想、抱负,只是批评、攻击对手的缺失,凭着谩骂、恶口就企图当选,你说我们今后的日子还会好过吗?

台湾地区的选举选了四五十年,到现在还是买票、贿选,还是抹黑、骂人,还是不懂得"选贤与能",甚至互揭疮疤,把人性丑陋的一面暴露无遗,尤其造假、欺骗、诅咒别人,为了选举不择手段竟至于此,这种社会怎么会可爱,怎么会有希望呢?

回想四五十年前,台湾地区当时还常倡导"选贤与能",现在已听不到这句话了;就是十年前,也还听得到政见发表,所谓"要把牛肉端出来",现在的候选人也不再以政见取胜,有的是中伤别人,扩大渲染对方的缺失,总要让他无法当选。

所谓"公职",不就是为民服务的"公仆"吗?竟能争抢到如此地步,此中真有那么多的利益吗?难道这些人除了做官,就没有其他的事可以做了吗?尤其现在当官的人不好好施政,整天忙着到处拜票,做生意的也不好好经商工作,每天忙着抬轿、辅选,好像他们的生命就是为了选举而活。现在全台湾地区几乎所有县市都需要领导人站台,大家倾巢而出,难道一个地方的选举,需要地区党政负责人全面动员吗?

　　台湾地区的选举每况愈下,愈选举人民愈分裂,真叫人为台湾的未来感到忧心。其实台湾号称自由民主地区,应该从端正选风开始。我曾经想过提出"礼让选举、政见选举、干净选举、公费选举、节约选举、文宣选举、走访选举、无声选举、无伤选举、理性选举"等"选举十法",以及"不买票、不贿选、不骂人、不造谣、不中伤、不抹黑、不涂黄、不染红、不浪费、不作贱"等"选举十不"。希望候选人能客观礼让、相互赞美,不但具体地向选民说明自己的理想、抱负、政见,也可以介绍对方、赞美对手,由选民自己选择、判断,理性地选出他们心目中的贤能之士。而候选人的政见也可以通过电视、电话、书信或是亲自走访,以此取代过去的到处插旗子、散发宣传单,尤其广播车高分贝的沿街宣传,乃至募款餐会一场又一场,不但劳民伤财,而且制造脏乱。

　　我们希望有一个和谐、谦让的社会,希望人民能以理性和礼让的选举,共同端正选风。但是从最近的选举文化看来,这只是一个梦想,台湾已经走上全民疯狂选举的不归路了。台湾地区近年来乱象纷陈,尤其每逢选举时,口水、黑函满天飞,买票、贿选更是时有所闻。劣质的选举文化是台湾的乱源之一,原因就是大部分的候选人根本不提政见,只用心于找出对手的缺失,故意说谎,挑起争端,引发相互攻击,彼此谩骂;而选民乃至部分媒体也往往无理性地选边站,造成群众的对立,破坏社会的和谐。如此候选人不谈理想、抱负,提不出政策、目标,即使当选后也做不出政绩;而选民不问是非,只问立场,自然无法真正为台湾选贤与能。于是贪官充斥,廉能之士无从一展抱负。面对如此的选举文化,不禁要问,选举一定要这样吗?

　　其实选举是一时的,做人是一生的。选举是民主社会的一大象征,选举应该是一种君子之争,不可以情绪化,不应该造成社会的混乱。选举必须要选贤与能,要让有为之士有机会出头,以为国家社会服务。选民不可以因地域和亲戚关系,或是收受贿赂而投票。选举是选自己的人格与良心,选民不可被欺骗或诱惑;而候选人也应该知道,选举有胜有败,这是必然的结果。所以参加选举的人不能只看一次胜负,这一次幸运当选,如果不能善尽职责,下一次人民可能就不再给你机会了;这一次不幸败北,只要你有能力,你有诚心想要为民服务,也许下一次就能东山再起。所以,选举不能只看一次的成败,应该用心注视下一次,要用政绩来说服选民。

今天就是投票日了,希望选举之后,每个人更要有民主素养,要用一颗平常心来面对,彼此互尊互重、互容互谅。唯有人民觉醒,共同提升选举,并且理性投下神圣的一票,才能共创进步和谐的社会,台湾才能得救。

(刊于 2005 年 12 月 3 日《民生报》《人间福报》)

修心之钥

☆ 选举是一时的,做人是一生的。选举原该是君子之争,而非丑陋大现形。积累已久的恶质选举文化,需靠选民的良心与觉醒来改变。

"终止国统论"之我见

美国时间2月27日早晨,我在美国西来寺,从《世界日报》的头版头条,看到"扁宣布国统会终止运作"的消息,证实陈水扁对外不顾全美舆论反对,对内在没有民意基础,甚至民进党内也有多人不表赞同的情况下,一意孤行地宣布其"终止国统"主张。此与之前的"废统",不管是"废除"或"终止",都只是文字游戏,看在大陆的眼里,认为这是破坏两岸的和谐,因此恐将再把两岸的紧张关系推向最高点,不免令人感到忧心。尤其对于陈水扁如此不重视民意,断然以其个人意志来决定两千三百万人民的未来,期期以为不可。

现在台湾人民,对于两岸的未来,虽然有人主张统一,也有少数人主张"独立",但多数人莫不希望两岸能维持现状。尽管陈水扁在他的"七点宣示"里特别强调,"国统会"之终止运作及"国统纲领"之终止适用,不涉及现状之改变,但事实上在对岸的解读,则认定这是"台独升级"的言论。换句话说,台湾一有"台独"的动作或言论,都将给大陆有动武的口实,如此一来又如何能维持现状呢?这也是美国政府所以一再对此事表达关切的主因。

诚如民进党"立委"林浊水先生说,"废统"的伤害不在即刻性的危险,而是与美国的朋友关系被搞坏,有长远的伤害。林浊水认为,陈水扁现在只是在努力捍卫他自己的地位，诉求基本教义派的支持，已经不再改善两岸关系，更不在意与美国的关系，因此他忧心这种情况继续下去，会让民进党愈来愈小，台湾的处境会愈来愈困难。

林浊水的忧心，其实也代表了多数台湾人民的心声，因此不管"废除"国统纲领也好，"终止"国统纲领也罢，台湾现在不需要消极的大玩政治语言游戏，而是应该积极地在建设上有所作为；两岸之间也不要被过去的历史所影响，应该忘记过去，建设未来。两岸之间果真要维持现状，应该从友谊的交流上着手，而不是一直在"统独"的议题上大做文章。再说，姑且不论台湾有无"独立"的条件，现在大陆既没有要"急统"，台湾又何必"急独"呢？一切维持现状不是很好吗？

回顾中国五千多年的历史，从春秋战国的诸侯分治，到了三国时代的鼎立三足，乃至五胡十六国、唐后的梁唐晋汉周五代，甚至到了民国的军阀割据，最后都是归于统一。统一是必然的趋势，"一个中国"必是未来散居在全世界的中国人共同的选择与期盼，这是时代的潮流，身为台湾的领导人，应该要有历史观，要能看得远，要为全民的安全福祉着想，千万不要逆势而为。

目前台湾当务之急，如国民党主席马英九先生所说"统独论战放两边，民生经济摆中间"，这固然是马主席的感慨之论，但台湾现在应该在既有的基础下，好好发展经济，巩固内政，安定社会民心；对于两岸之间，应该多往好处想，多做一些友好的交流。中国过去一向有"敦亲睦邻"的优良传统，两岸之间虽有一水之隔，但彼此同是炎黄子孙，何必弄得水火不相容呢？如果陈水扁罔顾全世界，尤其美国的舆论，一再挑衅，果真给大陆有动武的理由，这绝非人民之福，因此希望政治上的领导人,一言一行要多加三思,多为人民的福祉设想,这才是一个领导人所当为。

2006年2月27日寄自美国洛杉矶西来寺

(刊于2006年3月1日《联合报》)

修心之钥

☆ 两岸的历史,究竟会朝哪个方向走?会有什么样的结局?尚无定论。

☆ 双方领导人,都应该要有历史观,要能看得远,要为全民的安全福祉着想,以和平、包容、共生、双赢为目标。

"萧仔,你要回来救台湾啦!"

从洛杉矶《世界日报》的报道得知,"马萧配"已经正式成局,不禁令人为"马英九终于找对了人"而感欢欣鼓舞。因为:

一、现在台湾地区最缺乏的领袖人物,第一就是有和平性格的人。萧万长在国民党里人缘奇佳,在民进党或台联党里,也都受到尊重;如此一个四面八方都能受人欢迎的人,确实应该站出来,为台湾地区的和谐再造新局面。

二、现在台湾地区急需恢复过去的经济繁荣,唯有经济发展,才能受国际的尊重,才能受对岸的重视,才能受民众的拥戴。"经济老萧"正是符合了台湾当前社会民众的需要,难怪连出租车司机都要说:"萧仔,你要回来救台湾啦!"

三、萧万长曾被民进党聘为首席经济顾问,可惜他只是徒具此名,并无实权真正为台湾的经济掌舵。如今马英九邀请他担任副手,让他重新出线,马英九也说未来会借重他的长才,重振台湾经济,成为台湾经济新的领航人。此举不但恰当,也满足了台湾多数人民未来的希望。

四、"微笑老萧"这个名字从过去喊到现在,他的微笑不但可以走遍全世界的经济领域,甚至走到对岸的大陆,所以今后萧万长若能担任副职，不但会重视国际舞台，而且在对岸的大陆，他也能为台湾的经济一展长才，增加两岸的和平相处。

　　五、感谢马英九"三顾茅庐，六度晤谈"，请出萧万长，满足了多数台湾人民的希望。也感谢陈水扁，当他得知萧万长将成为马英九的副手人选时，即刻就说"恭喜"。现在，我们也是这样的意思："恭喜！"

（刊于 2007 年 6 月 24 日《联合报》）

修心之钥

☆ 有和平性格、有经济长才、在各党派都受到尊重的人,正是多数台湾人民所需要所寄望的。

当司法沉沦的时候

　　一个现代化的国家，其公平、公正的形象，要靠司法来树立，当司法不被信任的时候，最后只有靠民意了。因此，一个真正自由民主的国家，民意是超越一切的；反之，如果民意也被少数政客的情绪、执着所控制的时候，这个国家已经没有所谓真正的自由民主了。

　　目前台湾地区有许多政党，彼此都在各自表达他们的立场，但是不管怎么说法，"多数"是最重要的。所谓"公投"，就是为了取决于"众意"，假如一人、一党左右了民意，凌驾在民意之上，甚至用多数的不了解，强行让问题过关，失去了高级知识分子独有的看法，这也是这个地区前途的一大挫伤。

　　希腊哲学家亚里士多德说："吾爱吾师，吾更爱真理。"佛教也有"依法不依人"的理论，中国文化素来更有"大义灭亲"的道理。这一切处处说明，一个优秀的民族，对是非真理应该要还于公道。

　　近来台湾地区党争严重，导致政治、司法、财政等问题的是非功过，长年累月陷入"口水战"之中，搞得人民对是非、好坏的价值观，产生了迷惘的感觉。

　　其实，一个地区不管司法也好，民意也好，一定要有普世性，要有平等性，要有历史性，否则就会落入偏执、狭隘、自私，就不能具有现代的国际公论了。例如,引发大众争议的马英九"特别费"案,这不是马英九单一的个人问题,而是台湾几千个首长共有的问题,甚至关乎台湾长期以来施行的制度问题,所以苏贞昌先生把他归结为"历史的共业"。

对于这一历史共业,现在却出现"选择性办案"现象,有的首长被侦查起诉,如吕秀莲、马英九、游锡堃等,有的人平安无事。甚至同样被起诉的案子,侦办过程,南北认知不同。难怪吕秀莲第一次出庭时,特别对着媒体强调,她是代替全台现职六千五百多位行政首长来出庭的;马英九先生日前在二审言词辩论中,更是罕见地痛斥检察官"为了起诉我""没有逻辑,只有罗织"的办案之不公。

其实台湾地区只有一个政府,面对如此重大问题,怎么能任由各种标准不一的情况发生?如此没有历史性的公认、没有平等性的公正、没有历史性的公审、没有大众性的公议之司法办案,如何让人民信服?一向以"自由民主"而感到自豪的台湾,如果"刑法"渗入"人意",如果大众的良心不能挽救司法的沉沦,如果多数人民都对司法失去信心,这才是台湾最大的危机。

所以,当台湾地区处于历史性的关键时刻,司法的判决尤其更要慎重,千万不要因为一二人的偏见,而影响了全民的公意与心声。

最后我们还是要再次强调:当司法不被信任的时候,要靠民意!只是,我们的民意在哪里呢?

(刊于 2007 年 12 月 4 日《联合报》)

修心之钥

☆ 一个地区无论司法、民意,一定要有普世性、平等性、历史性,否则就会落入偏执、狭隘、自私,就不能具有现代的国际公论了。

权力之前,该怎么办?

政治是讲究权力的,权力使人傲慢,权力也可以让人施展智慧和仁慈。权力应该建筑在"众人"之上,如果没有"民意",即使贵为帝王,没有民意为基础,权力从哪里来呢?所以尊重民意是领导者获得权力的重要法门。

此次"民意代表"选举之后,国民党党主席吴伯雄先生说:我们感谢全台湾民众的睿智,国民党胜选了,但未来我们会更谦卑!马英九先生也说:国民党会尊重民意,不会滥权。国民党的领导者能有这样的看法,真是台湾之幸,人民之幸!

只是,现在国民党获得全面胜利,一些党内人士面对权力,不免蠢蠢欲动。所谓"争权夺利",必定成为再次致败的原因,因此未来的权力之争,几乎也成为国民党可怕的隐忧。

我个人非常主张,在团体、政党、权力之前,应该学习"跳探戈",彼此互相尊重,当进则进,当退则退,有因缘就上台,没有因缘就下台。当初释迦牟尼佛也是"有缘佛出世,无缘佛入灭,来为众生来,去为众生去",所以我觉得一位伟大人物,不要把"上台下台"看得那么严重。你能干,全民拥护,人间到处都是你的舞台;不合民意,即使上台,民众也会用嘘声叫你下台。

唐飞先生说："什么是君子、小人？君子，你请他上台很难，要他下台很容易；小人，你要他上台很容易，请他下台很难。"真是一语道破"上台下台"的众生相。所以真正"爱台湾"，不一定要做高官，不一定要掌握权力，个人的一张选票，不是一样能决定台湾的权力谁属吗？

佛光山目前正在筹建佛陀纪念馆，因为工程浩大，谁能主持这样的工程？我建议凡是带着"无我"观念的人就能主持；因为有"无我"的观念，才能倾听、接纳"大众"的意见。现在国民党的吴伯雄、马英九、王金平、吴敦义先生等重量级人士，我很诚恳地希望他们都能有"无我"的精神，如此未来才能公平公正地运作公器，才能无我无私地为民谋福。

至于国民党其他政要，也不必在权力中争得你死我活，尽管你的学历、能力、贡献为全民所周知，但是你要知道，凡事都要有"缘分"，如果万事俱备，只欠缘分，也是功亏一篑。因此，今日国民党的诸位仁者，千万不可以分争权力，大家应该以"无我"之心，广结善缘，为民服务，需要则上台领导，不需要则台下拥护。

我对于国民党在这次选举中，台北市"八仙过海"、桃园县"五子登科"，乃至全省有那么多优质的委员出线，看得出国民党未来的希望。不过，对于民进党的人士，如罗文嘉、段宜康、林岱桦、余政宪等人虽然落选，但也不必难过，因为还有相当的政党票。"民主政治"不是一人能成，应该重视团队，要有"集体创作"的精神、"成功不必在我"的雅量。

选举已经落幕，我希望国、民两党人士，都应该感谢全台湾的人民，所谓"民主"，他们作了裁决，你们应该欢喜接受。

（刊于 2008 年 1 月 15 日《联合报》）

修心之钥

☆ 掌权者有"无我"的精神,才能无私地为民谋福;失权者有台下拥护的雅量,更是民主的提升。

拒领公投票的重要性

最近台湾地区由于"公投绑大选"的议题,造成社会动荡,人心不安。虽然明知台湾入联公投是走钢丝的行为,但就是有一些人不顾安危,一意执着,使得国民党不得不祭出"拒领公投票"来抵制。

其实,民进党人士应该也知道,"台湾"这个名称不是国名,只是一个地区,并没有"入联"的条件,但是却被"入联"的美丽幻象所迷惑,以致看不清时势,也完全听不到外界的声音。例如,国际上从美国、日本再到欧盟各国,都纷纷站出来明确表示反对。尤其美国在台协会台北办事处长杨苏棣先生更公开指称,台湾入联是"不必而不利"的事,不但有伤台美的互信,也会激起两岸的对立。

至于台湾岛内,不但在大陆的台商担心此举会升高两岸的紧张关系,恐将对台商造成负面的冲击,所以纷纷签署反对"公投绑大选"。就是在台湾的学者、教授、医师、专家等有识之士,除了少数人以外,多数也都赞成拒领公投票。此中尤以一位中学教师文须琢先生,更以"公投浪费公帑"为由,积极在网络上发起"停办公投"的呼吁。他表示,领导人大选如果合并办理公投,势必多花费四亿五千万新台币,如果现在能及时踩刹车,至少可以省下三亿元。

举办公投不但浪费公帑,事实上也不容易通过,因为现在公投法的过关门槛非常高,以一千多万的选民来算,至少要有八百多万人投下公投票才会过关。就算公投过了关,但以过去民进党政府二度向联合国申请入会"被拒"的情况下,是否公投通过就能入联?

本来民进党提出"以台湾名义加入联合国",是希望借此突破台湾的外交困境,但是观诸近来国际上反对的声浪,显示此举不但无助于打开对外空间,反而会让台湾更加陷入窘境。

既然台湾地区没有加入联合国的条件,就不要用公投来欺骗老百姓。现在台湾需要的是经济发展,是安定与和平,所以千万不要再无端制造麻烦。大家应该体念台湾得来不易的现有成就,不要将之毁于一旦。尤其最近大陆对两岸关系也释出善意,表示可以在对等的条件下恢复两岸协商。

面对如此有利的局势,台湾实在不可以再情绪化了。现在我们要让台湾和谐,就不要公投;要让台湾成长,就不要公投;要让台湾人民安全地生活,就不要公投;要让台商在大陆能平安地发展,就不要公投。如果不顾美国的警告,后果会如何?如果不尊重大陆的想法,后果又会如何?大家不能不审慎地思考。

我个人的心理很简单,只是不希望挑起两岸战争,不希望看到台湾人民生灵涂炭。因为我自己出生在北伐战争时期,经历过八年的对日抗战以及之后的内战不停,深刻了解到战争的残酷。好不容易现在看到台湾数十年来经济成长,各项建设突飞猛进,自由民主也已然开花结果,到处洋溢着新气象。再加上大陆现在也改革开放,扬威国际,这是中国人团结的大好机会,中国能和平统一,不但是海峡两岸人民的幸福,也是旅居海外一亿多华侨的希望。

我在台湾居住了六十年,我觉得台湾人民是可爱的,可爱的台湾人民勤劳节俭淳朴善良,希望政客们不要再操弄他们,以他们作为自己政治斗争的工具。我也希望台湾民众能了解我爱台湾的苦心,台湾是居住在台湾的所有台湾人的台湾,住在台湾的台湾人,不管是闽南人、客家人、外省人,都是中国人。中国人应该和谐相处,共尊共荣,中国人应该向和平统一走去,这才是未来的前途。反之,台湾"独立"没有生存的条件,只有走入死胡同。

由于最近网络上一再希望宗教界人士出来呼吁拒领公投票,虽然我已是八十多岁的老人,但为了体念苍生,为了感谢台湾六十年来培养我的因缘,因此不能不推心置腹、不能不剖心掏肺地站出来公开呼吁,如果3月22日能够停止公投最好,不然的话只有希望全民一起出来拒领公投票了。

届时如果拒领公投票成功,也希望民进党能够有所省思,以后不要再操弄族群意识,不可以再挑起省籍情结与族群对立。现在已经是自由民主的时代,千万不要用少数人的执着,影响了多数人的安全与权利,这才是明智之举。

(刊于2008年3月13日《人间福报》《联合报》)

修心之钥

☆ 政治上走钢丝的行为,去做"不必而不利"的事,政客用幻象来欺骗老百姓,人民应该发挥智慧、看清真相,莫因方向错误走入死胡同。

让"选贤与能"复活

六十年前我随国民党到台湾,当时国民党也想在台湾建设美丽的宝岛,就实施民主选举,可以说大选小选,几乎每年都有。

为了选举,政府花费在选务上的时间、金钱,不知凡几;人民关心选情,议论人事是非,甚至跟着选举的浪潮起伏,也不知费了多少的精神力气。此中的变化,最让我有所感的是,六十年前最初的选举,有一句重要的口号"选贤与能",但选到后来,尤其今日的各种选举,再也没有听到有人强调这一句话了。

现在的选举,都是选地域、选关系、选私交、选利益,已经忘记了要"选贤与能",殊为可惜。不过,在几年前的选举,倒还有一句口号,就是希望候选人要"端出牛肉来"。只是现在大家也不关心牛肉了,即使候选人端出牛肉,也没有人闻问。大家所重视的都是个人的好恶,都是一己的小利,甚至都是意气用事,都是制造对立,已经忘记了美好的"选贤与能",对台湾、对民主政治是多么重要了。

其实,一个候选人与我个人有多少关系并不重要,但他未来的施政,则对全民关系重大,因此对候选人的品德、能力,必定要列为第一考虑,这是十分重要的事。

台湾地区多年来因为实施民主选举,让小老百姓终于感受到,自己是台湾的主人,因为有神圣的一票;问题是,这神圣的一票关系台湾的未来,可谓无限宝贵,但这神圣一票的价码,往往只值三五百元,实在可惜。

不过总的来看,台湾地区近年来的选举,让每一个选举投票人,学习到自主、自立、自尊、自强,不但学会了应付各种候选人的拜票,表面上可以跟你握手、微笑,但不一定把票投给你;甚至每个人在选举里,都表现出独立自主的性格,可谓成熟很多。但美中不足的,就是对"选贤与能"还不能提高认识,有的家庭为了选举,不但兄弟不和、夫妻反目,甚至有些候选人为了选票,不惜攻讦、抹黑对方,使得民主选举本是台湾最光彩、最足以炫耀的成就,但因为选举所发生的丑陋事件,也让台湾贻笑大方,深深令人遗憾。

此外,还有一件事值得一提,那就是历年来每次选举,候选人为了选票,不得不求佛问神,对宗教的发展也总是信誓旦旦,表示虔诚。在此同时,佛教有些出家人也想搭上现代民主政治的列车,也热心参与投票;可是在台湾社会,少数人对出家人关心政治、参与选举,经常面露不屑,甚至用不以为然的口气批评说:"出家人也要投票啊!"

其实此言差矣!出家人虽然"出家",但并没有"出境",出家人不但要纳税、要服兵役、要对台湾做种种的公益服务,他们也都善尽公民的义务,为什么不能投票呢?一个公民,除非犯罪、被褫夺公民权,才会失去投票的权利,难道所有佛教徒都被褫夺公民权了吗?由于社会大众不能公平对待佛教,这也是台湾民主素养有待加强的地方。

回顾这么多年来台湾的民主选举,从最早期划分为党内、党外,到后来选此党、彼党,后来又有选党不选人,乃至选人不选党,甚至选"钱"不选"人"。但经过这么多年来的民主训练与教育,人民应该要更进步,还是应该要"选贤与能",这是民主的精神与价值所在。因此希望未来的选举,人民都能有所共识,能够让"选贤与能"复活,这是民主的幸事,也是人民之福!

(刊于 2011 年 8 月 11 日《人间福报》)

修心之钥

☆ 选举,最重要的是"选贤与能",现在却改变成选党派、选地域、选关系、选私交、选利益,甚至只选几百元的"价码"。

☆ 民主选举本是台湾最光彩、最足以炫耀的成就,却因选举所发生的丑陋事件,让台湾贻笑大方。经过这么多年来的民主训练与教育,更应该要进步、觉醒,让"选贤与能"复活!

爱台湾要讲究法治，是非应止于智者
——响应李家同教授

上个月18日，台湾的学生发起反对服务贸易协议的学潮，占领立法机构，冲进行政机构，破坏公物，我个人觉得这已不像学生运动，似乎要变成造反运动了。因为，学运是很神圣的，这些年轻学生天真、热情、爱护社会，但是，爱台湾也要讲究法治、讲究理智。

当初，1919年有"五四运动"，那许多学生基于爱国的情操，反对外国以不平等的"二十一条"欺凌我们，几乎要灭我中华，学生们挺身而出，因而在历史上留下清名；但这一次"反服贸协议"应还不致构上学运，因为协议的内容还可以再研究。

再说，就是要发起运动，也应该以当事人为首，有关服贸协议利害关系的人士，他们应该先出场，学生为了主持正义可以出面支持。但现在，主脑者都不知道在哪里？我们的学生空有一番热情，尤其他们受饿、受冻，甚至已有人生病，花那么大的精神力气，实在是划不来。

我们台湾几十年来在各界的努力下，成为一座美丽的宝岛，拥有敦厚善良的人情、社会民主自由，评选"居住环境最好的地方"就是台湾。但因为两岸的问题至今还没有解决，因此，就有有事者各说各话，制造是非。所谓"是非应止于智者"，在运动发生的第五天，在台中,佛教就有意见出来;我个人表示,学运应该点到为止,学生可以回校读书;王金平应该出来领导开会,使立法机构正常运作;马英九应该应学生要求出来安排一个对话,当然,对话的程序、机制必须经过研究。对于"服贸协议"的内容,至今有人说公平、有人感到不如人意,究竟服贸协议公平与否,我们可爱的学生们清楚其中利害关系、懂得台湾要登高望远吗?

我们宗教界也不是不关心社会运动,但假如一开始就跟着赶热闹发言,就会有人讥评宗教人士不安于教堂寺庙修行,却来干涉政治。特别在台湾,社会上弥漫一种错误的观念,觉得政治只有一般人民参与,宗教不能与政治沾上边,以致宗教人士对自己的立场多有保守。

现在,李家同教授表示,对宗教界一句话都不讲感到失望。其实,这段时间都有各家媒体报道,宗教不应忙着插上一脚。而事实上,《人间福报》、人间卫视,开始就特别制作有关专题,邀请各方人士发表意见看法,难道李教授都没有看到吗?李教授本人也是一名教友,在天主教里也甚有地位,假如以你的地位来联络天主教、基督教、佛教等共同来参与,或许是有力量的,至少是有诚意的。

不过,机会还在,希望我们宗教界本着诚恳之意,爱护台湾这块宝地。呼吁三方面各自节制,不要说谎,不要栽赃,不要乱枪打鸟,不要制造矛盾,把话说清楚。我的简单意见是:领导人可以和学生对话,委员们应该回到立法机构开会,学生回到校园读书、充实自我,让社会回复平静。我们也希望台湾各媒体本诸良知,媒体救台湾,要正义公平,这才是台湾之福。

(刊于 2014 年 4 月 7 日《联合报》、2014 年 4 月 8 日《人间福报》)

修心之钥

☆ 学生年轻、天真、热情、爱护社会,但强行冲进院会,破坏公物就不对了。爱台湾也要讲究法治、讲究理智。

☆ 历史上也有学运留下清名,在外国以不平等条款欺凌本国时。但这一次"反服贸协议"还不致构上学运,因协议的内容还可再研究。

☆ 宗教界第一时间不讲话并非不关心,关键在可爱的学生们清楚其中利害关系、懂得台湾要登高望远吗?

☆ 请各教界共同来呼吁,三方各自节制,不要说谎,不要栽赃,不要乱枪打鸟,不要制造矛盾,才是台湾之福。

我的意见：选贤与能

最近不断地有人来问我一些有关台湾地区选举的问题，人老年迈，也不胜其扰，所以综合各方问题，敬答如下，你们自由取舍吧。

一、台湾的政治核心"自由民主"，提升了台湾的地位。但现在台湾的自由民主，不是互相尊重包容，都是互相恶言内斗，增加了台湾的丑陋。

二、我最近书写《礼运大同篇》一幅字，想到六十多年前初到台湾时，台湾的选举，都要喊出这篇文章里的"选贤与能、讲信修睦"作为口号。但现在，我不但都听不到这许多话，甚至是以谩骂对方作为选举的手段，这不是自由民主的退步吗？可惜，在美丽的宝岛台湾，听到这些丑陋的声音，真是不相适应。

三、佛光山僧信四众弟子人很多，我也没有办法规定大家统一选给谁。民主，即指人人都有一票，都是自由选举。所以，候选人要用政见来赢得别人的一张选票，光是靠拜托，这是很困难的。在这里，我要先向各位候选人告罪，我没有办法、也没有能力去影响别人。

四、我希望台湾的选举人，要提倡干净的竞选，不要买票、不要谩骂、不要拜托、不要空话，应该发表你的政见理念，顺乎自然。台湾经过这么多年的选举，人民对于"选贤与能"应该已能够辨别、认识。

我也奉劝候选人们,选举是一时的,人情道义是一生的,不要为了当选、落选而特别介意。民主,是以服务为先,大丈夫达则兼利天下,不达则独善其身,不必对于上台下台、当选落选那么计较。

五、我在我的遗嘱《真诚的告白——我最后的嘱咐》一文里说,我这一生没有最喜爱的人,也没有最不欢喜的人。不论国民党、民进党、共产党,甚至世界所有的人民,我尽量地平等看待,对大家没有爱憎之心。

过去台湾每次遇到选举,都把我归类是国民党,我是国民党员也是事实,几十年来,我也不少次支持民进党。因为我觉得,做一个出家人要有平等心,要选贤与能,要选人不选党,选台湾正确的方针。说我是"政治和尚",在这里向大家报告,实在说,我的人生观一点都不"政治",我只是佛教里一个关心社会的和尚。

六、佛光山佛陀纪念馆自2011年启用以来,每一年都举办一次世界神明朝山联谊会,有上千的神明来山聚会、联谊,这在全世界看来,是最美好的事情。我觉得台湾和世界的各宗教间不要互相排斥、对立。王金平先生当选中华传统宗教总会的会长,这也是他和宫庙多所联系,与我没有关系。所以关于王先生他的政治立场、做人风格,社会自有公评公论,不是我所能左右的。

至于未来选什么人,我还是要说,奉劝台湾所有的选民,把感情、执着、成见摆到一边,为了台湾的前途,展现民主素养"选贤与能"。

现在,我们要选出贤能的人来为大家服务:希望他帮助人民解决问题,不要漠视延宕;希望他自我约束,不可以贪渎收取红包;希望他照顾弱势团体,不可以假借名目增加赋税;希望他积极建设,不可以假借公害阻碍能源开发、经济发展。

我们也希望无论什么人竞选,对于未来的领导人,我们期望他给予台湾信心,要能建设公平正义的台湾;我们期望他给予大家欢喜,要建设平安幸福的未来;我们期望他给予社会希望,要建设一个清流的政府;我们期望他给予全民方便,不要对问题推拖、对人民刁难。

我们希望宗教界对公益要能热心支持;我们希望企业界要能赚钱回馈政府;我们希望全民要能理性的爱护台湾,不要自我执着,失去台湾的前途。我们希望台湾和乐进步,我们希望社会和谐安定,我们希望两岸和平友好,我们希望人民和善交流。

最后,我也要请问各位候选人,你们要选举的是什么职务呢?选台湾地区领导人吗?你要为台湾服务;选日本的首相呢?你要到日本去服务;选泰国的总理呢?你要到泰国去服务。

我希望你选台湾地区领导人,你要为台湾来服务、打拼,使台湾的人民都能幸福、安乐、平安。这样,你们才能出来竞选领导人。

(刊于2015年6月14日《人间福报》)

修心之钥

☆ 说我是"政治和尚",实在讲,我的人生观一点都不"政治",我只是佛教里一个关心社会的和尚。

☆ 台湾所有的选民,应把感情、执着、成见摆到一边,为了台湾的前途,展现民主素养"选贤与能"。

【述评】
"星云价值"能改善政府乱象吗?

高希均

一

今天(18日)《联合报》头版只有二条大新闻:三分之二的篇幅报道"(立法机构)开议,果然又空转",三分之一的篇幅描述杨力洲"拔一条河"纪录片,创票房,撼人心。这就是十余年来台湾社会的吊诡与宿命:"国会"殿堂不断地浪费纳税人钱,无效率地在斗争;另一方面民间以微薄的财力,却以无比的热情与民众分享"八八"风灾后甲仙小学拔河队的奋起。

近年来政府的表现接近绝望,民间不放弃努力又充满希望。

看看另一个振奋人心的场景。上周日在佛光山上佛陀纪念馆参加了第二届"星云人文世界论坛",莫言先生讲"文学家的梦想",星云大师讲"宗教学家的梦想",二千位听众聚精会神沉醉于梦想,又惊醒于现实之中,这真是空前的盛会。

在中国20世纪那动乱的年代,出生扬州的星云与在山东高密的莫言,相差二十八年的岁月,但两个孩子都同样在饥饿与贫穷中长大,同样地都没有读完小学。

莫言全靠家乡土地的养分,农村贫穷的磨炼,自己发奋地写作,攀登了世界文学的巅峰,于去年获得了诺贝尔文学奖。

星云十二岁出家,于1949年,二十三岁时来台,全心投入人间佛教,六十四年来开拓了无远弗届的"星云世界"。

两个贫穷的孩子,丰富了全社会;那些贪婪的政客,却只肥了自己。

二

星云大师在岛内外创办了多所大学、小区大学、中华学院;又创办了《人间福报》、人间卫视、图书馆、美术馆、全球近三百所道场,以及刚落成庄严而又温馨的佛陀纪念馆。

我在想:如果"立法院"第一天开议的斗争大会,搬到象征慈悲与智慧的佛陀纪念馆,会是什么样的场景?如果"立委"们更能抽空读一页,甚至朗读一次我归纳的"星云价值",能否会增加政府运作的顺畅?两党之间的祥和?

从多年来星云大师的著述、言行与信念,让我归纳出十大"星云价值":

(一)所有这些都不是我的,我一张书桌都没有。(以空为乐)

（二）以无为有，不据为己有。（无欲则刚）

（三）你中有我，我中有你。（命运共同体）

（四）大众第一，自己第二。（老二哲学）

（五）你对我错、你大我小、你有我无、你乐我苦。（包容、谦卑）

（六）做难做之事，处难处之人。（克服困难）

（七）有情有义，皆大欢喜。（情义兼顾）

（八）我不懂管理，只懂人心。（以心带人）

（九）跟别人结缘，只有真诚的心。（以心交友）

（十）我有一点慈悲心及一颗中国心。（以心为本）

所有这些价值都以"舍得"为核心；特别对日夜追求权势与财富的人，能做到"舍得"，就比任何药物更有效；它可以救你的健康、家庭、操守、声誉，以及晚上的失眠。

它真能改变今天台湾当局的乱象吗？笃信佛教的王金平，想必会比常人更有领悟。

2013年9月18日

谈心事：勤行善，解蒙昧杂心

慈悲爱心列车要永远开下去

我自1949年来到台湾,就一直从事净化人心、安定社会的工作,近五十年来不曾间断。出家人以慈悲为怀,关怀社会众生,这是分内的工作,其实不需要提出来宣扬。去年底以来,台湾陆续发生几起重大刑案,让本来就不安的社会,又掀起巨大的波澜,不但岛内的居民处在人人自危的氛围中,海外的华侨纷纷停下回岛的脚步,每个人都问:"台湾到底怎么了?"

有感于此,来自全球各地的国际佛光会在月前召开理事会时,提议举办"慈悲爱心列车"活动,由佛光会会员带头做社会的榜样。也就是说,佛光会员用自己的善心与脚,到街头巷尾、到市场、到学校、到每个人群聚集的地方去宣传,通过街头演讲、演唱、散发手册等方式,去唤醒大众的善心与良知。我提出"现代善知识五十三参"修身语录,这些法则在日常生活中是很容易实践的,就是希望人人实行日行一善、推展七诫运动、修习十善念、去除十恶习,每日反省内求、知足感恩,乃至忏悔发愿,只有从每个人的自身改变起,我们的社会才能净化,国家才有希望。

"慈悲爱心列车"第一波于5月25日启程,持续了一个月的热身活动,接着第二波,称为"慈悲爱心人"。每一个人就是一部慈悲爱心列车,我们招募两千个人做"慈悲爱心人",每个人在一个星期中捐出两个小时,到学校、街头巷尾、车站等处做慈悲爱心倡导。假如两个小时当中,一个"爱心人"讲了十个地方,那么二千人,一天就可以有上万场的宣传。行人走在街上,这边看到我们爱心人,那边听到我们的歌声,这样的情形如果持续一段时间,大家一定会被吸引。只要民众肯看、肯听我们所提倡的"五十三参"修身语录,必定能达到良好的成效。

等到"慈悲爱心人"受到很好的磨炼以后,第三波,他们可以到学校去组织脚踏车队,用踏青郊游、跳土风舞、办园游会的方式去影响他们身边的同学,这样的组织会吸引年轻人。这些青年学生都是台湾未来的主人翁,不能不把他们教好。称他们为"慈悲爱心青年人"或"慈悲爱心自行车人"都可以,让他们每个人每星期捐出两小时,在校园、在郊外、在山巅水涧处向同学倡导慈悲爱心的观念。这些同学在影响别人之前,他自己已经先受了影响。从教育上扎根,我们的社会风气才有可能改善。

我们从这个意义推展开来,这个"点"可以扩广至"面",以后可以发展"慈悲爱心演艺人",演艺人员有带动风气的作用,他们出来倡导,力量很大;还可以发展"慈悲爱心工商人""慈悲爱心记者",让记者也出来倡导;"慈悲爱心家庭""慈悲爱心社会"……"慈悲爱心的列车"可以永远开下去。

慈悲,人人需要;爱心,人人喜欢。我们宁可什么都失去,不能没有一点慈悲心,有慈悲就拥有财富与人缘,有爱心就有欢喜与祥和,慈悲爱心的最后目标就是让每个人都成为"慈悲爱心人"。人人都是慈悲爱心人,台湾不就是慈悲爱心的宝岛吗?

(刊于 1997 年 8 月 1 日《普门》杂志第 215 期)

修心之钥

☆ 人动起来,就有活力;以慈悲爱心为目标,生命意义立刻不同。

☆ 每一个人都是一部慈悲爱心列车。捐出一点时间、能力和慈悲心,列车跑的"点"就可以扩成"面",让台湾变成充满欢喜与祥和的慈悲地。

什么是福报？

什么是福报？简单地说就是善、美的好报。譬如：从小出生在幸福的家庭、长相端正、聪明灵巧、身体健康、心地善良、喜乐开朗；长大后求学顺利、事业如意、婚姻美满、善友众多；中老年后子女孝顺、名节清廉、知足常乐、长寿无病、能得善终等，这些都是所谓的福报。福报大家都想要，因此我们在春节过年的时候可以看到许多人的家门口都会贴上"五福临门"的春联，也就是一般人在新的一年开始，就会祈愿福、禄、寿、财、喜这五福能齐降门庭，让一家大小都吉祥。

但是大家求福报，却每个人的福报都不同，即便是同一个家庭中的兄弟姐妹也都不会相同，更不用说是世界上芸芸众生了。为何大家的福报会有不同，以佛教的立场来说，当然就是脱离不了"种善因得善果、种恶因得恶果"的因果关系。所谓"欲知前世因，今生受者是；欲知来世果，今生做者是"。这就清楚说明了前世、今世、来世三世的福报厚薄是紧密关系的。

过去世的善恶行为我们已无法挽回，因此重要的是要为今生与来世的福报努力。不仅一个没有福报的人当要如是，就是一个有福的人也要随时惜福、培福，因为只知享福而不珍惜福报、不培植福报，福报迟早会用尽，就如银行存款只出不进，存款数字必定一天少于一天;也像一位学生即使再聪明,如果不用功,最终也会落到"小时了了,大未必佳"的下场。

因此,要怎么获得福报才是我们最需要知道的。获得福报方法很多,也很容易。例如:

一、说话宽厚会获得福报。因为处世待人宽厚,就会得到很多方便,方便做事,无事不顺,就是福报。我们交友宽厚,处世宽厚,常说赞美的爱语,所谓宅心仁厚,自然就有福报。"宽以待人,严于律己"不但是中国儒家做人处事的方法,也是佛教致福的方法。

二、与人结缘会获得福报。平时看到人会点头微笑、亲切问候,举手之劳的服务、见人有难热心帮助、懂得成就他人善事,随时多做好事,这些都是和人结缘的方法,如此自然会增加福报。因为法界一切众生都是相互依存成就、共存共荣的生命体,所以想要获得福报,结缘非常重要。

三、欢喜布施会获得福报。布施如播种,只要勤播种,必定会有丰收。佛教里讲的做功德就如种福田,福田又分敬田、恩田与悲田。对父母师长、社会教养栽培之恩力图报答,称为恩田;对佛菩萨贤圣僧的恭敬供养,是为敬田;以慈悲心救济贫苦的人,称为悲田。在敬田、恩田、悲田里面播种都会有收成,让福报增长。

总之,能说好话、做好事、存好心,让自己及社会净化、祥和,不仅自己能培植福报,同时也能让社会大众享受到福报。佛光山从4月1日起正式创刊发行了一份名为《人间福报》的报纸,内容以真善美的温馨、关怀、光明的新闻为主要走向,主要就是以净化人心、推动社会祥和为目标,就是希望"人间有福报,福报满人间"。

(刊于2000年7月3日《国语日报》)

修心之钥

☆ 人人求福报,却每个人的福报都不同,其实福报多少亦不脱因果,"欲知前世因,今生受者是;欲知来世果,今生做者是"。

☆ 要得福报需先种福田,敬田、恩田与悲田都是福田,尊敬、感恩、慈悲都是种福田。

2003 年新春告白

恭贺新年,妙心吉祥!

　　一年容易又春风,送走了 2001 年的除夕,在 2002 年的春节开始,我一早起来,就忙着打电话,给台湾的诸山长老,一是拜年,二是邀约他们农历正月初九,到大陆西安,迎接佛指舍利莅台供养。因为国家宗教事务局给我函件"星云牵头,联合迎请;共同供奉,绝对安全"。我遵照着这样的原则,在两天之内邀约了近百位长老,还有近两百位的年轻比丘、比丘尼和护法信徒。

　　佛指舍利从西安莅台时,在台北和高雄两地,夹道迎请的信众就有五十万人以上。为方便全台信众瞻礼,在台北体育馆、三峡金光明寺、台中体育馆、南投中台山,一路设坛安奉;抵达高雄佛光山时,更吸引百万人潮上山礼拜。尤其在高雄体育馆恭送法会,十万人通宵念佛,绵密不绝的佛声,气氛摄受感人,真可谓天人合一,我佛众生成为一体了。

　　此次佛指来台,不仅促成台湾佛教界大团结、大融和,也使两岸人民建立了和睦友善的交流典范。如今回想,十年前的希望,以及一年多的筹备过程,虽然曲折艰辛,然而仰仗佛力加被,终也圆满这件稀有盛事。

　　佛指舍利送回大陆后,4 月初,我进入马来西亚和新加坡,在各地会堂讲演、皈依,感谢林玉丽会长、宋耀瑞团长等大力协助。后来我又前往日本，参加在东京举行的国际佛光会第九次会员代表大会，我以"发心与发展"发表了主题演说。会后，有机会住进坐落在富士山下、本栖湖边的弘法道场，遂以"本栖寺"为名。时值仲春，百花争妍，美不胜收，我曾信笔写下本栖偈"春有梅樱秋枫叶，富士五湖映冬雪，若人能到本栖寺，自在解脱增福慧。"在这数月中，我于此举行过男众比丘讲习会、女众执事讲习会，以及在全球读书的五十位佛光博士、硕士学生讲习会、胜鬘书院，还有世界金刚会、世界妇女会、亚洲文学作家会议等，我希望更多的有缘人来此云集，禅修、小住，净化身心。

暑假期间，依法法师领导的四十三位来自哈佛、耶鲁等世界名校的博士、硕士，到本山参加"国际杰出青年生活营"，体验丛林的修道生活；佛教国际化的希望，又迈进了一大步。

全球的佛光山派下道场，每年同步举行佛诞节庆祝法会，同一时间，全世界就有百千万人一同庆贺。像澳大利亚在依来法师与满谦法师的努力下，布里斯班就有市长 Cr. Jim Soorley 等澳籍人士，超过十万市民参与盛会，悉尼达令港也有逾七万人参加。甚至连梵蒂冈也致函表示天主教对佛诞的祝贺，贺函中表明，愿与佛教共勉奉行道德生活，期以宗教之文化深耕社会。不久后，中天寺也获得澳大利亚护旗协会的颁奖肯定。

再者，当"自由宗教联盟"齐聚匈牙利时，在国际佛教促进会服务多年的觉门法师，由大会推选为国际委员；我们创立的世界首座巴拉圭"中巴佛光康宁医院"，亦将交由天主教教会经营。由此，都能看到佛教国际化、本土化，以及宗教融和的成果。

佛光山丛林学院创办四十年来，到今年止，外籍学生比例已占了五分之二。去年拉达克的毕业生本文等，在山上已修学八年，被派回到印度佛学院服务。我一向认为佛教的弘化，应将眼光放至世界，所以9月时,本山又将徒众慧在、觉玮、妙士、侯怡萍(觉多法师)等人,送往美国攻读博硕士。另外有四位美国青年Cliff Brown等,也要他们入西来寺实习出家生活。天眼网路佛学院筹备工作已完成第一阶段——天眼影像直播(www.ubou.org),希望对于佛教国际化和本土化能愈趋坚定。

去年7月,西来大学通过美国WASC认证,让中国佛教在美创办的第一所大学终于进入开花阶段,这是中国人在美办学的历史新页;而佛光、南华两大学今年都能够足额招生,且学生入学率百分之百,这些成果都应贡献给百万兴学的功德主们,聊慰本怀。

我深深感到,佛光可以普照、法水能够长流,教育以外,文化方面的耕耘也功不可没。尤其世界各地的徒众,纷纷将我的著作翻译成各地文字出版,如《星云法语》《佛光菜根谭》《一池落花两样情》《佛法要义》《佛教的真理》《传灯》《星云说偈》《迷悟之间》等,这些化成各国语言的文字作品,顺利地流入各国的社会民心。去年全世界最大的法兰克福书展,就陈列译成德、英、法、韩、日、葡、西、俄、印度及斯里兰卡文的我的一系列著作,其间最大的回响,莫若德国Schirner Verlag出版社与德国著名的宗教书籍Kreuz集团,都竞邀授予版权;连中国大陆各出版社,也都积极争取发行机会,我当然期望能丰富各地人民的精神生活,以尽微愿。

2002年,是我弘法五十年的纪念年,此间,我在台北孙中山纪念馆与红磡香港体育馆讲演不辍。有感文化的弘法工作,若不懂得求新求变,要让上万人专注听讲不易,所以,此次我运用敦煌变文中的讲述、唱颂、梵呗三者合一的方式,以文学与音乐的飨宴,把传统与现代融和,不仅获得所有听众的赞许,更写下了新的弘法里程碑。此外,人间佛教读书会全球已达两千余会,足见佛教文化传播的力量,威力远大。

近来我亦发觉,传播文化的使命,媒体扮演着举足轻重的角色。为响应社会大众对媒体改革的呼声,我嘱咐《人间福报》社长永芸法师发起"媒体环保日、身心零污染"的活动,我们呼吁媒体奉行"做好事、说好话、存好心"三好的运动,以及"不色情、不暴力、不扭曲"的三不运动,希望唤起媒体自律,还给阅听人一个干净的社会。

佛光卫视在去年10月1日,由董事长慈容法师正式更名为"人间卫视";以"年轻、教育、国际、公益"为四大方向,希望未来与《人间福报》并步齐驱,一同为传播人间的真善美而努力。

本山、各别分院及事业团体,也纷纷传来获奖喜讯。如寺庙教会捐资兴办公益慈善及社会教化事业绩优表扬大会,本山、兰阳别院、花莲月光寺、圆福寺等皆受殊荣;国际佛光会中华总会也在社会暨职业团体绩优表扬大会上受到表扬,由吴伯雄先生代表领奖。

最近,位在三峡的金光明寺已开始启用,未来是一座专属信徒的佛教大学。南非南华寺大雄宝殿等工程已近完成,未来必将成为南非佛教的重镇。即将安基的佛陀纪念馆,业已规划完成,尤其邀请了世界级雕塑名家郭选昌教授和中兴工程参与此事,期能辟建出宗教与艺术融和的善美典范。

台湾各地佛光山也成立文教中心,如福山寺为中部地区的文教中心、南台寺是台南地区的文教中心、南屏别院为高雄屏东地区的文教中心、东华寺为东部地区的文教中心,而金光明寺则是北部地区的文教中心。邀请大家同入文教法海,品味佛法的甘露。

去年8月,本山的玉佛楼由于电线走火,蒙受祝融之灾。诚感各地的关心与帮忙,大家的捐助实已足够,切莫再以金钱布施。如今修复工程已经持续进行,预计近日内,便能恢复过去的样貌。

去年11月,我在印尼棉兰由宗如法师安排的弘法,数千人听讲、皈依以外,苏北省省长李查努丁先生约了六个宗教团体联合欢宴,此一融和令我深受感动。后经马来西亚丘民扬拿督安排,展开了为期九日的中南半岛慈善弘法之旅。此行的主要目的是代表国际佛光会及曹氏基金会,将一千五百辆轮椅捐赠给老挝、柬埔寨、缅甸、越南及新加坡各个慈善机构,并拜访当地的高层人士与佛教领袖,更为我完成了四十年来一直希望能够拜访中南半岛国家的心愿。

老挝、柬埔寨、缅甸及越南,也都是佛教国家,虽然各自拥有丰富傲人的世界文化资产,人民生活水平却有待提升。如缅甸仰光市的雪默驼大金塔,环绕着这金碧辉煌、高耸云霄的佛教圣地的是衣着朴素、性情纯真的缅甸人。从他们对佛陀虔诚的礼拜与祈愿声中,流露出来的是心灵对佛教无限的景仰与寄托,心中祈求的只有家人的平安、生活的顺遂。另外,号称塔城的蒲甘市,曾经拥有近七千座佛塔,在历史的考验与战争的破坏下,如今只剩两千多座,当地人民更是只求生活温饱。

名列世界七大奇观之一的吴哥窟,据说动用了上万名工人,耗费了三十七年的时间才完成,是柬埔寨有史以来最雄伟壮观的都城。但是柬埔寨在脱离了波尔布特的暴政之后,近年来又饱受内战的摧残,一切仍处在百废待兴的状态下,人民生活依旧困苦,有些甚至流落街头,以乞讨为生。这许多骇人听闻的历史与街头景象,和宫殿般的吴哥窟成了强烈的对比。

在拜访了各国佛教领袖之后,我惊讶地发现南传佛教普遍贫穷,除了泰国以外的南传国家,上百万个出家人光是生活都很困难,更别说是给予他们完整的教育及训练,令我不禁为佛教人才的缺乏感到担忧。其中印象最深刻的是缅甸那加来古寺的巴丹塔法师,他在寺内设立了一所佛学院,院中收养了一千三百多位平均年龄不到十二岁的沙弥和沙弥尼。

　　老法师尽其所能地给予这些孩子最完整的生活与教育，为的只是能将他们培养成佛教人才及社会栋梁。看到这些天真无邪的孩子，老法师的慈悲与弘愿使我深受感动，即刻捐赠一万美元予佛学院，为他们的将来尽一点绵薄之力。

　　我深信此次中南半岛之旅为南北传佛教的融和跨出了一大步，将来更将以交换学生的方式促进交流及培养人才，以及设立语言中心等方向努力，以协助南传佛教走入国际。

　　去年我提出四化的理念，即"僧信平等化，佛法人间化，生活书香化，寺院本土化"。今年我将再提出新四化的想法，即"会务制度化，信仰专一化，活动艺文化，运用现代化"。希望未来在国际佛光会的会务上能走向完整的制度；佛光人的信仰能朝一师一道的精神精进学习；佛光事业的各项活动能朝文化面向上提升；弘法要以现代化的方式运用权宜。愿大众在今年共同勉励。

　　人间无常，岁月如梭，生命的脚步不会稍息片刻。人生的变化，若有佛法信念的坚定无疑，便能够突破万难，穿越险境。我相信，虽然外在世界总有成住坏空，但人人内在的佛性依然常乐我净。期许大众在新的一年，抱着坚毅的佛教信念，怀着佛陀的慈悲愿心，走向觉悟的智慧行道。祝福大家

　　妙心常乐，
　　昼夜吉祥。

星云　合十
2003年1月1日

修心之钥

☆ 2002年迎请佛指舍利来台供养,"星云牵头,联合迎请;共同供奉,绝对安全",是佛教界的稀有盛事,不仅促成台湾佛教界大团结、大融和,也使两岸人民建立了和睦友善的交流典范。

☆ 在佛教国际化、本土化,以及宗教融和都有丰硕成果的基础下,"僧信平等化,佛法人间化,生活书香化,寺院本土化""会务制度化,信仰专一化,活动艺文化,运用现代化"也朝向更落实的推动。

☆ 人生的变化,若有佛法信念的坚定无疑,便能够突破万难,穿越险境。怀着佛陀的慈悲愿心,必走向觉悟的智慧行道。

行三好，救台湾
——读高希均教授《挑"好"的说》一文有感

过去台湾有"美丽岛"之誉，因为台湾人民勤奋、善良、纯朴、真实。就拿选举来说，有些政治人物贿选买票，当然不足取，但人民基于拿人的钱，总不忍不投他一票。这种善良、纯朴的民风，使得往日的台湾被称为"美丽岛"。遗憾的是，近几十年来，台湾虽然创造了经济奇迹，但在物质生活提高的同时，人性道德并没有随着提升，反而向下沉沦。现在的社会，人与人之间还有"美丽"可言吗？

不说别的，现在每天打开电视、翻开报纸，充斥的都是一片谩骂之声，都是对人肆无忌惮的诽谤，甚至恶意中伤，台湾现在已经成为一个"谩骂岛"了。正如高希均教授前日在《联合报》发表的文章说："在台湾，责骂官员完全不要有勇气，只要有脾气；称赞官员却需要道德勇气。"诚哉斯言。

可爱的台湾，长期以来，在政治上一直力求自由民主，本来是件好事，但为什么会走火入魔，让"美丽岛"因为谩骂成风，而留下"谩骂之岛"的恶名呢？

现在旅行在海外，凡是知道台湾的人，只要一谈论到台湾，大家津津乐道的，都是说"什么人骂什么人""什么人怪什么人""什么人批评什么人"。台湾的谩骂文化，让人想到数十年前的台湾，因为贫穷，让人民在世界上抬不起头来,想不到数十年之后,台湾的经济成长了,但肆意谩骂的恶名,让我们更加无法抬头挺胸。

过去有人劝某人出来竞选公职,多数的好人都会犹豫,因为自己被骂倒也罢了,经常是连祖宗八代也要被拿出来诋毁谩骂;因为觉得愧对祖先,因此大多不敢轻易尝试。

数十年前,由于我平时也有急公好义的个性,有些信徒建议我,应该响应太虚大师"问政不干治"的号召,出来竞选公职。当时我一听,真是全身的毛孔都竖起来!心想,这还得了,一个出家人出来选公职,不管此人如何,首先要面对的,必然是被批得一文不值,甚至不只父母、祖宗八代,就连所信仰的佛祖也要被牵连,真是想都不敢想。

近年来,电视、报纸更以批评马英九为能事,觉得连马英九都敢批评,证明台湾很民主。其实我觉得这已经不是叫批评,完全是人身攻击,完全失去了理性。

记得当初马英九在法务部门任职时,我曾跟他谈起台湾媒体,我引高希均教授的话说"媒体让台湾沉沦",所以我建议应该对媒体有所规范。当时马英九认为言论自由很重要,不可对媒体有所限制。现在看来,马英九虽有"好心",可惜没有"好报"。

其实,马英九有什么不好?不贪污不好吗?不作秀不好吗?难道当一个领导人,要他天天放言高论,天天像歌星在舞台上作秀、表演,民众才会开心吗?

领导人的人格道德,要做全民的表率,综观历史上的圣贤明君,也没有天天乱开支票,天天随便发表言论,只要如诸葛亮说的"亲贤臣,远小人",这就是圣明之君了。

记得当初胡适博士从美国回台之前,曾写了一封信给当时的蒋介石,要他不必凡事过问,要"无为"而治。领导人不是执行人员,我们不可以把一个地区领导人当总务主任。我看"八八"水灾时,民众怪他不去灾区探视、不出外拜访,真是深觉"领导人难为"。

所谓"冰冻三尺,非一日之寒",今日台湾的问题,并非一朝一夕形成,把一个久远以来形成的烂摊子,要马英九一个人来担当、承受,事实上很不容易。人民有心让台湾更好,应该用体谅的心,大家共同努力,创造一个急公好义、勤奋正直、守法有礼的社会,就如高希均教授说:要挑"好"的说。不但有良心的媒体人要尽量报正面的消息,借以激励民心士气,蔚为善良风气,就是其他任何职业,也都要在"公义""公德""公论"的原则下行事,才能创造一个善良的社会。

过去我常看电视,从中了解时事,我的一些信徒也很爱看电视。但近年来我因眼睛不好,不看电视,就问他们:最近电视都在谈些什么?多数的人都跟我说:现在不看电视了,因为电视看久了,自己也变得喜欢骂人!可见媒体也应该深自反省。

现在很多人常说"爱台湾",其实台湾这块美丽的宝岛,需要的是"真善美",所以真正爱台湾的民众,应该共同奉行"三好"——说好话是"真"、做好事是"善"、存好心是"美"。只要我们每个人都能"身做好事、口说好话、心存好念",又怎么会谩骂成风,怎么会让台湾沉沦呢?所以奉行三好,确实可以救台湾,为了让台湾更好,希望人人行三好。仅以愚诚,馨香祝祷,希望台湾未来会更好。

(刊于 2010 年 1 月 5 日《联合报》、2010 年 1 月 6 日《人间福报》)

修心之钥

☆ 在"公义""公德""公论"的原则下行事,才能创造美好社会。

☆ 爱台湾,应该共同奉行"三好"——说好话是"真"、做好事是"善"、存好心是"美",也就是"身做好事、口说好话、心存好念"。

放生与护生

日前,著名电视节目主持人陈文茜小姐在某杂志上发表一篇文章,记载了她参与一次放生活动的内容,在媒体上引发热烈讨论。很多人因而问我,从佛教的角度如何看待放生一事,现代社会又该如何建立正确的生命观念。

首先,我们都知道,地球环境是环环相扣的,例如科学家已经证明了某一处蝴蝶轻轻振动翅膀,可能在另一处引发暴风。而生态是一个非常复杂精密的系统,每一物种之间都有息息相关的联系。就以台湾为例,早年引进福寿螺,这个外来物种竟反客为主,霸占水域,成为农渔业的心腹大患。后来也听说过从南美洲走私来食人鱼,当市场行情不好又被偷偷放入日月潭,造成旅游业的威胁。甚至还有在公园池塘抓到鳄鱼的新闻,让人匪夷所思。

像我们佛光山,每年都有人把流浪猫、流浪狗放进来,这不用说了,还有人放毒蛇、乌龟,想想看,任意把毒蛇放在山上,不是很危险吗?这些都是不负责任的行为,也是观念不正确的后遗症。

有人说:放生难道不是好事吗?佛教徒不仅尊重人权,同时也尊重生权,因而倡导放生。但是演变到后来,却有许多不如法的做法。例如:为了三皈依,放生的鱼鸟在小竹笼或小玻璃缸中等待了好几个时辰,"生"未放得,早已"死"去许多。更有甚者,有人为了举办放生法会,事先请鱼贩鸟贩抓足数量,以便届时可大规模放生。又有许多家庭豢养鸟兽,明知它们未具野外谋生能力,一放了之,却使得被"放生"的生灵受苦。

不当的放生,虽美其名曰放生,实际上是不如法、不道德的。佛教提倡不杀生而积极护生,是对一切有情生命的尊重,从一些偈语可以得到印证。诸如:"我肉众生肉,名殊体不殊;原同一种性,只为别形躯。苦痛由他受,甘肥任我需;莫叫阎王断,自揣应如何?""谁道群生性命微,一般骨肉一般皮;劝君莫打枝头鸟,子在巢中望母归。"所以,佛教戒律对于动物的保护,有着积极的慈悲思想。

根据佛教《六度集经》记载,佛陀在过去世为鹿王时,曾代替母鹿舍身,感动国王制定动物保护区,禁止猎杀。佛世时阿育王更广植树林,庇荫众生,设立医院,规定宫廷御厨不得杀生等。凡此都是佛教对于护生的最好示范。今人若能设立动物之家,让动物养老、医疗等,都是积极的护生。

另外,素食也是积极护生之道。现在素食似乎已经变成一种流行文化,其涵盖范围除了中华文化圈,也延伸到欧美国家。据我所知,欧美很多人也不是佛教信徒,全然是基于健康的立场而推广吃素。

根据最新的研究报告指出,现代社会为了大量供应肉食的需要,以一贯作业生产的方式养殖牲畜鱼虾,不仅耗费大量的土地、水源、电能、人力、粮食,而且砍伐大量的天然森林。肉食文化造成森林消失、土地贫瘠、温室效应、环境污染,将会招来地球报复的恶果。

其实世界上所有的生物,彼此相互依存,必须均衡发展,但由于人类长久以来的滥杀、滥捕,已经导致生物链的破坏,乃至许多动物濒临绝种的危机。试想鱼在水中悠游戏水，这是多美好的生态现象，但是在台湾有些贪婪的渔民过去用竿钓、用网捕鱼，现在用炸、用毒、用电，真正是赶尽杀绝。甚至每年灰面鹫和伯劳鸟都会从台湾的屏东恒春过境，也总是有一些人会想尽方法去猎捕残杀。人类这样破坏生态，大自然的资源慢慢枯竭，实乃自绝生路，终将自食恶果。

因此，我们对生命要护其生存。凡是有生命的东西，不要说一个人，就是一只小麻雀、一条鱼、一只蜻蜓、一只蝴蝶，甚至山河大地、一花一木，只要是有生命的东西，我们都要保护他的生存。因为人与自然万物是"同体共生"的关系，唯有彼此尊重，才能共存共荣。

其实，护生最大的意义是放人一条生路。给人方便、给人救济、给人离苦、给人善因好缘、助成别人的好事等，这就是放生、护生，尊重生命。

（刊于 2011 年 10 月 10 日《人间福报》）

修心之钥

☆ 每年都有人把流浪猫、流浪狗放进佛光山,甚至还有人放毒蛇、乌龟,任意把毒蛇放在山上,不是很危险吗?这些都是不负责任的行为,也是观念不正确的后遗症。

☆ 佛教徒尊重生权,因而倡导放生。但演变到后来,却有许多不如法的做法,使得被"放生"的生灵受苦。

☆ 佛教提倡不杀生而积极护生,是对一切有情生命的尊重,保护动物或吃素,都有着积极的慈悲思想。

☆ 人与自然万物"同体共生",放人一条生路,助成别人的好事,就是放生、护生。

从和谐到和平

近年来,中国大陆喊出了很多的口号,某些好的口号,为大陆带来了进步。例如,邓小平先生曾喊出"改革开放",看看现在中国大陆,经济增长了,高速公路增多了,高楼大厦耸立,出国旅游的人络绎不绝,不都是由于"开放"所带来的结果吗?乃至于江泽民先生的"改变了中国",团结了中国,稳定了中国,这也都是不争的事实。但是,当中最难得的,应该是胡锦涛先生提出的"和谐社会"了。

"和谐社会",这一句看似平常的语句,却替中国人树立了一个未来的标杆。倡导世界和平,曲高和寡,不容易做到,但是,建立和谐社会,却是每一个国家、社会都需要的。

世间上最凄惨的,莫过于战争。窥诸历史,虽然中华民族有优秀文化,但是历朝以来,大大小小的争战不断,尽是杀戮、斗争,甚至倚富欺贫、恃强凌弱的不和谐。其中,当然也包括国民党的"排除异己"。历史的残杀,实不容再见之于明日啊!

现在能有胡锦涛先生提倡"和谐社会",与日前马英九先生提出不排除和大陆签订"两岸和平"协议,都是重要的论议;有了"和谐社会"为基础,"两岸和平"也就不为难了。希望两岸的仁人君子,都能从"和谐社会",进而肯定马英九先生的"两岸和平"协议;从和谐到和平,想必是大家所乐见的。

其实,和谐也并不是要大家都是一个样子。好比眼睛管看,耳朵管听,嘴巴管吃饭、说话,在所谓的"和谐社会"里,士农工商、各界人等,都可以各司其用,只希望彼此不要斗争,不要杀戮。

诚如高希均教授提倡的,现在是"蓝海策略"的时代,应该要扬弃"红海"的往事。我觉得,今日的海基会、海协会,也应该要对两岸人士加强宣传,说明"和谐社会"的重要理论基础——"搁置争议"。

说到"搁置争议",我主张"同中存异,异中求同",不管是政治也好,经济也好,社会也好,宗教也好,主义也好,大家都可以有很多的不同。但是,尽管彼此有诸多的不同,你走你的阳关道,我过我的独木桥,只要我不妨碍你,你也不妨碍我,大家就能共生共荣,和平共存。

就好比唱歌,有二部合唱、四部合唱,有高音、低音的不同,但只要和谐,就会非常悦耳;也像舞蹈,你举手、他动脚,动作不一,但只要和谐,就非常美妙。乃至每个人的五官虽有不同,但是只要比例均匀,就会美丽;穿着的衣服,虽有长短颜色的不同,但是只要合身,就会好看。

其实,在一个国家里,难免会有党争、派争或人争,就连在一张嘴巴里,牙齿偶尔也会不小心咬到舌头,那都不要紧。我们还是希望:国,是要"爱"的,而不是"争"的。

今天,我们如果想要看美的台湾、美的大陆、美的社会、美的人类,"和谐"必然是重要的关键。就像当年苏联解体,就是因为与其貌合神离,不如求个和谐,各自发展;又如欧洲联盟,尽管全欧洲的国家众多,只要放弃个人利益,就能为大众求得一个长治久安的和谐社会。因此,对于胡锦涛先生的"和谐社会",到马英九先生的"和平协议",我们拭目以待!

　　和谐是全体人民都要的;和平,也是所有的党派、种族都要的。我希望两岸主政的先生、女士们,无论倡导"和谐"也好,倡导"和平"也好,大家都要切实地担负起公平正义的责任,增进全民的福祉,这才是最重要的啊!

(刊于 2011 年 10 月 24 日《人间福报》)

修心之钥

☆ 从"改革开放""改变了中国"到"和谐社会",在大小的争战不断的中国历史长河中,真是难能可贵的进步之路。

☆ 有了"和谐社会"为基础,"两岸和平"也就不为难了。

☆ "和谐社会"的重要理论基础——"搁置争议",如能"同中存异,异中求同",我不妨碍你,你也不妨碍我,大家就能共生共荣,和平共存。我们拭目以待!

2012年新春告白

各位护法、朋友们：吉祥！

人生四季，气象迁流，走过辛亥百年，迈入八十六岁的我，历经战争流离失所，饱受饥荒、朝不保夕的时日，对于现有的安和乐利，倍觉不易与珍惜。今年，我以"龙天护佑"，挚诚向佛菩萨暨诸天护法祈愿，愿人民慈悲，世界和平。

过去这一年，最值得庆贺的美事，就属佛陀纪念馆的落成启用了。回想1998年4月，由贡噶多杰仁波切赠送的佛陀真身舍利，从印度经泰国恭迎到了台湾，这真是属于全人类的荣耀与福报。我们从最初觅地到兴建，至今已十三年。其间，几经选址的奔波、人事的周折、多次的工程会议，以及配合政府种种的法令规章，感谢佛光的加被，十方善缘的成就，所幸都能一一克服困难，佛陀纪念馆在众人的企盼与祝福下，终于正式与大众见面了。

在落成系列活动中有：国际三坛大戒、佛光大佛开光、佛陀舍利安座典礼、菩提眷属祝福礼、佛化婚礼、三好人家表扬大会、百年万佛戒会、国际佛光青年大会师，以及万众祈福法会等等，一时海会云集，真是猗欤盛哉！让台湾在国际舞台上发光，让全世界看见"千家寺院百万人士"以无私无我的精神，共同建设了清净的人间佛国。

有人问："为什么要建佛陀纪念馆？"其实，这和建设地铁、高铁一样具有划时代的意义。不同的是，地铁和高铁是硬件的建设，佛馆则是历史的、人心的、教育的、文化的建设。为了佛馆的启用，我特地于半年前集合出家、在家二众，举办服务人员的培训班，希望让所有来到这里的人，都能与佛接心，身心得到净化，人格获得升华。

佛陀纪念馆南倚灵山，北邻祇园，礼敬大厅、八塔提供各项服务。本馆里面有三座殿堂、八处展览厅外，还有大觉堂可容二千人集会。另有佛光大佛一尊，通高一百零八米，庇佑大众一切吉祥如意。菩提广场上的八宗祖师、十八罗汉慈眉垂目，尤其十八罗汉像中，立有三尊女性比丘尼，实践佛陀阐述"人人皆有佛性"的真理，倡导男女平等，突破过去寺庙只设男众罗汉像的往例。四周长廊有"佛陀行化本事""禅画禅话""护生图"等，都可以作为各级学校生命教育的户外教学教材。未来不收门票，凡入山门者，皆以平安粥结缘。

佛馆之美名扬四海，为此，天下文化高希均教授特别带领团队，由潘煊小姐执笔，出版《人间佛国》一书，来阐述佛陀的慈悲智慧、无私平等，让大家明白，来到佛馆，就是到了佛国，佛陀就在我们的心中。

在佛馆即将竣工之余，我应"国史馆"之邀，完成了《百年佛缘》一书，约有七十万字，叙述我与佛教及各界的结缘，希望能提供这一百年来佛教历史的痕迹。

去年，陆续也有许多书籍的发行，如：有鹿出版社继前年《心经》《金刚经》之后，又发行了《人海慈航：怎样知道有观世音菩萨》；另外，凤凰出版社等发行了《合掌人生》《觉悟的生活》五十余种书。感谢大陆有关部门让我的书发行于神州，使大陆同胞也能接受佛法的甘露。除此还有马来西亚出版漫画版《释迦牟尼佛传》、美国翻译中心出版法文版《金刚经讲话》、英文版《成就的秘诀》,香海文化出版有声书《佛光祈愿文》《往事百语》,以及电视弘法委员会发行《僧事百讲》光盘等。其中,英文版《六祖坛经讲话》和《金刚经与中国文化》还入选 Fore Word 杂志"年度最佳书籍奖"(Book of the Year Award),尤其《佛光菜根谭》发行一百万册以上,能够普为大众接受,实为一件幸事。

回想六十余年前,我孑然一身来到台湾,寄身于中坜圆光寺,白日劳作苦力为常住服务,更深夜静时,一灯如豆,以笔耕开启弘法之路。而今拙作在世界各地出版,我决定以版税收入成立"公益信托教育基金",以此寸心,回报大众对我的厚爱与盛情。三年多来,已颁发过卓越教师奖、真善美新闻传播奖,以及去年首度举办的三好校园实践学校评选和全球华文文学奖等项目,对于教育、文化、媒体有贡献者,表扬他们的努力、风范,借以带动社会善美之风气。

而为了使公益基金长期运作,我发心写"一笔字"来义卖,不仅增加了善款,也让我广结善缘,成就各方美事。因此,不论寒暑、不计行程,晨光微亮时分,我无一日歇息,一张一张的宣纸犹如贝叶,以刺血写经的诚心写下一笔字,希望把佛陀的慈悲传播出去。

多年前,我以写字写出了一所美国西来大学,后来又以"百万人兴学"的理念,陆续创办南华、佛光及澳大利亚南天大学。半年前,这四校共同宣布成立"佛光四校一体大学系统",由现任佛光大学校长杨朝祥教授担任总召集人。这是中国第一个跨国际的大学联合系统,"一校注册,四校服务",彼此交流,共享资源,让学生拥有多国文化的学习空间以及培养对人类关怀的胸襟。

在此同时,近年来相当关心花东发展的公益平台基金会董事长严长寿先生,由于彼此理念相近,因此我力邀他担任我们台东均一中小学董事长,将来朝双语教学及十二年学制发展,以发挥学子们的各种专长。

说到青年的教育,国际佛光青年总团成立十五周年了,去年7月,世界各地的青年聚集在澳大利亚南天寺举办了干部会议;紧接着8月,来自全球四十个国家地区、四百余所知名大学,一千五百位硕士博士生,不分种族、宗教,再度齐聚佛光山参加"国际青年生命禅学营",共同体验禅门生活。他们发愿"做好事、说好话、存好心",通过友谊的交流,开阔视野,扩大心胸,充满了力量与希望。佛教需要青年,青年需要佛教,期盼大家以耐心、包容来接引更多的青年。

除此之外,我踏遍春花竞发的南方、走过暮冬寒露未散的北方,展开一连串与大陆各大学结缘的行程。首先,应北京大学周其凤校长之邀,来到"五四运动"的发源地,于校长办公楼讲述"禅文化与人生",并且受聘为北大名誉教授。不久,周校长也率团至佛光山、佛光大学访问。我对周校长说,佛教是一种教育,寺院是四众共有,佛教从事人心的净化,可以建设和谐善美的社会。

4月,厦门大学建校九十周年,我应朱崇实校长与新闻传播学院张铭清院长之邀,在该校讲"空有之关系"。随之,再转往也有百年校龄的广州中山大学,许宁生校长邀我在他们的怀士堂讲"人生财富知多少"。同月底,又受澳门大学赵伟博士邀约,做一场人生与佛教的讲座。一个月之后,前往建校九十周年的江西南昌大学,接受"名誉教授"称号。

9月,我在鉴真图书馆"扬州讲坛",以"生涯的规划"为题谈自己生命的九个阶段,提供大家对生命观的参考。翌日,前往扬州大学与师生们"谈心",郭荣校长也颁给我佛学研究所名誉所长聘书。

这么多次的讲说当中,人生与财富是大家最关心的主题了。其实，佛教并不全然否定钱财，反而鼓励在家信众，追求合理的净财。学佛不以穷苦为清高，心灵的欢喜、解脱、慈悲、智慧，才是安住身心的法财；因此，在台中、高雄、香港、台北、花莲等地的皈依典礼上，以及传授五戒菩萨戒中，我都鼓励大家用发心、行佛为自己写历史，创造人生无穷无尽的财富。

说到心灵的法财，去年"江西禅文化之行"令我印象深刻。我应江西宗教文化交流协会的邀约，巡礼了"马祖道场"南昌佑民寺，也走访净土宗祖庭庐山东林寺；我登上曹洞宗祖庭云居山真如禅寺，也参访临济宗祖庭黄檗禅寺，礼拜黄檗断际禅师祖师塔等。

想起过去禅门祖师大德的风范，不禁心有所感。禅，起源于印度，发展于中国，光大于江西。参禅学道者，一双芒鞋云水走江湖（江西、湖南），只为寻找生命的答案。未来应再发扬禅的精神，这对于安定人心、自我肯定必有很大的贡献。9月底，我在探访丹顶鹤的故乡盐城之后，北访历史文化名城——山西大同，出席"云冈建窟一千六百年庆典活动"。我两去世界上最美的云冈石窟，也参访华严寺、善化寺、法华寺、佛光寺，就不难知道为什么人们要说"地下文物看陕西，地上文物看山西"了。

这些年来，往返两岸多次，始终不曾忘记1989年首次回乡探亲时，希望复兴祖庭宜兴大觉寺。这个心愿，一直到2005年才得以实现。如今大觉寺第三期工程将于今年开始，我也前去给予一些建设上的规划。

常有人问我，弘法五大洲之后还有什么愿望？其实，我真心盼望的，就是两岸的和平，人民的安乐，享有自由、安全、幸福的生活。因此，我在种种活动中，不断提倡三好、五和的人生。

像去年3月，我应凤凰卫视总裁刘长乐先生之邀，在北京人民大会堂举行的"凤凰十五周年庆典晚会"上讲话。其间,也有因缘与国台办王毅主任、海协会陈云林会长、叶小文先生、王作安先生等见面。感念这些年来,这许多才华横溢的领导人的情义相助、重视友谊,让我对促进两岸的和平尽一己之力。尤其,陈云林先生在大陆各地和我不止四五次的见面,王毅先生在我每到北京时,也会邀约我见面或餐叙,铭感其盛意,让我觉得对于两岸的和平往来,非要促进发展不可。

5月,我在国际佛光会中华总会荣誉总会长吴伯雄先生陪同下,第三度参加在凯达格兰大道上举行的庆祝佛诞节大会。萧万长先生说,佛光会连续三年在凯道举行盛会,让全世界的人看到台湾的民主自由,可谓意义深远。同时,他也肯定了佛光山提倡三好、五和,对社会净化的贡献。而在《百年中国——迷悟之间》纪录片中,我也表示,鸦片战争之后,种种事端战祸,都是源自于对立。但愿消除人我纷争,以慈悲尊重相处,这才是人民之福。

接着8月23日,由"文建会"号召、国际佛光会承办,在佛陀纪念馆举行"爱与和平宗教祈福大会",我与马英九、单国玺枢机主教共同点亮地球,和现场天主教、基督教、伊斯兰教、道教、一贯道等各宗教领袖代表、信徒,以及国际反地雷组织青年大使宋可邵小姐、伦敦西敏市署理市长马歇尔博士等三万余人,在一片灯海中,一同许下"人间有爱,世界和平"的心愿。

随后,应邀在首届"马祖国际和平论坛"中,与单国玺枢机主教、红十字总会陈长文会长,就"公益与和平"的议题发表意见。我说:"公益要有人、和平要无我,通过实践三好,可以达到和平。"承蒙单主教也说:"三好运动的力量,远比炮弹更具威力!"这样宗教间的交流,让我感受人间情义的美好。除此,去年也有许多友谊的往来,好比世界华文作家协会赵淑侠、陈若曦、施叔青等近二百人,在秘书长符兆祥带领下,前来佛光山召开会员大会。文人一直为我所尊敬,他们用笔为人类写下永恒美丽的篇章,他们的精神与历史同在、与日月同光。

此外,令人欣喜的是,弟子妙乐、妙璋、觉元、觉居、如宏、妙勤、妙兆、觉禹、觉藏等邀约高雄、屏东、台北、台中、云林、台南、新竹、嘉义、苗栗等地的邻里长,如高雄市里长总主席林平长先生等数千位乡亲代表,前来参观佛陀纪念馆。我一一与之交流、讲话,希望让大家获得佛法的受用,把欢喜平安带回去。

而由心定、心培、慈惠法师主持策划的国际三坛大戒,有五百名僧众受戒,其间有三千名信众受菩萨戒,也在11月底圆满盛会了。这五百名戒子,以二十二天的时间,参与"佛祖巡境·全民平安"行脚活动。在沿途每一站信众的护持下,用双脚走过台湾,祈愿佛陀真身舍利护佑这片土地及所有民众,也为全世界献上至诚的祝祷。平安,真是举世众所希求。

确实如此,回首2011年,日本东北大地震、澳大利亚昆士兰水灾、泰国水患等,造成不少的伤亡与损失。都监院慧传法师,佛光会慈容法师、觉培法师等,号召全球佛光人在第一时间协助赈灾,配合当地僧信二众,以实际的行动提供物资的支持,以慈悲的语言抚慰受灾的朋友。全球佛光人所在之处,真为世间的苦海点亮心灵的明灯。

从这些天灾人祸中,让我们深刻体会生命就在呼吸间,彼此是同体共生的"地球人"。不仅要重视环保,更要重视心保,消除贪婪、嗔恨、愚痴等习气,只要小我健全、净化了,推展开来,地球必能恢复青山绿水。

回忆前尘往事,可谓有"人生一瞬"的慨叹。我这老朽的身躯,常觉力不从心,偶尔天光微亮,一人独坐,庆幸佛陀的慈爱常驻心中。想及去年点滴的弘法发展,都是汇集众缘才能成就,应归功于全世界的有缘人。像日本、欧洲、澳大利亚、美国、加拿大,甚至远在南半球的南美洲、非洲等地,已有多年没有去了,我也很希望有重游的机会,和一些朋友、信徒们见面,感谢大家对佛光普照、法水长流的贡献;但是,为了佛馆,我只有忍住这份跃动的心情。现在佛馆虽然落成启用了,路才正要开始,还有许多需要大家的关照,希望善信朋友们再予护持。

文末,借此辛亥百年之时,愿龙天护佑,人人发光发热,为渺小却又尊贵的生命,活出无限的价值。更愿人心如佛心,世界如佛国,战争远离,和平永在,灾难止息,万世太平。祝福大家

所求如愿,

自在吉祥。

星云　合十
2012年元旦于佛光山开山寮

修心之钥

☆ 2012年最值得庆贺的美事,就属佛陀纪念馆的落成启用了。由受赠佛陀真身舍利因缘,经十三年各方善缘的成就,让全世界看见"千家寺院百万人士"以无私无我的精神,共同建设了清净的人间佛国。这真是属于全人类的荣耀与福报。

☆ 常有人问,弘法五大洲之后还有什么愿望?其实,真心盼望的,就是两岸的和平,人民的安乐,享有自由、安全、幸福的生活。而公益要有人、和平要无我,通过实践三好,可以达到和平。

对玄奘遗迹
大唐兴教寺将拆除的看法

2013年4月初,陕西西安具有一千三百多年历史,埋有唐代高僧玄奘大师灵骨的兴教寺将面临大规模拆迁,消息一经传出,随即引发各界人士的反对声浪,星云大师亦对此公开提出看法。

听到这个消息,很是讶异。我觉得,大陆的地方领导人在复兴中华文化中,对文化应当要尊重。大唐兴教寺是中国的光荣,尤其唐玄奘大师为中国佛教立下许多典范,他是第一个沟通国际文化的出家人、第一个冒险犯难的留学生、第一个在长安辅助政治有功的大德;所以现在要将他的历史拆除,对文化可谓是一种毁伤。

实在说,拆除建筑前,有关地方应说明并昭告天下,寺院将如何整修,并且要有设计图,这样才能杜悠悠之口。尤其在复兴文化的前提之下,对于文化应该要整顿它、复兴它、发扬它,何况它还是丝路(玄奘大师取经)的起点,而且已经向联合国申办"世界非物质文化遗产"。

至于说拆除的是后来兴建的建筑。其实,每一个古代建筑都会因应需要,慢慢地扩建,那么既然已经扩增到现在的样子,就不该再去拆除它。因此,希望主事者能对实际情况作全面的了解,给一个和平的解决办法,毕竟中国的土地之大,不是连一个玄奘大师的兴教寺都不能容的。

我是一个台湾人士,不会干涉大陆的内政,对细节也不太了解,都只是听到传闻,不过很希望中国佛教会能出面调和。兴教寺是无价的,若是破坏了,对于中国文化来说,实在是很可惜!

佛光山在维护佛教文化上是不遗余力的。为了担心历代文物损失,不但设立四十八座地宫收藏、保护,甚至费时十余年编撰《世界佛教美术图说大辞典》二十册;为了忧心经典文化散失,编修千册以上的《佛光大藏经》。总之,我们应该对文化的发扬尽一分心力!

(2013年4月15日发文于星云大师微博)

修心之钥

☆ 大唐兴教寺是中国的光荣,尤其唐玄奘大师是第一个冒险犯难印度取经的留学生,为中国佛教立下许多典范,要将他的历史拆除,对文化是一种毁伤。

☆ 相信中国的土地之大,不会连一个埋有玄奘大师灵骨的兴教寺都不能容,何况它是丝路(玄奘取经)的起点,并已向联合国申办"世界非物质文化遗产"。

☆ 为维护发扬佛教文化,愿所有佛子都尽一分心力!

【述评】

慈悲与智慧
——星云大师创建的佛陀纪念馆

高希均

当世界出现伟大的新建筑时,即为全球焦点。如今这一座万人瞩目的新建筑即将诞生,闪耀着文化生命与佛教世界的光芒,那就是——佛光山佛陀纪念馆。

这座磅礴建筑的擘画者是星云大师。多年来他有一个深藏于内心的强烈愿望:让世人感受佛陀的精神。在辛亥百年,星云大师实现了愿望并把它献给台湾百姓、华人世界、全球教徒。

回溯发愿建馆供奉之初,从1998年迎回佛牙舍利,佛馆占地一百公顷,历时九年,位于高雄佛光山上,即将于今年12月落成。在这漫长的过程中,我们可以想象这其中经历了无数的艰辛、无数的心力及无数的期许。

近几年我都在佛光山度春节。每次上山,想聆听的是星云大师的话,想看到的就是兴建中的佛陀纪念馆。每次走到现场,就震撼于纪念馆的雄伟;每次离开,心中惦念这座伟大的建筑真能如期完成吗?

最近一次当我漫步在即将落成的巍峨建筑群中，不论是仰望中央"本馆"，或是远眺"四圣谛塔"、纵观"八塔"，从各个角度观赏，对星云大师的构思与用心，感动不已。

我不是佛教徒，置身佛陀纪念馆的辽阔天地，怦然产生了三种感觉：

一、这里的"时间感"悠长

佛陀纪念馆供奉佛牙舍利，回归的是二千六百年前佛陀的教化。不只溯返深远的佛陀之心，更前瞻于数千年之后，例如"地宫"，就是一个充满未来观的设计。

地宫收藏具有当代性与纪念性的文物，让后世子孙借以了解先人的历史。将来每百年开启一个地宫，四十八个地宫要经过四千八百年，这是多么浩荡的时间巨流。

2011年2月，我在现场，参加"地宫珍宝入宫法会"；幸运的是，我有缘得以手捧珍贵文物"五谷砖"，放入地宫。"五谷砖"是来自佛陀祖国的圣物，未来再出土，恐怕已是数百年之后了。这一刻让我感悟，人类的世世绵延，正是代代接连的。

二、这里的"空间感"生动

过去半个多世纪以来，星云大师把深奥的佛理，书写成文字、讲说成易懂的故事、编成朗朗上口的歌曲、演绎成感动人心的戏剧；现在，更通过佛陀纪念馆的兴建，把深奥的佛理,规划成人人可以亲近的空间。

想要礼佛、禅修的人,馆内有佛殿、有修行小洞窟。想要参观艺文展览的人,馆内有美术馆。想要享受园林幽趣的人,佛陀纪念馆有花木扶疏、山石错落有致的"祇园"。想要喝水小饮的人,馆内有造型优美、窗明几净的"滴水坊"。

不论大人、小孩、长者,都能在佛陀纪念馆找到舒适的空间,这正是佛光山最能体会人心的地方。所有这些空间之所以令人留恋,就因为它的底蕴是在奉献与行善。

三、这里的"人间感"细腻

我一直记得星云大师对"人间佛教"的解释:"佛说的、人要的、净化的、善美的;凡是有助于幸福人生增进的教法,都是人间佛教。"这样平易近人的说法,在馆里的"八塔",看到了具体的实现。

八塔中每一座塔的二到七楼,是珍藏佛教文物的天宫,这是"佛说"的象征;而每一座塔的一楼,有年轻朋友活动集会的场所,有专属青少年的设施,有公益基金的社会服务,有接待参访者喝茶、提供服务的客堂……这都是"人要"的细腻规划。

这三种时间感、空间感、人间感,融合了历史与宗教、信仰与文化、生活与实践,竟然能奇妙地和谐地汇聚在佛陀纪念馆的"实体感"上。

星云大师是"人间佛教"的倡导者,也是"台湾奇迹""宁静革命""台湾之光"的实践者。他的一生,改革了宗教,改善了人心,改变了世界。

矗立在南台湾的佛陀纪念馆,是佛光山的新气象,更是星云大师尽一生心力所构造的心灵新地标——启导世人追求慈悲智慧。

2011 年 10 月 18 日

智慧事：喜读书，解世上痴愚

教育的省思

"十年树木,百年树人",教育大业,乃做人之根本,国家之基础,以教育领航着国家未来的发展,不可谓不重要。

现代的社会,升学主义充斥,人人追求学历,为做大官、为谋取职业、为赚取金钱;知识分子则把教育当为掠夺的才智,唯利是图,可谓功利思想发散、自私心态扩张。今日的教育,师生伦理丧失殆尽;填鸭式的教学,模拟考试,课后补习,以及硬将学生资质分成优劣的联考制度,让每颗原本青春飞扬的心,被紧紧捆绑。

令人担忧的,莫如放牛班的学生失去信心,职业学校的学生只知道将来能谋求一职,以图温饱。纵观今日的学校,学生殴打老师、组织帮派、加入黑道、离家出走、逃学游玩、群集械斗、勒索抢劫、聚赌吸毒,甚至酿成杀人的过失,多得不胜枚举。我们的教育,究竟出了什么问题?

政府有鉴于此,用尽各种方法,想要解决教育的问题,增加教师的薪资待遇,提高学校科技电化的设备,希望改变校园乱象,于是成立"教改会",设施诸多方案。如:实施小班教学,提升教学质量;加强导师制度,增进师生互动;简化学校行政,鼓励老师创作;减轻教师负担,允许教师参加各处社团等。并且提倡户外活动、影片观摩、艺术欣赏、网络教学,乃至最近热门的话题,像延长十二年教育、减轻青少年书包的重量、多给予学生睡觉的时间、发给幼儿教育券等种种福利措施,无非都在为教育大业注入活水,重新开发未来的希望。

我们对于教育当局的苦心,随喜赞叹,但教育的根本问题不在于薪资的提高,也不在学校设备的完善。中国伟大的教育家孔子,以树下作为教室,以路边作为传道、授业、解惑的场所,乐此不疲。所以我们提出对教育改革的看法,期勉人民都能在"自我教育"中,创造快乐而进步的人生,创造有道而升华的人格教育。

希望政府能够重视人格的培养、生活的教育,给予青年学子对自我的认识,尤以孝顺父母、尊敬师长、和睦同学、爱护生命,教导青少年对法律的遵守,对社会秩序的认定,发挥爱心、发觉本性。像这样增品进德的教育,才是改革教育的中心议题。

尤其,让大众能够重视心灵教育的成长,增加对生命的体认;能够重视动静一如的教育,涵养自己对社会的责任、对家庭的重视、对朋友的义气;又以感恩的教育,培养大众能够惜福、惜缘、惜情;让人们重视生活的教育,学习绅士淑女的风仪,培养对不同于己的尊重包容的雅量;更应该重视宗教信仰的教育,增加人民道德的培养。

总结归纳言之,我们认为一个符合时代需要的现代教育,应该注意以下四点:

一、生活的教育重于知识的教育。现代人普遍对于教育都只是重视知识的传授,却忽略生活的教育。因此,有些人虽然获得学士、硕士,甚至博士的学位,却对煮饭、洗衣服、整理家务一窍不通。连倒茶、送茶都不会,一个不能结合生活的教育,光重视知识的传授,只是落于虚浮的层次。

二、道德的教育重于功利的教育。目前社会,大家无不汲汲于功名利禄的追求,却没有想到功名利禄就像一匹脱缰的野马,四处奔驰。如果有了道德的教育,便可以驾驭功利,防范自己走岔了路。

三、普及的教育重于个人的教育。现代的教育,大部分都只讲究个人,只要我具有、我拥有,我自己有利就好,至于别人是否拥有,则与我无大相干。其实,社会是大众的,是大家共同生活的环境,如果我们都能重视大众的利益甚于个人的利益,社会就能臻于至善至美。

四、自觉的教育重于接受的教育。今日的青年,只注重老师教育我接受,父母教育我接受,而演变成填鸭式的古板教育,对所学之事不能消化,因此不能灵活运用。如果今后的教育能重视自觉、重视自己思想的启发,教育就能更加活用了。

宋朝张载说:"为天地立心,为生民立命,为往圣继绝学,为万世开太平。"教育,不只是知识的追求、技能的学习,教育更重要的是人文思想的素养、精神心灵世界的提升。

(刊于 2002 年 12 月 11 日《人间福报》)

修心之钥

☆ 教育是百年大计,既要重视培植人类下一代的根本,也要有符合时代需要的方法。

☆ 培养有德的人与培养有用的人一样重要;生活教育与知识传授应该等量并重。

明"因"识"果",圆满自在
——谈教育

教育是人类生命的重心!
成圣成贤、成佛作祖,源于精神开展的教育,
甚至沦为盗罪恶徒,也是因为社会负面的教育,
因而教育的方针,就成了教育的核心。
星云一生从事于佛教的弘扬,
深知宗教具有净化人心之卓效。
如果学校教育忽略了心灵的开展与提升,
不能算是成功利人的教育。
桃园县教育改革协会对于新世纪,
提出"跨世纪教育愿景"为蓝图,
星云欢喜随缘,贡献一得之见,
普愿新世纪的教育,
能够升华人类的精神涵养,
能够开发众生的心灵宝藏。
提出明"因"识"果"的方针,
作为教育的根本;
还要有"同体共生"的认识。

由此"圆满自在",
则众生幸甚!

——为桃园县教育改革协会题写《明"因"识"果",圆满自在——谈教育》

修心之钥

☆ 学校教育千万不能忽略了心灵教育,成圣成贤或沉沦罪恶,都跟最初的教育有关,明"因"识"果"的教育是根本的教育。

我对废除死刑的看法

昨日,我因受香港大学名誉博士学位前来香港,今晨在港获知台法务部门主管王清峰,因主张废除死刑而请辞下台,不禁有感,因此为文表达对废除死刑的看法如下:

关于死刑的存废,多少年来社会各界的看法,见仁见智,各执所是。不过,死刑攸关人的生存死活,是重要的大事,所以现在人道主义者,都主张废除死刑。当然,死刑虽免,活罪也是难受;用活罪代替死刑,也不能不算是一种惩罚。只是站在佛教善恶业报的观点,所谓善和恶,中间的地带,还是有很多讨论的空间。

所谓死刑,它是对于受刑人所做恶事的惩罚。然而一个人做了什么样的恶事,应该被处以什么样的刑责,两者之间也要符合对等的原则,如此惩罚才有所谓的公平、公正;如果为了惩恶罚错,一概以死刑来处理,也非究竟。

例如,我在童年的时候,看到有人被蚊子叮咬,即刻就一巴掌把蚊子打得粉身碎骨。我觉得人类对蚊子的刑罚,未免过重!因为它只吸你一滴血,罪不至死,你却要它用一条命来报偿,实在是太过严苛了。所以我过去的童心,就跟蚊子开个玩笑,它来叮我的手臂,我就把手臂的肌肉夹紧;肌肉一紧,就嵌住蚊子的嘴,它就无法飞走,我再用手去碰它,它就恐慌、畏惧,它也无可奈何。大概一二分钟之后,我还是把它放了,我觉得已经给它应有的惩罚了。这是我童年时,自己对于赏罚平衡的观念。

记得二十多年前,蒋经国先生主政的时代,在台北街头发生过一起飞车抢案,有一位机车骑士抢了一位妇女的数万元。蒋经国先生闻后大怒,两三天内立刻就把这名年轻人判处死刑枪决。这样的案例实在有失公平,因为基本上,一条生命不是数万元的价值。虽然蒋经国先生是为了台湾社会的治安,希望借此以儆效尤。但后来台湾的抢劫案件并没有减少,反而死刑的杀戮愈多,铤而走险的人也为数增加,可见死刑并不能完全吓阻犯罪的发生。

过去大陆为了整顿官箴,一些官员即使是小额的贪污,一经察觉,立刻被判处死刑。大陆人口之多,地域之大,在久已动乱的时代需要"严刑峻法",但这并不究竟。一些人还是宁可冒着生命危险,他也要向法令挑战,所谓"成者为王,败者为寇",如果得手,一生就可以飞黄腾达,挥霍不尽;如果失败,他也甘愿了此贫困的残生。这种思想偏差的人,如果不施予教育,不从观念上加以导正,社会还是难以安宁。

不过,"乱世用重典"虽然不一定能收到遏阻犯罪的效果,但废除死刑,在佛教的因果法则上,也是无法成立的,因为"如是因,招感如是果",造因不受果报,也是于理不合。因此,我们可以希望减少死刑,尽量不用死刑,而改用其他方法来代替死刑,但不主张废除死刑。

一生为人权奋斗的柏杨先生,在世的时候曾与我谈及"国际特赦组织"的内容,包括人道关怀、废除死刑等,我个人和他的意见稍有出入。我虽然大致赞同死刑不可以轻易动用,刑法也不一定都要人抵命,而可以采取关闭、隔离、苦役、劳工、改造、教育,甚至如古代的边疆充军，都是刑罚，何必一定要用死刑呢？

但是，有一些恶性重大的人，他玩弄人命，逼人致死，甚至杀人无数。如此"有其因，必有其果"，如果全部废除死刑，那么许多被杀死的人难道就该死，而杀人者却因为废除死刑而该活？这都有失因果公平的道理。

说到因果，日本早期有位楠正成将军，他因受冤枉而被处死刑。受刑后在他的衣服上留下五个字：非、理、法、权、天。意思是说，"非"不能胜过"理"，"理"不能胜过"法"，"法"不能胜过"权"，有权力的人可以改变法律，但是"权"却无法胜过"天"，"天"就是因果的法则。

我们的社会，是依法律来维护社会秩序，基本上法律对社会及大众都是很重要的。然而在"非、理、法、权、天"五项之中，法律并不究竟，像心中的罪恶，法律无法制裁；内心的牢狱，法律也不能将之去除。唯有在因果的理则之下，才有公平可言。

坦白说，我这篇文章的意见，就表示在刑罚上，像过去台湾曾发生重大的"白晓燕案""陆正案"，死刑要用在杀人者身上，这才是符合因果的法则。如果其他的刑，可以考虑其他的刑罚，不一定以死刑来判决。以此意见，告知于各方友道，在未来的司法里面，能值得参考否？

（2010年3月12日写于香港，刊于2010年3月13日《人间福报》《联合报》）

修心之钥

☆ 人道主义者主张废除死刑,若非罪大恶极,可施以隔离、苦役、改造、教育等处罚,但佛教讲因果,对恶性重大、玩弄人命者,若以"有其因,必有其果"衡处,在尽量不用死刑之下,并不主张完全废除死刑。

圆
——谈辛亥革命 100 年的代表字

辛亥革命 100 年,这是一个"圆"。因为有了一个圆,就会有第二个圆、第三个圆……圆是无穷无尽的。

地区大小不重要,但现在两岸谈和谐、谈和平协议,和就是"圆",只要和,无论小圆、大圆,圆会更广、会更大。

我们中国具有五千年的文化与历史,虽然风风雨雨,但是我们对中国、民族的信心是"圆成"的。我们都以天下为职志,像地球、像虚空一样,以"圆"为目标,总会"圆满",总会"圆成"。

2011 年 10 月 24 日

于佛光山开山寮

修心之钥

☆ "圆",周而复始,无穷无尽。

丈夫七出

各位读者：大家吉祥！

古代的中国社会，有所谓"女人七出"，也就是一个女人出嫁后，如果犯了七件事，丈夫可以用一纸休书把妻子离了。七件事分别是：一、不孕无子，二、红杏出墙，三、不事舅姑，四、饶舌多话，五、偷盗行窃，六、嫉妒无量，七、身患恶疾。

古代的女人，社会地位低下，必须仰仗男人过活，从"女人七出"可以看出当时女性的处境艰难。

但是现在时代不同了，不但提倡"男女平等"，甚至现在新时代的新女性，女权意识高涨，女人独立自主的能力增强，已经不一定要依靠男人过日子，所以现代的家庭里，如果男人有太多的缺点，让女人无法忍受，女人也可以提出离婚，因此现在也有"丈夫七出"，例如：

一、懒惰。有的男人生性懒惰，平时好吃懒做，不但没有正当职业可以养家活口，甚至在家做大老爷，家事不肯做，与家人相处也不融洽。这种不负责任的男人，无法带给家人幸福，所以妻子只好休夫。

二、赌博。俗语说"十赌九输"，染上赌瘾的男人，往往把家产败光，甚至负债累累，惹得债主一天到晚上门骚扰，家人也无法安心生活，最后只有身败名裂、妻离子散。尤其现在的赌博，不只是打麻将，有的赌棒球、赌选举等,赌法虽有不同,相同的是有赌就有输赢。所以嫁个好赌的男人,有远虑的女人,也会早早离婚为妙。

三、酗酒。饮酒容易误事,例如酒醉驾车肇事,酒后失态骂人、打人等。一般来说,经常酗酒的男人,容易引发家暴事件,尤其酒后神智不清,什么事都可能发生。因此家有酗酒的男人,就像装了一颗不定时炸弹,随时都会引爆,一般女人当然不愿与这种男人共同生活。

四、家暴。有的男人虽然不酗酒,但是专制、独裁,经常动不动就骂人,甚至对太太、小孩动粗,这种有暴力行为的男人,也是让女人唾弃的对象之一。

五、吸毒。有吸毒恶习的男人,平时结交的大都是邪友,所从事的也都是违反国法人情的事。尤其为了吸毒,往往举债维生,甚至倾家荡产,这种男人也会让女人"去之而后快"。

六、不务正业。有的男人游手好闲,不务正业,尤其品行不端,贪污、窃盗、诈欺、拐骗等不良记录一箩筐,这种男人也让女人羞与为伍。

七、行为不检。有的男人性好渔色,经常在外拈花惹草,甚至发生婚外情,这种对感情不专的男人,更让女人不堪同居共住。

其实,夫妻之间应该互敬互重、互爱互谅,这才是夫妻相处之道,也才有可能营造幸福美满的婚姻。

(刊于2006年5月1日《人间福报》)

修心之钥

☆ 古时候有所谓的"女人七出"之条,现代女权意识高涨,女人独立自主的能力增强,如果男人有太多缺点,女人也可以提出离婚,因此现在也有"丈夫七出"。

☆ 所谓"风水轮流转",婚姻关系也会随着社会结构而改变,但无论新的婚姻制度如何,互敬互重、互爱互谅,仍是夫妻幸福之道。

抢救文化出版业

最近,和几位开书店的人士接触,忽然心中涌现一个感觉:要救救文化事业的书店经营了。

现在,社会上许多的实体书店,大多面临经营不下去的困境,因为卖书获得的一点利润,已经不够维持将本求利的生活。长此下去,人们靠着精神食粮充实心灵的东西没落了,就好比没有米谷饭食来维生一样危险!

农产品是人类活着的生命线,当遭遇风灾、旱灾,受到损失,或遇到收成不好的时候,所谓"谷贱伤农",政府总会提出一些方案来帮助农业渡过难关。所以台湾这几十年来,当局也不断地促进农业研究改良,兴办水利、保护农耕土地、补助受灾损失、稳定产品价格,给予农民各种低利贷款的优惠,促进农产品的销售等等,主要的也就是希望增加农业的生产,让社会大众的生活稳定,粮食供应充足无虞。

农产品是物质生活养命的食粮,文化书籍则是精神生活的必要食粮,其价值并不小于农产品。但是,现今由于社会的发展、科技的进步,电子出版品的推出,让实体的出版业面临慢慢被淘汰的境地。有人认为,数字化的文化产品也有同样的功能价值,可以作为人类的精神食粮,而不必要有实体书店的书籍销售、出版,报刊的发行等等;

但我想，在这个文明社会高度发展之下，对于文化书籍的精神需求，绝对是不可以少的。试想，假设我们的社会里连一本书都没有了，图书馆关门，印刷厂倒闭，书店也都消失了，不知道这将会成为一个什么样的社会呢？

目前，经营一个小书店，一天的收入要达到上万元新台币并不容易，最常见的也只有数千元新台币。光是要支付房租、水电、书籍的成本、员工的人事费用等，实在说，已经没有办法维持最低的收支平衡。

所谓"自古文人多坎坷"，过去文字狱、禁书，思想遭受禁锢的时代，因为出版品而惹出的麻烦，倾家荡产、生命毁灭的情况，时有所闻，甚至层出不穷。到了现代，尽管社会已保障出版自由，书店、出版业却面临经营上的危机，这不是业者的无能，而是时代的趋势所致。

例如，过去的《中央日报》，因为有政党的支持，一度风光不已，而今已走入历史；《联合报》和《中国时报》，当年一百多万份的印刷量，如今销售雄风不复重见。又例如连锁经营的新学友书局、金石堂书局等，听说已经缩编多家实体书店，甚至有一些规模较小的书店像政大书城，则已在台北地区吹起熄号灯。

现在，纵然有一些文化界的人士，本着"老兵不死"的精神在勉力撑持局面；这当中，除了诚品书局，由于特殊的经营理念，可谓一枝独秀，以外的出版业，好比天下文化，即使出版了像《远见》这样一本有分量的书刊，可以说，三十多年来带动了台湾社会政经管理、观念知识、科技生产力的发展，然而，想要回到当初每日发行一本书的盛况，也是多方困难，因此，只有在理念上继续坚持，不忘初心地努力不懈。

民生物质和精神食粮是同等重要的，我们想，当局是不是也能够像发展农业政策、抢救农业一样，也来抢救文化产业呢？比方，奖励优良图书、出版业者,降低出版成本,好书介绍,赞助各种人文讲座,带动买书风气等等。

当然,我也希望出版界要自我反省,自谋出路。例如,读书的人少了,可以在岛内发起"读书会",鼓励大家读书,响应高希均教授提倡的"以书柜代替酒柜";或是为了维持书店的生存,除了出版品的销售以外,也可以开发一些文具、纪念品、儿童玩具,以及与文化有关的书包、笔记本、鞋、帽等文创产品。也就是说,不妨将书店做成一个多方位的经营。

我们还是要呼吁执政当局,积极发展文化政策,抢救文化界,重视出版业。尤其现在由龙应台女士担任"文建会"主委,她对文化有着极大的热忱,具有改革的理念、宽容的精神。我们期盼"文建会"不只是办一些艺文活动,或者是做一些应景的事情。假如在这个书店没落的时候,能够提出一些实质的方法帮助出版业发展,使得文化出版不至于没落,是为幸事。

现代有许多的人精神空虚,这正是缺乏阅读文字的书籍,整日与计算机为伴,心灵上没有一个聚点所造成。过去国人对于《三国演义》《水浒传》《红楼梦》《西游记》等,可以说老少都津津乐道,而今,难道人类的智能都退化了吗?所谓"书香世家""书香人生",这还是中国人所需要的哦。最后,希望政府能够重视读书、重视出版,那么,台湾兴盛、社会健全、人民心灵富裕可期矣。

(刊于2012年4月5日《联合报》,原标题:《阅读充实心灵 抢救文化出版业》;
2012年4月6日《人间福报》,原标题:《抢救文化出版业 阅读不断层》)

修心之钥

☆ 实体书店面临经营不下去的困境,充实人们心灵的东西没落了,就像没有米谷维生一样的危险。

☆ 假设我们的社会里连一本书都没有了,纵然有数字化的文化产品可以作为精神食粮,这将会成为一个什么样的社会呢?

☆ "书香人生"还是中国人所需要的,政府应重视读书、重视出版,提出一些实质的方法帮助,让文化出版能继续,使人民心灵富裕。

有感寺庙不收门票

近日媒体报道，大陆湖南省二十九家佛教寺庙拒绝收门票，我很欣赏这则报道。

因为中华文化一直是中国人的骄傲，我们中华民族拥有五千年优良的历史文化。仔细想想，什么是我们的文化呢？专制的朝代被推翻了，不合道德的行为都已经改进了。历史上的诸子百家，他们的思想是人类的财富；佛教在中国传播业力思想、因缘果报、举头三尺有神明、心好人才好等，更是我们的中华文化；乃至社会上强调仁义道德、忠孝仁爱信义和平、慈悲护生、人溺己溺、人饥己饥、礼貌、勤劳等优良的观念，假如没有诸子百家，没有历代的思想、文学、诗词、歌赋，没有佛教的传播，中华文化内容又是什么呢？

现在，中国大陆的领导人一直要复兴文化，近年来，也确实表达了文化的生命力。但此中有一条，观光景点、寺庙都收取大量的门票费用，这实在有违中华文化的推动。佛教的文化，例如敦煌、麦积山、龙门、云冈、大足等石窟，以及重要的寺庙，这许多佛教文化，都由历代的高僧和万千的信徒施主省吃俭用，共同成就了中华文化里高度的内容；然而，现在我们靠着祖师的遗产在生活，这许多本来是祖先建设，他们的子孙回来看看却还要收取门票，真是情何以堪。

清朝时中国弱势,列强诸国抢走了我们许多文化的瑰宝,诸如英国大英博物馆、法国罗浮宫、德国柏林国家博物馆、日本东京国立博物馆、俄国的艾尔米什国家博物馆等,举凡佛教的宝物,他们都一一收藏,并且宣扬中华文化优于西方文化的建设,可说光耀了我们全中华民族。我们感谢先民的辛苦奉献,假如有一点余荫,也应该让子孙们回到这许多建设的地方,看看老祖宗对于中华文化贡献的发光发热。

今天大陆经济增长,各种建设与文化齐驱并进,也不在乎收取这么一点门票来补助国家的建设。现在许多的博物馆、美术馆大多已不收取费用,或者只收一点维持费,让人民参与文化,把音乐、美术、建筑、文物等当作自己的生活,改良自己的生活质量。但是大陆的有关单位,仍一味地高涨门票的价值,甚至收取到人民币一二百元,这实在违背发扬文化的用意,也损害了中央提倡文化的美意。

这次湖南省二十九家佛教寺庙决定不收取门票,此乃善事也,在此之前,也有苏州灵岩山、福建南普陀寺等倡导不收门票。可见,今天大陆对寺庙收取门票的问题,确实有重新评估的必要。乃至闻说日本佛教寺庙也开始思考门票的存废。佛教和商业本来不可挂钩,有了卖门票的事情,信仰和人民就有一种买卖的行为。唯有废除卖门票,让信徒自愿添油香,超越买卖以外,让后代子孙们回到他们的祖先建设的地方,瞻仰祖先的遗德,促进未来文化的发扬与发展,岂不是盛事?

佛教的建筑、雕刻、绘画、音乐等,都是中华文化的瑰宝,与人民的生活息息相关。许多佛教文化都透露出安定身心的力量,透露出因果业报的道理,是鼓励人类生存的希望,是增加人民对于时空的了解。我们支持湖南佛教界的此一行为,我也希望,有能力领导中华文化的诸公们能仔细地思维,不能因小失大哦!

寄自日本本栖寺

(刊于 2013 年 5 月 23 日美国《世界新闻网》、2013 年 5 月 24 日《旺报·两岸征文》)

修心之钥

☆ 历史上的诸子百家思想是人类的财富；佛教传播因缘果报、举头三尺有神明、心好人才好等，更丰富了中华文化内涵。

☆ 大陆推动复兴文化，却任知名寺庙景点收取不赀门票费用，实在有违中华文化的推动美意。历代高僧和万千信徒共同建设成就文化的高度，现在子孙回来看看却还要收取门票，情何以堪？

☆ 佛教和商业本来不可挂钩，废除卖门票，让信徒自愿瞻仰祖先的遗德添油香，岂不有更大意义！

为大专院校校长会议开示

各位长官、屏东科技大学的戴（昌贤）校长，及诸位校长、先生：大家早安、大家好！

中国有一句话形容美丽的女人："自古红颜多薄命。"现在我要为各位校长说一句话，"当选校长很辛苦"。

实在说，在台湾做一位校长很不容易，佛光山由于信徒的支持，在二十年内，办了五所大学，但也很吃力。

各位校长都是教育界的泰山，我星云虽然已八十九岁高龄，但从小在寺庙里长大，没有受过正规的教育，应该要跟各位校长学习。不过，承蒙大家看得起我，让我表达对教育的看法，我就简单提供四点意见，请各位指教。

一、人文思想

当今的教育，需要人文思想。二十年前，我有心想要办大学主要是感觉到，中国幅员广大、历史悠久，中华文化号称是全世界最优秀的文化，可惜现代科技发展得太过快速，致使青年学子只重视发财、重视自我，缺乏人文思想，我觉得这个不足的地方，建议各位校长，能对人文思想多关心。

二、品德教育

今天的大学教育需要一个品德的教育、人格的教育。一个人可以受到大学教育,就表示在众人之上,当然在道德方面,也要能与众不同。对于现在的台湾高中废除孔子、孟子等文化教材,我觉得非常可惜。

我有一位弟子在美国耶鲁大学拿到博士学位,很高兴地回来跟我说:"师父!这是我的博士证书,我今后要做什么?"我说:"今后学习做人。"

现在有的大学生不讲究道德、不讲究人格、不讲究做人,这是我们社会没有很好地示范。道德教育本应该从小培养,但因为有一些家庭不很完美,所以才需要大学教育来养成他们的道德观。所以我近年一直在推动"三好运动",希望大家学习身要做好事,口要说好话,心要存好念。

三、群我关系

今日的大学教育,需要养成学生有群我关系的观念。现代的社会太过于重视自己的利益,不顾念别人;在社会生存,需要仰赖社会群体,共同集体创作,单独是不能成功的。

像我们生存在世间,生活要靠士、农、工、商供应我们;成长要靠父母、师长给我们教育;到了社会,也需要众多不同的因缘帮助我们。所以青年学子要心中有人,要能尊重,要有包容,不要太重视个人的利益,学习吃亏。反观我这一生,都在吃亏,但别人反而待我更好。

四、自觉发心

今天的大学教育,要让学生能自觉发心。读书不是靠老师教导,是要学生自己读。做学生的要自我觉醒,将来如何给人接受?要学习做人、学习对自己负责任、学习对社会担当、学习做人处事。我想这些不能完全靠老师教,必定要靠自觉。

佛教教主释迦牟尼佛在菩提树下证悟,他是自己先觉悟后,才能觉人。所以青年学生自己要能自觉,而后发心、发展。发展什么?开发我们的心田、心地、心里的宝藏,我要能为台湾、为社会、为人民谋福利。让学生自我觉悟后,就会要求自己。

现在年轻的人害怕吃苦,其实苦是一种教育,苦是一个过程,所谓"吃得苦中苦,才为人上人"。我们要能养成青年学子肯吃苦、肯忍耐,肯自我要求、发心为台湾为人民。

我想今天的教育,不读书不是很重要,做人不好那很严重,现在学生既然来读书,我们先教导他们做好人。

以上四点意见:人文思想、品德教育、群我关系、自觉发心,表达我对于教育一点感想,请各位校长多多指教。

(2015年1月16日讲于佛陀纪念馆五观堂)

修心之钥

☆ 当选校长很辛苦,能坚持服务都是不推拒教育责任的有心人。

☆ 在美国耶鲁大学拿到博士学位,弟子很高兴地回来面见师父:"这是我的博士证书,我今后要做什么?"师父说:"今后学习做人。"

☆ 一个人可以受到大学教育,表示读书已在众人之上,但"人文思想、品德教育、群我关系、自觉发心"却要通过进一步的学习才能提升。

【述评】
星云之心
——读《百年佛缘》

高希均

一、透明与无私

读完十五卷大师口述的《百年佛缘》,就像百科全书那样内容丰富、引人入胜,真是传记的典范。大师每做一件事,都做得尽善尽美。一年前落成的佛陀纪念馆以及这套刚出版的《百年佛缘》,就是他年近九十的另二个例子。

记录"佛缘"的书记有一段生动的见证。"这部《百年佛缘》的特质是大师将一己化作灯芯,以一生的磨难点燃自身,去照亮这百年中的佛教人事物;以自己为布幕,映照书中的每个生命、每一事例,暧暧含光,念念分明。"

因此《百年佛缘》是大师叙述他的生命历程——不论是生活、社缘、文教、僧信、道场、行佛,娓娓道来,美不胜收;也折射出一个大时代的苦难奋起——百年来中国的动荡、台湾社会的嬗变、海外华人的处境。

是因为大师内心深处拥有了透明与无私的信念,书中才会记述这么多人物的交往,这么多事物的观察,这么多改革的推动,这么多佛缘的分享。

二、"星云精神"

六十年来大师的贡献,呈显在三方面:改革了宗教、改变了社会、改善了人心。让我分别以"星云精神""星云价值"及"星云之心"稍作引申。

"星云精神"就是不怕困难、不惧挫折,求新求变,曲直向前。最好的实例就是与2005年畅销全球的英文著作《蓝海策略》(Blue Ocean Strategy)相比。此书的二位管理学者金伟灿与莫伯尼指出:任何组织不可能永远保持卓越,要打破这个宿命,就是要脱离"血腥竞争的红色海洋",去追求一个完全崭新的想象空间;不再坚守一个固定的市场,要勇敢地另建舞台,另寻市场,另找活水,就能在新发现的蓝海中扬帆前进。否则,就会在一池死水中衰退,终至消失。

开创蓝海,要有四项策略:

(一)"消除"哪些习以为常的因素?

(二)"减少"哪些不必要的因素?

(三)"提升"哪些需要的因素?

(四)"创造"市场上尚未提供的因素?

(一)与(二)在节省成本,以扩大需要;(三)与(四)在创造"差异化"与"新价值",以开拓市场。

会令《蓝海策略》作者惊讶的是:他们所倡导的蓝海理论,事实上早已有大师与他的弟子默默地在推动:
(一)佛光山一直在努力开创人间佛教的"新市场";
(二)与其他宗教常相往来,使"竞争"变得不对立;
(三)吸引新的信徒以及创造社会的新需求;
(四)以新的事业与愿景,增加信徒的热情及社会的信赖;
(五)不断提升内部人才的培育与外语能力,并且加强内部操作系统。
(六)更以不同的说法语言及弘法方式来传播人间佛教。

这样的用心、做法、效果,更超越了蓝海策略。因此2005年满义法师所写的《星云模式的人间佛教》就是"星云精神"的推广,即是人间蓝海扩大的中文版;更正确地说,星云大师是人间蓝海的领航者,比之英文著作已经先启航了半个世纪。

更需要分辨的是:企业所追求的"蓝海"是企业利润、个人财富与产业版图;人间佛教所追求的"蓝海"是现世净土、人间美满、慈悲宽容。

就是这种蓝海策略的"星云精神",改革了人间佛教。

三、"星云价值"

"星云价值"进一步"改变了社会"。大师的价值观,就是坚定不移地推动人人可以亲近的人间佛教：佛说的、人要的、净化的、善美的；凡是有助于幸福人生增进的教法，都是人间佛教。

同时又提倡：给人信心、给人欢喜、给人希望、给人方便。

面对社会的不安，又提倡：做好事、说好话、存好心。

人间佛教的推广，是通过直接与间接的方式、宗教与文教活动走进人群、走进生活、走进社会及走向国际。大师本人当然是最关键的人物，凡是接触过他的人无不被他的一言一行所感动。

大师又深知人生离不开金钱、爱情、名位、权力，因此又不断提倡正确的价值：要过合理的经济生活、正义的政治生活、服务的社会生活、艺术的道德生活、尊重的伦理生活、净化的感情生活。

他自己从不间断著述立论、兴学育才、讲经说法、推广实践、四处奔波，全年无休。"星云价值"就这样地融入众人的生活之中，年复一年地变成了社会向上的巨大力量。

四、"星云之心"

集"星云价值"与"星云精神"于一身的即是"星云之心"，大师以其一身言行，做到了"舍才有得""我不会命令，只会慈悲""以出世的精神做入世的事业""给人利用，才有价值"。大师常说的十句语，正表达了"星云之心"的十个元素：

(一) 你中有我，我中有你。（命运共同体）

(二) 以无为有，不据为己有。（无欲则刚）

(三) 大众第一，自己第二；信徒第一，自己第二。（老二哲学）

(四) 你对我错、你大我小、你有我无、你乐我苦。（包容、谦卑）

(五) 做难做之事，处难处之人。（接受挑战）

(六) 有情有义，皆大欢喜。（追求双赢）

(七) 我不懂管理，只懂人心。（以心带人）

(八) 跟别人结缘，只有真诚的心。（以心交友）

(九) 不看我的字，看我的心。（以心写字）

(十) 我有一点慈善心及一颗中国心。（以心为本）

这颗"星云之心"的全面光辉就是慈悲和智慧。因此大师所到之处，就激起了浪花，掀起了风潮，引发了热情，创造了改善人心的无限价值。

五、最后的问与答

1949年一位二十三岁的扬州和尚从大陆到台湾，没有亲人，不谙台语，孤苦无援，还被诬陷为"匪谍"入狱二十三天；但脑无杂念，心无二用，投下了六十年的心血，开创了无限的人间佛教世界。

这位法名"悟彻"的出家人,就是现在大家尊称的星云大师。

人间佛教、佛光山、佛陀纪念馆、星云大师都已变成了"台湾之光"。这是"台湾奇迹"的一部分,这是台湾"宁静革命"的另一章,这是辛亥革命百年来的宗教传奇。

在众人心中,总不免好奇地想了解:星云大师

- 如何以其智慧,把深奥的佛理,变成人人可以亲近的道理?
- 如何以其毅力,再把这些道理,变成具体的示范?
- 又如何会有这样的才能,把庞大的组织,管理得井然有序?
- 又如何会有这样的胸怀,在五十八岁交棒,完成世代交替,又如何再在海外开创一片更宽阔的佛教天空?
- 如何能著述及口述近二千余万言,并且译成英、日等二十余种语言?
- 如何能获得三十个以上岛内外的荣誉博士及无数的奖项?
- 如何能在岛内外办多所大学、小区大学、中华学校;又如何能创办《人间福报》、人间卫视,多所图书馆、美术馆,全球近三百所道场,以及刚落成的壮丽的佛陀纪念馆?
- 最后,又如何以其愿力、因缘、德行,总能"无中生有",把人间佛教从一角、一地、一岛而辐射到全球?

如果细读《百年佛缘》全集,大概就可以找到线索及答案。

面对所有这些建树、成就及荣誉，大师大概会淡淡地说："所有这些都不是我的，一切都是大众的。"大师居然没有自己的书房与书桌，也没有自己的账户及存款。

大师会更坚定地说："我来世还要做和尚，我做和尚做得不够好。"

大师心中还有一个与时俱增的挂念：就是两岸的和平交流与两岸的和谐相处。

2013年3月6日于台北

佛门事：主修行，解入世之法

中国佛教与佛教青年

我们中国的佛教,曾把伟大精深的教义,传播到世界各国,而今佛教的光芒虽已照遍了各洲,但我们的中国佛教,却眼看着一天一天的衰败下去;我们的中国的佛教,拥有僧徒一百万,信徒数千万,教徒不可谓不多,而今多数的教徒都逼得走其他的路去了;我们中国的佛教教产,拥有无数巍峨堂皇的寺院,难以计算的田产,这产业不可谓不丰,而今分的分了,夺的夺了;我们中国佛教的历史,有二千年光辉灿烂的流传,历史不可谓不久,而今快走到死亡的边缘;我们中国的佛教,对国家、对社会、对人民,有着巨大的贡献,其文化、艺术、道德……,不可谓贡献不大,而今快给时代的洪流冲没了;这是谁的责任?这是佛教青年没有发挥出力量的后果!

我们的佛教青年,有刻苦自学的精神,有勇猛精进的毅力,有牺牲卫教的热诚,有广度众生的宏愿。然而现在的佛教青年,默默无闻,他们没有一点出路,终年到头地过着刻板的寺院生活,消磨着青年的朝气,任他心雄万丈,在寺院中除了二时课诵,对佛教毫无贡献,这是谁的不是?这是佛教没有重视青年!

现在的社会和人心,所表现出来的都是残忍的、争夺的、自私的、虚伪的、邪的、丑的、恶的、轧轹不安的,正需要佛教慈悲的、无我的、利他的、诚实的、正的、美的、善的、平等互助的教义来熏化社会上黑暗的风气。社会能少了佛教吗？肯定地答一句：不能少的！

现在佛教的制度已经到了非改革不可的时候，因为现有的佛教制度是陈旧的、古老的、保守的、消极的、形式的、束缚的、阶级的、不合时代潮流的，正需要佛教青年们勇敢的、热诚的、进步的、积极的、大雄无畏的精神来改造衰颓的佛教。佛教能少了青年吗？肯定地答一句：不能少的！

很早就有人喊过这个口号：青年是社会的主人，是社会的栋梁；佛教青年又何尝不是佛教的主人，是佛教的栋梁呢？不管哪一个社会，不论哪一个集团，都不会忽视青年的！清朝政府是青年打倒的，复兴佛教，又怎能说不需要青年！

不幸的今日佛教，是抛弃了青年，忘记了青年，好像不知道佛教是怎样需要青年，不知道青年是怎样重要。佛教里只晓得苛责青年，说今日的佛教青年是如何不上进，道德如何沉沦，人格如何卑污，所以有人倡导青年"重新出家"之说。重新出家是要的，但把一切的罪名完全推在青年身上，这未免太嫌冤枉，太不公平。今日佛教青年受着环境的困难，形式的束缚，贫穷的烦闷，时局的动荡，人事的折磨，没有发展天才的机会，没有用武的场所。佛教会的理监事要方丈当家之流的才能负责，方丈当家又要四五十岁的人才能胜任。因此，他们怀了一颗热烈的心，对不能重用青年的佛教，只发出无可奈何的浩叹！所以他们要问：佛教是怎样教育青年的呢？佛教是怎样养活青年的呢？佛教是怎样重视青年的呢？望代表佛教诸公，要注意这些问题。

佛教青年从小离开了温暖的家庭和骨肉的团聚而皈投到佛门来，中国做"小和尚"的那段日子还不就如同牛马的生活！他们从小不能受到良好的教育,他们也没有经济的来源,他们吃的是粗菜饭,他们穿的是老布衣裳,幸而出家就是为了求其物质的淡泊而能得到解脱。然而他们还是人,我们今日应该同情这群佛教青年而不应该苛责他们。

当然,今日的佛教青年也不是真的完全没有弱点,我们这一代人中,有的才跨过了青年时代,就变成佛教进步的障碍物。有的留在青年时期,受了两次教训,遭了两次风浪,马上就挫折了勇气,变成了疑惧、怯懦、彷徨、妥协、停滞、屈服的弱者,弘扬佛教的雄心从此消沉,青春的火焰从此熄灭。有的见到这不景气的佛教,以为到了不可救药的时期,不肯奋发图强,因此信仰发生动摇,往往走上歧途。同时,今日佛教青年更有一种等待和依赖的病态心理,青年男僧等待佛教来赐予他们机会,青年女僧将佛教复兴和这弘扬的责任依赖男僧去做。今日佛教青年关于这许多都有改正的必要。

佛教现在好似处在风雨飘摇之中,这一代的佛教青年,应该不能推诿责任,佛教本来就是释迦牟尼(世尊)在青年时期创造起来的(世尊十九岁出家,三十岁成道),玄奘三藏法师也是在青年时期历尽千艰万险到印度去求经(时年二十九岁),太虚大师在二十多岁时,就发愿改革中国佛教了。佛教今天面临了生死存亡的关头,所以今日的佛教青年应该缅怀先贤而承当起一切艰苦的责任来!何以见得艰苦?因为复兴佛教,正需要无数坚强的、勇敢的知识佛教青年出来献身,然而这样的佛教青年太少,必须要有志的佛教青年自己来创造!

真的,现在一切都要靠佛教青年坚决地拿出自己的主张,佛教是不会为青年着想的,你找遍佛教界中,有教育青年的佛学院吗?有让佛教青年做事的处所吗?佛教是需要青年的,但需要的是肯向前、不后退、能开创佛教的青年!

我们也希望今后的佛教,不要以为老年人才能做事。俗话说"和尚不能老,一老就是宝",在佛教会做事的不一定要方丈,做方丈的也不一定要四五十岁,让青年来替佛教做一点事,相信青年们做事不一定就比老年人差!

起来吧!中国佛教的青年们!

(刊于 1951 年 7 月 20 日《人生》杂志第 3 卷第 6 期)

修心之钥

☆ 中国佛教有二千年光辉灿烂的流传,历史不可谓不久,也曾有巨大的贡献,若给时代的洪流冲没了,这是佛教青年没有发挥出力量的后果。

☆ 青年是社会的栋梁,佛教青年又何尝不是佛教栋梁?复兴佛教需要知识佛教青年出来献身,需要有志的佛教青年自己来创造!

☆ "和尚不能老,一老就是宝",会做事的不一定要方丈,做方丈的也不一定要四五十岁,让青年来替佛教做一点事!

复兴佛教与批评

古老的佛教在中国流传了近二千年,在这二千年中,时兴时衰,在历史上都留下了痕迹。到了我们这一代,佛教又遭遇了空前的危难。在内,教徒不知警觉,不知团结,不知爱护佛教,大家过着独善其身、醉生梦死的生活;在外,教侮教难,纷至沓来,眼看着佛教往灭亡的边缘走去,岌岌可危。几十年来,几个聪明之士,因此发出了"复兴佛教"的口号,唯有复兴佛教,今后僧徒才能生存!

因了佛教的衰败,所以才需要复兴佛教。佛教为什么会衰败呢?一言以蔽之:佛教的制度不能合乎时代的潮流。一个国家的宪法尚且常常需要修改,为什么佛教的制度就能算为金科玉律?因此,太虚大师著了《整理僧伽制度论》,重整佛教制度。1946年"中佛会"成立,标明整理僧伽制度为其要务。近来又在进行佛教改革工作,我们是多么诚惶诚恐地望着这个改革佛教而能让佛教复兴的工作,能够顺利地成功!

为什么复兴佛教的口号,已经喊出了几十年,而佛教还不能复兴呢?为什么"中佛会"都在领导着做改革的工作,而僧徒都在漠不关心?我们不客气地说:"这是佛教忽视了批评!"

批评在佛教中一向就是认为大逆不道的事,很多佛教刊物都标明着"本刊不批评人"的大题目,稍微带有一点正义的文章,作者马上就会遭受到无情的打击。诚然,批评在忙出世的道学家看来,确是不应该的,因为这是是非,这是恶口(其实批评不一定是骂人的),然而想要做复兴佛教的工作,批评是无论如何不能被忽略的。

复兴佛教本来是有两个大的问题,一个是建设,一个是破坏。建设一个新佛教,不是几个人的力量所能及的,几个理监事所见的不见得就是尽善尽美,这是需要广大的佛教徒们来参与意见、研究真理、批评督促才行;破坏旧有的制度,不是说不声不响地就能废除。破坏,一定要舆论广事宣传和批评,使大家公认佛教旧制度的不合理,改革的工作方能奏效。不然佛教会空有很多议案通过,而僧徒大众尚不明所以,行来怎么能够顺利?

有人或者有这种心理,以为做复兴佛教的工作,只要埋头苦干,以身作则,自己不妨做出示范来,不要批评别人长短。这说法用在邻近的地方,未尝没有功用,但想复兴整个佛教,岂是这简单想法所能发生效力?除非我们承认佛教已经兴旺至极,无疵可求,否则我们便不能不承认批评的重要。

美国的民主党和共和党为什么互相争执,互相批评?就是在争执批评中,才能研究得出真理,才会让全国人民知晓选择应走的路线,这原理什么人都会知道,但把它用到我们佛教里来,大家就认为不妥当,不合理。这里我们佛教徒应该明了,批评象征着进步,唯有从真知灼见的批评中求进步,佛教才能够真正地兴盛!

我们佛教中的大众,现在对做着佛教工作的人,大都是廉价地布施称赞,或是慷慨地奉献捧场,这种现象很容易养起一种错误的观念,以为如此这般,和气一团,复兴佛教的工作就能顺利地完成。但在实际上,所谓复兴佛教哪有这样的便宜?不然,有的就是闭口主义,一言不发,这更是免惹是非的灵符。可是,单纯的人与人之间的友谊,已经绝非仅仅称赞、捧场和沉默所能培养,何况是几百万人大结合的佛教!更何况这个佛教还负有复兴的艰巨的任务!

情感的融洽,诚然是团结的要素,但在情感上用功夫,而不从正确的理解上,力求共信与互信,像这样的团结,大家会减少了说真话、做实事的勇气,弄到见面时,说两句"你好,我好,今天天气好"的话外,谁也不愿发出由衷之言,佛教怎么能够复兴?

批评风气的低落,批评精神的委顿,不但阻碍着佛教的进步、佛教的健全、佛教的复兴;尤其是阻碍着负有复兴佛教任务的大德们和广大的教徒意识上的共鸣作用的发扬!唯有不断地批评,复兴佛教才真正能够成功。

佛教徒大都欢喜抱一种观望态度,个人主义。过去有人说,佛教徒是"各人自扫门前雪,不管他人瓦上霜",其实真正说来,他人的瓦上霜既然不管,各人门前的雪又何曾扫得干净?这是一个多么可怕的现象!我们觉得佛教徒对于佛教的兴衰,表现关切得不够,致使大家都不乐意批评了。

德高望重的老年僧徒,都有一种古老的、明哲保身的庸俗观念,以为一有批评,就要失去他的身份。所以他们心里虽然对很多现象不以为然,但他在口头上,笔杆上不愿表现出来。他们以为批评都是青年人的火气重,没有道德、没有修养所干的事;大家都以德高望重自居,谁乐意批评呢!其实这都是错误的观念,实在是要不得的。

佛教中大都认为批评是恶意的攻击,佛教是基于冤亲平等的爱为出发点,既然是冤亲平等,那又何需批评?其实批评是有两面的看法:批评如果是对于同一个团体中的伙伴,是基于爱为出发点;对于敌人的批评,才是基于恨。爱的目的,是要他成长、茁壮、健康;恨的用心,才是要他枯萎、死亡、绝灭。我们指的批评,是基于爱的批评,说明白点,就是善意的批评。事实上大家都是佛教徒,都是释尊的弟子,其亲如手足,谁不希望自己的手足健全？所以这种批评是不可能不基于爱的。犹之乎对于敌人的批评,是不可能不基于恨的一样。如果对于自己人批评是基于恨,那么这所产生的绝不是批评,那叫作恶意地攻击,也是我们所反对的批评。

这里须加以说明,我们佛教中善意的批评,大家都不愿做,恐怕得罪了人,更何况恶意的批评？如果没有深仇大恨,我以为那种现象绝不会发生。这里更请大家不必忧心,以为一有批评,马上会掀起了波浪,又要使复兴佛教的意见分歧。这是一种不必要的忧虑。一个好的意见,不会给一两个批评者的私见所否认,一个好的人,也绝不至被恶意批评者的胡说所摧毁。我相信,一个有睿智、有才能、有热情的人,他才欢迎人的批评,才虚心接受人的批评。佛教里多有欢迎批评的人,多有虚心接受批评的人,佛教那才容易复兴。

因为批评像一面镜子,你自己长得美丽丑陋,你怎得知道？拿一面镜子给你照一下,你的原形就会完全现出来了,你觉得自己面容上有什么缺点,你就得设法化妆修改呀！

复兴佛教,需要做的事太多了,首先要做的就是鼓励批评家们勇敢地出现。我们希望,为了复兴佛教,不论你是长老学僧、男女居士,老的少的共同来商讨复兴佛教的计划,改革佛教的方针,互相检讨,互相批评！这里,我们不禁要大声疾呼,佛教沉默的现象,实在可怕得很！希望佛教全体同胞,为了走上复兴佛教的康庄大道,希望要尊重批评者的意见,希望要勇敢地放弃成见接受批评！

看眼前的佛教,沉默得真要窒息了！如果不是《人生》杂志上发表了一点改革佛教的工作消息,我们真不知道佛教会已在进行这件巨大的任务哩！改革佛教的消息披露后，这是关系到切身生存的问题，关系到几百年、几千年，甚至几万年的我们的后一代，你看大家还是蒙在鼓中，不闻不问，即使知道的，知道参加意见也没用，批评更招人的反感，可怕呀！这实在是可怕的现象呀！

为了复兴佛教，改革佛教，需要批评家批评的太多了。从佛教会的不健全到僧徒的不团结，从不知造就僧才到没有一所佛学院，从迷信的北斗星君下降到显灵妈祖的千秋，从出家的不限制到出家的不需要资格，从唱戏式的二时课诵到刻板的修行仪式，从耕者有其田到今后佛教经济的建立，从戏院中上演侮辱佛教的戏剧到报章杂志上辱骂佛教的文章……，哪一件不需要佛教徒的注意？哪一件不需要佛教徒的批评？

复兴佛教的号角吹起，批评的风气开放，看佛教的新生、见僧徒的活跃，佛教从黑暗之中，很快地就会看见黎明的曙光！

（刊于1951年10月15日《人生》杂志第3卷第9期）

修心之钥

☆ 佛教为什么会衰败？一言以蔽之：佛教的制度不能合乎时代的潮流。为什么佛教不能复兴？因为佛教忽视批评！

☆ 光是布施称赞，奉献捧场，和气一团，或是闭口主义，一言不发，免惹是非，对复兴佛教工作的完成是不够的。

☆ 复兴佛教，需要做的事太多了，首先要做的就是鼓励批评家们勇敢地出现。佛教里多有欢迎批评的人，多有虚心接受批评的人，佛教才容易复兴。

佛教青年临到时代的考验

阴沉的冬天逝去以后，接着是蓬勃的新春开始；新春降临了，百草萌芽，万花开放，枝头的鸟语为春而歌唱，池中的游鱼为春而跳舞。春，是多么富有新生的活力！我们愿拿这万物欣欣向荣的春天比喻佛教中有为正直的青年，那是再恰当没有了。

春能带给严冬里枯死的万物生机，青年能给予衰颓的佛教活力；万物没有春天，必将不能生长；佛教没有青年，势将不会复兴；多么美丽的春天！多么勇敢的青年！

记得德国铁血宰相俾士麦说过一句名言："让我看看你们的青年吧，我可以告诉你们国家的命运。"现在我们可以来说了："要知道佛教将来能否复兴，可以看看我们这一代的佛教青年。"青年是国家的灵魂，国家没有灵魂，哪里能存在？佛教青年是佛教的中流砥柱，佛教若少了这些中流砥柱的青年，如何才能支持？是的，一个国家、一个团体，如果要看他的富强、他的兴旺、他的健壮，即需先看看他的青年。青年，他是注定一个国家、一个团体兴衰的命脉。

翻开世界的历史，从法国的大革命，到英国的立宪；从华盛顿创造独立民主自由的美国，到土耳其民族的复兴；哪一个惊天动地的大运动不是由青年推动的？哪一件震古烁今的大事业不是由青年完成的？考察中国近代的史实,从推翻清朝到"五四运动",从誓师北伐到抗日完成,哪一次不都是青年推动时代前进的齿轮？哪一次不都是青年担当起艰巨的任务？回顾我们佛教,每次教难当头,都是青年不屈不挠地来抵挡,都是青年从容不迫地赴义牺牲。如昙始以死来苦谏灭佛的北魏太武帝,静蔼因帝灭佛剖胃捧心而卒;知玄对暴政的抗议,慧远对邪道的辩论,哪一处不是表现了佛教青年的热情？哪一处不是表现了佛教青年的勇敢？又如法显、玄奘、义净,若不是抱了一颗青年为教的热心,中印的文化如何才能沟通？佛教如何才能兴隆？从此可知,国家不能少了青年！佛教亦复不能少了青年！

人生的青年生命,是事业成功最紧要的过程。人生没有青年时期,那只是一条平淡的小溪,永远激不起绮丽的浪花。人生留在青年的这段生命,好似汹涌的江水,浩浩荡荡,什么力量也挡不住的。人生若等待到了暮气沉沉的老年,不是靠着在青年期间的不断的进取,不停地创造,不把前途的大道打通,不把事业做得有了基础,再不会成就什么了。

佛教的青年一向是默默无闻,但每当到佛教危急存亡的关头,他们就会毫不迟疑地放开了自私的小我,鼓动了热情,激发起毅力,用悲天悯人的精神,用他爽直的天性,负起了佛教的使命。青年们坚强的正义浩气所之处,没有暴戾不在它的下面低头,没有罪愆不在它的下面消除,没有顽固的还是顽固,没有腐化的还是腐化。青年呵！你的力量是多么神圣！多么伟大！

今天是一个伟大的时代,新时代里的佛教,需要有力的思想、有力的行为和有魄力的青年来做主干,我们要生存,我们要有为佛教而生存的理想,我们要以青年担当起中兴佛教的任务,要让青年来做佛教建设的工作,然而这个时代又是艰苦的,青年如何才能挑担起大时代中如来的家业呢？

在这个伟大时代里，我们的生命是动的、是活的，我们的思想不能背着时代，我们要随时代向前进。可是今日佛教青年有着很多不正常的思想和行为：一种是抱了悲观、失望、忧伤、颓唐的心理，以为佛教没有复兴的希望，所以满腹的牢骚只用在慨叹自己的命运，不是说额上的皱纹增加，就是说此身已矣，因此终日烦闷苦恼，情绪日渐萎缩，意志日渐颓唐，造成守旧保守，终了不免走上消极、衰落、停滞、腐烂和毁灭，这才是亡教之音哩！或是另有一种佛教青年，不睁眼看看佛教的大势，在那里互相的排挤、毁谤、嫉妒、阴谋，把大好的精力心机用在人我斗争上，不是在名利上奔逐，就是在是非上攻讦，这才是加深佛教前途重重的黑暗哩！更有不少的佛教青年，受了几次挫折，经了几次风浪，或是因物质享受的引诱，或是为生活的不甘淡泊，再加上佛教又重临到教难，外来的压力日深，都纷纷忙着重穿俗装的准备，我们不客气地说：这是佛教青年经不起时代的考验！

我们愿今日的佛教青年，再来翻看一下佛教历史：每逢到时代的变换，佛教的危难，古德们的青年精神是怎样表现的？费长房因北周灭佛的教难，返俗后尚参加译经工作，并撰述《历代三宝记》。北周的惠远也因教难返俗，隋朝兴起又重穿僧装。道安因北周武帝灭佛，帝赐官位以死拒之，终日号恸不食而死，这是为了什么？这就是佛教青年，为了奉持佛陀的主义，不为时代所屈服的写照。我们不反对还俗的青年，我们只是反对不能奉行佛陀主义的青年！

今天佛教青年非但要经得起时代的考验，不做时代轮齿下的牺牲者，并且要能创造时代。我们希望勇敢的热忱的青年出来献身，我们要挥着智慧剑，割去一切陈腐，要用青年的热忱，效法古德的为教精神，不要畏缩，不要气馁，应该要挺起胸膛来创造，应该要用行动来发扬佛教青年的精神,青年处境虽然艰苦,但青年应该要认清环境,要改造环境,绝不能随顺环境,为环境所转,这是今日青年应有的认识。

现在,佛教革新的浪潮已在呼啸,时代的狂飙已在咆哮,时代和佛教又来考验佛教青年了,考验今日的青年有没有坚贞的信仰?有没有卫教的决心?能不能团结?能不能吃苦?敬爱的佛教青年们,这个大时代中的佛教历史,就是要我们这一代青年写下一页辉煌的诗篇了!

(刊于1952年1月10日《人生》杂志第4卷第1期)

修心之钥

☆ 哪一个惊天动地的大运动不是由青年推动的？哪一件震古烁今的大事业不是由青年完成的？当青年们一股坚强的正义浩气所到之处，没有一切的暴戾不在它的下面低头，没有一切的罪愆不在它的下面消除。

☆ 历代都有为了奉持佛陀的主义，不为时代所屈服的佛教青年。处境虽然艰苦，但青年应该要认清环境，要改造环境，绝不能为环境所转，应该要挺起胸膛来创造。

我们要有殉道的精神

人造卫星的成功,宣告时代已进入了太空;电视传真的出现,说明了世间的距离缩短。人类一方面享受科学文明的赐予,另一方面却在精神上形成真空的状态。科学能满足人类的物欲,但填补不了心灵上的空虚。

今日人类,哪一个不感到苦闷?今日世界,哪一处不黑暗无光?高入云霄的山岳,像是堆积众生的尸骨;浩浩荡荡的江海,像是流着众生的血泪。我们不忍众生的浩劫继续下去,我们佛陀的弟子,应给众生真实的信仰,应给众生永恒的归宿。把灵鹫山的道风高扬,把恒河的法水遍洒。可是遗憾的,佛教在这个大时代的领域中,一片荒芜,这不是教理的问题,而是教团散漫,肩不起度生的重荷,担不了救世的责任。这样一种伟大的事业,我们仔细三思,是因为今日佛教中缺少殉道的精神!

今日我们的教团,无论是出家的、在家的佛陀弟子,总是缺乏热情悲愿,总是没有进取精神。寺庙私有的观念,宗派主义的作风,还有陶醉在小天地里,困囿于小圈子间,大家都在冷眼旁观,都在自我打算,赤心热肠的太少,敢做敢当的不多,这样的教团,怎么能先众生之忧而忧,后众生之乐而乐?这样的教团,怎么能肩负兴隆佛教的使命？

我们的教团，为什么会显得这样老态龙钟？为什么会显得这样无气无力？我们再仔细三思，还是因为缺少殉道的精神！

什么是殉道的精神？为了信仰佛陀，可以舍身舍命；为了宣扬教法，可以忍苦耐劳；为了维护教团，可以自我牺牲；为了服务众生，可以献其所有。法藏比丘抛弃王位，发愿庄严净土，其悲愿何等伟大！地藏大士地狱度生，不计个人之乐，其心肠何等慈悲！目犍连尊者为佛陀服务，在伊私园梨山下殉教，被裸形外道活活地用乱石击死！富楼那尊者代佛陀宣化，在蛮荒异域的输卢那国传教，甘愿把生命布施众生！这种庄严的决心殉道精神，发扬千秋浩气，犹如碧血黄花。佛教真理之光，所以能普照人间，都是这种精神的遗留。

还有，道安法师因北周武帝的法难，帝赐官位，以死拒绝，终日号恸，不食而死；静蔼法师因北魏太武帝的毁佛，苦谏不成，剖胃捧心而卒；知玄大师对暴政的抗议，慧远大师对邪说的辩论；法显三藏为求法，几葬身海底；玄奘三藏为求经，几饿死沙漠。缅怀那些抱着殉道精神的先贤古德，其不屈不挠的精神，坚若金刚；其从容赴义的决心，光如日月。今日佛教就需要这些牺牲忘我的烈士，今日佛教就需要这些担当正义的英豪。我们今日，全佛教界应该同心同德，志在复兴圣教，愿在服务众生。把人间的仇恨化为仁慈，把社会的戾气化为祥和，给众生温暖，予世间光明。

近来，佛教中对邪说一片妥协的作风，对是非一种颠倒的看法，那明哲保身的态度令人无法容忍，那暮气沉沉的行为叫人不能佩服。我们已再不能犹豫，再不能迟疑，我们要把消极腐化之风扫除，要把自私自利之魔降伏。凡我佛陀的子弟，均应鼓动热情，激发毅力，用悲天悯人的热肠，不要畏缩、不要气馁，要知道虚荣终会幻灭，色身终要死亡,为了继承佛陀的慧命,为了普济苦难的众生,在复兴圣教的艰巨的里程碑上,我们鼓舞殉道精神,我们要为殉道者的庄严欢呼!

(刊于1985年7月1日《今日佛教》第2卷第3期)

修心之钥

☆ 佛教在大时代的领域中一片荒芜,不是教理的问题,而是教团散漫,肩不起度生的重荷,担不了救世的责任,因为佛教中缺少了先贤古德的殉道精神!

☆ 如果不能破除寺庙私有的观念、宗派主义的作风,陶醉在小天地里、困囿于小圈子间,赤心热肠的太少、敢做敢当的不多,怎么能肩负兴隆佛教的使命?

一个"卍"字两个头

走出中华佛寺的大门,对面就是一所佛教学校,那是此间摩诃菩提协会主办的。我们进去稍为参观一下就出来,穿过一条宽坦的街道,那就是一片广场,有百千亩的广阔,那上面有着很多的佛陀圣迹。

我们先到一间锡兰寺中礼佛,这座锡兰佛寺,建得给你有一种很新、很美、很庄严的感觉。可以说,在鹿野苑这块圣地上,唯有锡兰佛寺才能和中华佛寺媲美。

距锡兰佛寺不远,那是鹿野苑的中心地点,有一座圆形的古塔,约有一百多尺高,看来只有两层,全用大红石砌成,石上雕有精美的花纹,塔建于何时,已不可考,但至少是二千年前阿育王时代的建筑物,甚至还在阿育王的王朝以前。相传是佛陀住世时,曾在此入定,故弟子们建这座塔来表示纪念。

这座古塔给我最大的注意是因塔的四周雕刻了不少"卍"字,那些"卍"字形成,是我踏破芒鞋无觅处的一项证明。

原因是在台湾为了一个"卍"字两个头,曾引起过很大的争论,有人说"卍"字形是应如"卐"写的,有人说这样写的"卐"字是德国纳粹的标志,主张这样"卍"字是正写,批评"卐"字是反写,不合书写方法；主张"卐"字这样写的说佛法尚右转,如能把"卐"字这么写才是右转。

在台湾我是推动"卍"字最热心的人,我主张佛教建筑物上应有"卍"字的标志,佛教年轻信女可挂"卍"项链,因为"卍"字是佛陀三十二相中的胸前相好之一,这是吉祥、圣洁、圆满的象征。佛教应该处处用"卍"字做记号,给人知道"卍"字就是代表佛教的标志。

可是,在佛经上,或是佛像上,我国的"卍"字确实已经是两个头了,有的是这样写的"卍"字,有的是那样写的"卐"字,我个人一向是主张"卍"字应该是如此(卍)写法才算正的,而且这也才是合乎右转之意,因为右转左转不是站在我们的位置来论定的,你应该站在卍字的本身立场转转看,那你就知道这样写的卍字才是真正的右转。

高雄佛教堂当初我在发动兴建时,工程已完成三分之二,哪知设计工程人员有意把"卍"字改为"卐"字,我的心像冷了一半,不是我好固执,实在说,"卍"字是代表佛教唯一无二的记号,等于国旗,能把国旗颠倒来印吗？

就在此时,我最敬仰的南亭长老,引经据典,考证卍字的左转右转,究竟哪一个头才是正的。在很多数据的记载上,南亭长老说,"卍"字与"卐"字,是一半与一半,但他后来是主张这个"卐"字的。

我曾说过,今日佛教在统一不在分裂。我非常痛苦,佛教的法运好像是注定分裂而不能统一的,连一个"卍"字也有两个头。

在长老之前,我放弃了争论,不过,我在出版的书上都印了我认为右转的"卍"字,在我建的佛寺或佛像上,都以我认为右转的"卍"字为记号；南公长老也一样,在他出版的书上都印了他认为右转的"卐"字,在他新建的道场和佛像上,也以他所认为右转的"卐"字为记号。一个"卍"字两个头,就这样各行其道。

今天，我在印度佛陀的圣地，是在一座两千年前的古塔上，看到所雕刻的"卍"字形全是右转（"卐"）的，我的欢喜是无比的，因为愈古愈接近佛陀的时代，接近佛陀时代的"卍"字头是不会错的，后来人要把"卍"字头反过来，那又有什么办法呢？

为了要把古塔上"卍"字正形做个证明，我特地请朱居士在蒙蒙细雨中摄了一张照片。

(刊于 1964 年 4 月 11 日《觉世》旬刊)

修心之钥

☆ "卍"字是佛陀三十二相中的胸前相好之一,这是吉祥、圣洁、圆满的象征。佛教应该处处用"卍"字做记号,给人知道"卍"字就是代表佛教的标志。

☆ 一个"卍"字也有两个头,有主张这样写的"卍"字,有主张那样写的"卐"字!佛教的法运好像是注定分裂而不能统一的,连一个"卍"字也有两头。

☆ 在印度佛陀的圣地,是在一座两千年前的古塔上,"卍"字形全是右转("卍")的,接近佛陀时代的"卍"字应该是不会错的。

佛诞节,为何不能放假?

昨日(1999年)由香港返台,回想在港参加农历四月初八第一个香港公众假日的佛诞节,意义至为深远。当天我被邀请前往维多利亚公园三万信众的盛大集会,亲身恭逢和体会佛诞节的法喜与殊胜,尤其是在律政司长梁爱诗女士郑重宣布佛诞节于香港正式成立,语毕,全场掌声如雷贯耳,久久不能平息;明年,澳门亦将跟进。此时又适逢台湾信徒欲申请佛诞节为假日,各方意见分歧不一,我是赞成台湾应有佛诞节的,在看到舆论对佛诞节所抒发的意见之后,仅以贵报一角作以下几点意见说明:

一、佛诞节具有国际性的意义

台湾和国际间联谊,和各个国家或地区连线,佛诞节是最好的桥梁。例如在亚洲的马来西亚、新加坡、印度尼西亚、泰国、斯里兰卡、缅甸、日本以及韩国等,均是订定佛诞节(卫塞节)为国定假日。香港"九七"回归,现在宣布佛诞节为公众假日,倘若台湾有佛诞节,不但与设有佛诞节之地区相互交流,又与之共同联谊,甚至于全球的华人可以将佛诞节的声音扩展至美洲、非洲、大洋洲、欧洲等全世界,因为佛诞节能使全世界对台湾有一个共同的音声,让人们有一个统一的目标联谊,站在台湾一分子的立场,佛诞节对于台湾地位的提升确有其必要。

二、佛诞节具有和谐性的特色

台湾地区自从推行民主改革政策以来,各种前因后果所造成的现今社会,种种族群对立、党派分歧、地域情结等等,致使台湾社会纷乱不堪,人心混乱。假如有一个大家都能接受的佛诞节,无论是国民党也好,民进党、新党也罢,大家都能够有机会在同一天佛诞节庆典中,彼此联谊,相互来往。不管是本省人、客家人、外省人,各种人等都能尊重融和,大家共聚一堂,促进友谊,增进和谐,消除其他对立的成见,就算其他宗教如道教和一贯道也可作为佛教的朋友。佛教向来尊重天主教、基督教,他们也会像宾客一样尊重佛教。看来佛诞节公众假日是有和谐性的特色。

三、佛诞节具有文化性的象征

中华文化源远流长,中华民族精神的发展,悠久历史的延续,佛诞节是一股促进形成中华文化的原动力。自古以来,农历春节、浴佛节、中元节、腊八节乃至端午节、中秋节等,都是中华民族共尊的重要节日。汉唐以来,以浴佛形式净化人心发挥了我国优良文化的传统,延续历史的意义凝聚了民族的力量,可见佛诞节是功不唐捐。所以,在提倡文化、发扬历史意义的今天,佛诞节公众假期尤其必要。

四、佛诞节具有工作性的效益

有人说,台湾假日已经很多,加上周休二日,若再添增节日,是否会减少社会工商界的生产力?对此,我认为不然,因为庆祝佛诞节,让每一个人都具有良知、具有道德,参加佛诞节之后再投入工作,秉持良知、道德标准,内心愈显充实,光是一日佛诞节的效益,所发挥的工作效率相对来说也更为可观。我认识一位信徒,他拥有四百名员工规模的工厂,令人感兴趣的是他规定所有员工每天上午8时上班的同时,大家需一起讽诵佛经半小时。我起初闻后甚觉讶异,不禁问他:"工厂如此规定,不知会否对生产力造成影响?"该信徒听后,淡然一笑,回答道:"每日上班前的诵经规定,凡有品行不端之人,大都不愿参加,所以我的工厂里没有坏人;而接受诵经规定之员工,其所产生的工作效率不只增加一倍。"难怪孙中山先生有言:"信仰就是力量。"诚然不虚也。

基于上述意见,我内心不禁感慨良深:为何别的国家地区能享有佛诞节的权利,唯独对台湾来说,佛诞节的假日依然是一个遥远的梦?

(刊于1999年5月27日《中国时报》、
1999年6月20日《觉世》月刊1397期)

修心之钥

☆ 汉唐以来,以浴佛形式净化人心,是中国优良文化传统,佛诞节是延续历史的意义,凝聚了民族的力量。

☆ 庆祝佛诞节放假并不会减少社会工商界的生产力,反而因精神的充实、信仰的力量产生更大的工作效率。

比丘尼僧团的发展

——2002年4月20日"人间佛教与当代对话"学术研讨会专题讲演

前 言

五十多年前,我初到台湾的时候,见到比丘尼们一辈子在寺院里清理洒扫,在家女性也总是躲在道场的厨房里烧煮炊爨,心中颇不以为然,于是我开始训练佛教妇女们从事各种佛教事业,发觉女众具有耐烦细心的特质,做起事来丝毫不让须眉。所以,初建佛光山的时候,我就喊出"四众共有,僧信平等"的口号,我不但设立佛学院,让有心学佛的男、女二众都能入学就读,而且定出规章制度,让比丘、比丘尼们都享有同等的权利义务,让在家、出家的弟子们都有加入僧团、参与寺务的机会。

多年来为了提升女众的地位,我付出过诸多努力。虽然过去曾有同道讥称我为"女性工作队的队长",我丝毫也不在意。幸好今日女众弟子们都很争气,例如目前佛光山许多学有专精的比丘尼在男众佛学院授课,甚至在成功、师范、中山等大学任教,而且著作等身,辩才无碍。

在台湾首先发行的《佛光大辞典》,以及经过重新标点、分段、注释的《佛光大藏经》,也都是由一群比丘尼一手编辑而成,受到海内外佛教界、学术界交相赞誉。目前担任佛光山教育院院长的慈惠法师，更于1992年第十八届世界佛教徒友谊会中，经大会推选为世佛会副会长，这实在是全体比丘尼之光。因为过去世佛会的干部大多数由南传佛教国家的信众担任，历年来一直是女性禁足之地，这次以南传为主的大会却主动提名，并一致通过慈惠法师当选为第一位比丘尼的世佛会副会长，可以说我奋斗了几十年，已经明显提升了女众的地位。

然而遗憾的是，至今仍然有一些受过高等教育的优秀女众，常碍于"八敬法"而不敢进入佛门，这实在是佛教的一大损失。例如我曾听说英国有一位女博士教授说，如果佛教的"八敬法"还存在的话，她是绝对不会出家当比丘尼的。我也曾遇到一位出家未久的男众比丘跟我说，为什么他到了佛光山，佛光山的长老尼慈惠法师、慈容法师等人，都不肯向他顶礼？我说："非常惭愧，恭敬是要让人发自内心对你的尊重，如果一个初学比丘，自己无学无德，对佛教也毫无建树，只因为自己是男众比丘，便要那些出家数十年的长老尼向你顶礼，随你根据哪一条戒律，我都说不出口，也做不到。"

我觉得，男女平等、两性平权，这是时代的潮流。在现在这个女权高涨的时代里，关于比丘尼八敬法的问题，佛教界实在不应该再意气用事，应该平心静气，还给比丘尼与比丘一个同等的地位，所以我曾在印度菩提伽耶传授戒法，让南、北传的佛教互相融和。

今天在"人间佛教与当代对话"的学术研讨会中，我仅以"比丘尼僧团的发展"为题，分别从世界潮流的女性观、佛教两性教团的相处、历代对佛教有贡献的比丘尼，以及未来比丘尼努力的方向，希望能为比丘尼教团的未来发展提供意见，也希望全世界的佛教国家，都能恢复僧团原有的比丘尼教团，我想这是大家今后应该共同努力的目标。

世界潮流的女性观

宇宙一切有情众生，虽然有智愚贤劣、富贵贫贱的种种差异，但是究其性别不外为男女之别而已。其中，女性和每一个人都有至为密切的关系，每一个人不管你是男人还是女人，都是在母亲的襁褓中长大的，没有了母亲，就没有生命的诞生，因此生为女性的母亲是一切生机的泉源。

提到女性，中国和西洋对于女性的看法，各有见仁见智的不同见解。西洋把女人看作圣洁的灵、高超的神，女人如维纳斯，是美的象征、爱的代表；女人是安琪儿，是和平的天使。相反地，在中国人的心目中，女性狠毒如蛇蝎美人、妖媚如狐狸精、凶恶如母老虎，或说女人是败国的祸水、是坏事的晦气。总之，在中国过去男尊女卑、重男轻女的封建社会里，女人被视为不祥之物，女人在社会上、家庭里，可以说毫无地位。

然而，自古以来有不少的女子，无论能力、智慧等方面，不但不让须眉，并且其中不乏超越男人的巾帼女豪，却是不争的事实。例如战国时代赵太后的贤淑，唐朝武则天的掌理天下，汉朝继承父兄遗志完成史书的班昭，宋朝与夫共抵金兵的梁红玉等，都是一时的隽秀才女；其他如英国的伊丽莎白女王、英国首相撒切尔夫人、以色列总理梅尔夫人、印度甘地夫人等，也都是名闻国际的杰出女性。

此外，斯里兰卡总理西丽玛沃·班达拉耐克夫人，是世界上第一位民选的女总理；巴拿马总统米尔雅·莫斯科索、冰岛总统维迪斯、印度尼西亚总统梅加瓦蒂等，也都是女性；菲律宾更先后选出阿基诺夫人与现任的阿罗约两位女元首；甚至芬兰第一位女总统哈洛能，她还是个单亲妈妈呢！她们日理万机、纵横政坛，处事的果决明快，绝不逊于男人,因此从来没人因为女子当权,就把她们看作第二等民族,而抹杀她们应有的荣耀与尊严。

在佛教的七众弟子之中,也有女性的比丘尼、沙弥尼、优婆夷,她们在佛教中占有相当重要的地位;乃至明清时期民间宗教均有妇女参加,他们皆以兄弟姐妹相称,在各个教派里地位是平等的。如:明末的龙门教教祖为米奶奶,且历代掌教者都是妇女,教徒也以女性居多;又如清代的大乘教教祖吕菩萨亦为女性。明清时,白莲教的女首领唐赛儿、王聪儿率军起义,宁死不降,受到后人的景仰。现在的妈祖有万千的信徒,她不也是女人吗?

在各个宗教里,说起来应以伊斯兰教的妇女最没有地位;佛教当初在印度虽然曾受到伊斯兰教入侵的影响,妇女的地位卑下,但现在佛教的弘传已经遍及全世界,应该不能再以伊斯兰教的标准来看佛教的妇女。何况佛陀说一切众生皆有佛性,众生与佛尚且平等,男女何以不能平等呢?

所以,从佛教"众生皆有佛性"的思想来看,女子也应当是被尊重的"唯我独尊"的众生。女众的智慧、能力并不亚于男众,应该参与政治、社会等各种公众事务,积极扩大服务的机会与层面。女众的热心、慈心、诚心,平均起来更胜于男众,应该发展其温和、慈悲、细心、勤劳等特质,犹如观世音菩萨,以慈悲、美丽来庄严世间。这个世间本来就是男人一半、女人一半,文明社会中,有修养的男众应该尊重女权,倡导男女平等,因此女性要拒绝社会中存在伤害女性尊严的行业,如娼妓等色情行业。

总之,佛教主张:(一)女性应有平等权,(二)女性应有参与权,(三)女性应有自主权,(四)女性应有尊严权。佛教对女权的看法,本来就很符合时代的潮流,所以大家不能再以小乘佛教的主张,希望佛教走回头路,这不仅有违佛陀本怀,而且不符合时代的潮流。

佛教两性教团的相处

佛陀成道后第五年,净饭王命终,大爱道率耶输陀罗及五百释迦族女,请求随佛陀出家,为佛门有比丘尼之始(《贤愚经》卷三)。

比丘尼教团源自二千六百年前佛陀亲自组织成立,传承至今日,法脉遍布各国,杰出尼众辈出,或本分默默耕耘以利生,或承担艰巨的弘法重任,比诸僧众,各有特长。因此,比丘与比丘尼教团可以说如鸟之双翼、人之双足,缺一不可。

然而二千多年来两众教团却常因"八敬法"而时有争论,部分男众以佛制八敬法要求比丘尼理所当然应该"恭敬顶礼"比丘,并且不能"说比丘过"等等;反对八敬法的一方,则以八敬法不符合佛陀"随开随遮"的制戒原则,而质疑八敬法非佛制。

其实,暂且不论八敬法是否为佛制?先说有关"比丘尼不得说比丘过"一戒,根据《四分律》记载,有一次大爱道比丘尼曾向佛陀"说六群比丘过",佛陀不仅没有阻拦,反而将六群比丘训诫了一顿。

另据《中阿含经》说,大爱道比丘尼也曾向佛陀要求废除"比丘尼必须礼敬比丘"之法,而改为让比丘僧尼依受戒年岁序次,年少比丘要对长老比丘尼"稽首作礼,恭敬承事"。当时佛陀虽然没有明白答应,但却有一切随顺因缘的意思,所以佛陀曾借优婆先那比丘尼"观空入灭"一事来赞叹女众的修行,也曾以"大爱道比丘尼已除女人诸习气,是位有德丈夫,其圣德美行,堪为僧团大众楷模"来赞叹大爱道是女中丈夫。

此外,根据南传的《铜鍱律》记载,有一次六群比丘故意以泥浆涂抹比丘尼,佛陀知道后,随即指示比丘尼以后不必再恭敬六群比丘。

甚至《四分律》也记载着一位比丘退失道心，萌生退意，大爱道比丘尼获悉此事，但碍于"比丘尼不得呵骂比丘"之敬法，而不敢加以训斥。佛陀知道后说，比丘尼是不可以毁谤比丘，但如果为了教导比丘持守增上戒等学问修行，则可以呵骂比丘。

其实，佛法本来就是"依法不依人"，在佛法之前，是法平等，无有高下。因此综合上述，即使八敬法为佛陀所亲制，也是为使女众出家能为当时保守的印度社会所接受的权宜之法。因为当时比丘僧团已先成立，自不愿放弃"地位优于女众"之既得利益，因此佛陀制"八敬法"，以此减少来自比丘的反对声浪。

再者，当时随大爱道出家的女众，大部分是王妃、公主等贵族，佛陀为预防出身贵族的比丘尼看不起非贵族的比丘，因而制戒。另一方面，由于比丘尼僧团刚成立，为了扶植及保护女众教团，故要比丘僧担负起教育尼众的义务，同时基于女性在云游托钵乞食有诸多危险，因此制戒规定比丘尼不得远离比丘僧团而居。

佛陀本为因应世俗悉檀而制戒摄僧，但因为佛灭之后，经典的结集与解释，掌握在比丘手里，因而出现对比丘尼不公的戒律内容，甚至说"女人是污秽""女人有五障""女人不能成佛"。其实净秽在于一心，而非外在的身相，再说，佛说一切众生皆有佛性，佛性无男女，为什么我们要执相而求呢？

至于说到女人不能成佛，观诸大乘经典，佛陀为女人授记成佛的记载，不胜枚举，如《杂阿含经》中佛陀为五百比丘尼授第一果记、《海龙王经》中佛为宝锦女授记成佛、《菩萨处胎经》中也有女人得以"不舍身受身，现身得成佛道"之说，在此经中，佛陀甚至告诉诸菩萨摩诃萨："法性纯熟，无男无女，善权义说受女人身无佛记别。"

此外，《大宝积经》无畏德女为除舍利弗怀疑其能否转女身，因而立下誓愿:"若一切法非男非女,令我今者现丈夫身。"言毕,即转女为男,佛为授记后又现比丘身,再回复女身,以示法无定相。同经又载,无垢施菩萨对目犍连尊者说:"不以女身得阿耨多罗三藐三菩提,亦不以男身得阿耨多罗三藐三菩提。所以者何?菩提无生,是以不可得。"

除此之外,在大乘诸经典中同样说明无男女法、女身如幻化、法性一如、众生皆能成佛的经典有:《佛说阿阇贳王女阿术达菩萨经》《佛说月上女经》《佛说大净法门经》《大庄严法门经》《宝女所问经》《佛说无垢贤女经》《佛说须摩提菩萨经》《顺权方便经》《佛说离垢施女经》《大方等无想经》《佛说长者法志妻经》《佛说长者女庵提遮师子吼了义经》《首楞严三昧经》《诸佛要集经》等。甚至在《法华经》里,舍利弗怀疑女身垢秽,不成法器,年仅八岁的龙女瞬间就在南方无垢世界转女身成佛。可见众生本具清净智慧德相,人人皆得成佛,在佛教里是不可以男女相来分别道德高低,也不可用年龄大小来衡量智慧的有无。只是世人总是要从外在的假相来分别、执着,其实《金刚经》说得最透彻:"凡所有相,皆是虚妄,若见诸相非相,则见如来。"可见外相并不一定重要,要紧的是男人和女人之间一定要互相尊重、互相帮助,这个世界才会变得融和、可爱!

历代对佛教有贡献的比丘尼

在世界宗教的创始人当中,佛陀是建立女众僧团制度的第一人。比丘尼教团的成立,为佛陀"四姓出家,同一释姓"的平等精神做了最具体的脚注。因此,不只是在佛教史上具有特殊的意义,对于整个世界的宗教史、人类的文明史,也都具有非凡的价值。

在《杂阿含经》《增一阿含经》《律部》等诸多经论中,均载明佛陀时代比丘尼众活跃的状况以及弘法卫教的卓越风姿。在《佛说阿罗汉具德经》中，载有十五位大声闻比丘尼众，例如：法腊第一，威德摄众的大爱道；智慧第一，辩才无碍的善相；神通第一，善德度众的莲华色；头陀第一的钵咤左啰；天眼第一的苏摩；多闻第一的输婆羯哩摩啰；持律第一的讫哩舍；说法第一的达磨；福德第一的耶输陀罗等十五人。其他经典还载有精进第一的索那，宿命第一的妙贤，信心第一的芝伽罗摩多，禅定第一的难陀，观空第一的优波仙那，慈济第一的帕扎佳拉，教化第一的摩努呵利。

南传《长老尼偈》则收有七十三位阿罗汉尼证果的诗偈及生平传略，其中刹帝利王族后妃公主计二十四人，例如释迦族公主难陀、精陀、梅陀，乔萨罗国王后乌比哩，舍利弗三个妹妹佳拉、乌帕佳拉、悉苏帕佳拉均在其中。尤其阿拉沃卡国的赛拉小公主，刚满七岁即闻法出家，七日后证阿罗汉果，佛陀破例为她授比丘尼戒。佛陀示教利喜的权巧方便，由此可见。

在阿育王时代，仁王化世，大法弘传各国，王族多人出家，公主僧伽蜜多即是其中之一。后来王后阿努拉也想发心出家，使臣阿栗咤便到华氏城请阿育王派尼上座前往协助，僧伽蜜多乃带领十一位上座尼，携同阿育王供养的菩提树分枝前来，阿努拉王后与五百女眷随即出家受比丘尼戒，王为彼兴建象桩寺。比丘尼在楞伽国发挥其教团的影响力，对于弘法教化多有建树，备受世人景仰。

中国比丘尼教团创始于东晋时代，第一位比丘尼净检依止智山剃度，并求受十戒，约四十年后，昙摩竭多于泗河船上建立比丘尼戒坛，与另二十四人共受具足戒。净检所领导的尼教团，安居于洛阳宫城西门竹林寺，并且"蓄徒养众，清雅有则；说法教化，如风靡草"，为世人所敬重，也使佛教在晋朝更加广为流传。

其后历代名尼,从两晋到唐宋元明清,以至现今,后妃公主等贵族阶层或书香世家发出离心者众多。这是由于佛法弘传东土,首达宫廷王家之故。

两晋七十年间尼众教团初成,以昙备、智贤、惠湛、支妙音等较为有名,受到当代帝王崇敬。南北六朝一百五十年间,比丘尼教团发展快速,庵舍讲堂小则纳众百人,多则千人以上。许多道场受到国主、高官护持,名尼辈出。隋唐宋以降,佛法逐渐普遍于各阶层,识见超卓或奇节高行的比丘尼更广见于经传。例如:东晋安令首领众第一;六朝法宣弘法震浙东;隋代觉先感化隋文帝信奉佛法,护持佛教;唐朝智首东渡日本弘传律法、法澄译经传千古、无尽藏预知惠能当为龙象、如愿为禅律元匠;宋朝法珍断臂募刻《大藏经》;元朝真净为帝后师;清代有无为萧山尼治病"随物取与,煎服即愈";并有传慧创拈花社为禅宗女众丛林,带动江南比丘尼参禅之风等。

清末民初,因战乱迭起,佛法传承几近覆没,幸有高僧大德先后来台,乃有台湾佛教奇迹之开展。及至近代,台湾比丘尼教团成为世界之冠,比丘尼众弘化全球,开世纪之先风,复超卓于历朝。1998年2月15日至23日,佛光山在印度菩提伽耶举行国际三坛大戒戒会,共有二十三个国家一百余位来自世界各地的女众求受比丘尼具足大戒。其中,斯里兰卡有四十位杰出女青年前来求戒。此为有史以来第一次世界佛教团结在佛陀成道处,共同写下光辉的一页。

在中国方面,现代比丘尼著名者甚多,如中国大陆有北大毕业出家弘律的通愿;一生头陀苦行,舍利大如橄榄的弘定。台湾有传授三坛大戒的妙然、圆融;建设寺院、创办佛学院的如学;为中国佛教开创国际化道路,在世界各国创建寺院的慈庄;肩挑教育、文化大任,创办西来、南华、佛光、弘道等四所大学的慈惠;热心慈善事业,擅长活动组织，负责国际佛光会推展委员会，在世界各国成立一百多个佛光协会的慈容；主编《佛光大辞典》的慈怡；创办华梵大学的晓云；授课于柏克莱大学的耶鲁大学博士依法；分别在台湾大学、中兴大学教书的恒清、慧严；日本驹泽大学博士达和；台湾师范大学博士依空；日本爱知大学博士依昱；伦敦牛津大学博士永有；创立香光比丘尼教团的悟因；创立慈济功德会的证严；护法卫教热心的昭慧等。以上均为有德硕学的比丘尼代表。

此外，世界各国现代杰出尼众，诸如：西藏有住持男女二部僧团，地位仅次达赖、班禅的多吉·菲格摩；泰国有法身寺蒙昆贴牟尼法师的嗣法门人詹孔那雍八戒女，教育出汤玛猜优等法身寺一代住持；斯里兰卡有被尊为"斯里兰卡女性之光"的苏达摩迦利，由于她的努力，1017年因教难而消失，此后一直因上座部比丘打压而无法恢复的比丘尼僧团，得以再受持沙弥尼戒；新加坡有创办女子佛学院的广平；菲律宾有创办第一个施诊所嘉惠民众数十万人的广仁；韩国有全国比丘尼会教育部长的光雨；加拿大有杜登卓隆于美加弘法；美国有国际佛教妇女会创办人卡玛勒西卓摩；德国有阿雅克玛在欧洲弘禅；日本有失去双手的大石顺教比丘尼，她以坚定的信心、不屈不挠的意志力，用自己的脖子，工整地写了一部《心经》，日本人称为"无手的心经"，并且视为国宝，倍受珍重！

总之，自有比丘尼教团伊始，不论古今中外，在教团中优秀的比丘尼，或者伸广长舌，宣说妙谛；或者笔耕不辍，著述弘法；或者悲心济拔沉溺；或者建寺安僧，使弘法利生的佛教事业增添无比的光彩。

未来比丘尼努力的方向

自从佛陀创立比丘尼僧团，对于比丘尼与比丘相处的一些是是非非，一直未有定论。但佛光山教团成立三十多年来，我避开戒律的问题，实行丛林制度，所以二序大众都能相安无事，彼此发挥最大的弘法功能。就如唐朝百丈怀海禅师，他也不去更改佛制，只是根据我国的风土民情，另行制定一套丛林清规，为戒律的更改与否开辟一条新路，使得中国佛教能够光大发展。

谈到八敬法，其实佛所制戒也并非是僵硬不化的，所谓"小小戒可舍"，就如现今的汉传佛教，关于饮食、衣服、持钱、持午等戒律，已经不同于佛陀所制，因此八敬法其实也不需要刻意去废止，时间一久，自然会因为不适用而渐渐失传。

当真如果有人硬要认为八敬法是佛所制戒不可改，以此来满足比丘的优越感，其结果必将适得其反，反而更加彰显比丘自己不能完全持戒的不足。因为一个有为的比丘应以学养、道德、修持来赢得敬重，而不是以八敬法来强迫别人对他的尊重。

因此，未来比丘尼所应努力的方向，兹提供四点意见如下：

（一）两性平等化

未来比丘尼希望获得敬重，应该从本身道德人格的提升做起。例如：舍虚荣，去骄慢；有德学，能担当；能讲说，具慈悲；有大愿，能力行。具足了以上四点，自然"两性平等化"。

（二）发展事业化

过去女众总是把心智、力量用在建寺、供养之上，现在的比丘尼要走出寺院，要跟男众一样，走上弘法、教书之路，为佛教创办各种弘法事业，例如教育、文化、慈善等。所谓"发展事业化"，拥有自己的事业,自然受人尊敬。你看慈济功德会的证严法师,她的慈济事业受到举世礼敬,为什么比丘不能放她一马呢?

(三) 教团组织化

当两众教团能够互尊互重,自然组织健全;有了组织,自然就有力量。在佛光山的教团,每年都要依学业、事业、道业等学习进步的情形,作序列等级的评鉴,从清净士、学士、修士、开士等序级的晋升,都有一定的标准、程序,所以两序大众在此有制度、有组织的领导下,自然和合无争。

(四) 教育普及化

女众比较细心、慈悲,在佛门修行比较容易有成就,但女众的胸襟、思想、智慧,则略逊男众,有待普及教育,让每个女众都能受教育,都能讲说、著作,而不是靠少部分的人撑场面。因此,"教育普及化"是未来女众僧团努力的重要课题。

总之,面对21世纪的今日,佛教走向人间,佛法与生活的密不可分,正是佛教动员团结的时代,不但各国佛教界应及早更进一步地合作,尽速建立世界性的比丘、比丘尼教团,同时各国男女二众教团亦应力求健全圆满,四众通力合作,共同推动世界的和平共处,使全人类同沾法益,共创幸福安乐的生活,共达世界平等和谐的境界。

(刊于2002年5月1日《普门学报》)

修心之钥

☆ 古制"八敬法"使得比丘尼在佛门地位得不到平等,随着时代观念的改变应该调整。佛陀说一切众生皆有佛性,众生与佛尚且平等,男女何以不能平等呢?

☆ 古今中外,在教团中都有许多优秀的比丘尼,对社会大众做出贡献。

☆ 无论比丘或比丘尼,希望获得敬重,都应该从本身道德人格的提升做起。对于弘法教化有建树,自然能受世人景仰。

宗教与和平

——于国际自由宗教联盟世界大会演讲

各位法师、各位贵宾、各位居士：大家好！

首先至诚欢迎大家莅临佛光山，参加"2006年国际自由宗教联盟第三十二届世界大会"，为了这次会议的召开，负责筹办的相关人士，如国际自由宗教联盟牛津秘书处秘书长安德鲁·克拉克(Andrew Clark)、妇女会副会长关根安西子(Akiko Sekine)，以及立正佼成会外务部次长神谷昌道(Masamichi Kamiya)、立正佼成会外务部业务职员本冢季代子(Kiyoko Kizuka)、立正佼成会驻牛津秘书广田惠(Megumi Hirota)、金光教泉尾教会执行长三宅善信(Yoshinobu Miyake)、一灯园董事西田多戈止(Takeshi Nishida)、玉光神社副官司本山一博(Kazuhiro Motoyama)、椿大神社国际部猪熊俊吉(Yuji Inokuma)等人，从前年开始就数度到佛光山展开事前的筹备工作，先后总共召开了五次的筹备会议，由于他们的辛苦，因此成就了今天的盛会。

这次会议的主题"宗教与和平"，旨在透过宗教交流，落实世界和平，不但符合当代的思想潮流，同时也指出宗教对于世界和平的促进有着责无旁贷的使命。现在正当举世都在渴求和平之际，宗教之间应该如何相互合作，共促世界和平？今天就针对这个主题，提出个人的四点看法,请大家指教。

一、宗教不要排他,尊重才能相互包容

自古以来,有人类便离开不了宗教。宗教的重要,在于能领导生命的大方向,能将生命之流的过去、现在、未来衔接,所以人人都应该有宗教信仰,有信仰生命才有规范与目标。

宗教信仰和道德的规范,都使社会的发展能够依循秩序前进,尤其现在世界各国发生许多天灾人祸,宗教在这方面更是发挥极大的作用。例如2001年美国"9·11"事件发生后,布什总统随即召开宗教大会,期以宗教的力量来安定民心,希望通过宗教信仰,帮助大家发挥智慧和勇气来面对困难。正当人心惶惶之际,我也在天主教神父陪同下,进入双子星大楼废墟,为罹难者祈福,并且祈求世界和平。

此即说明,宗教信仰是超越国界的,宗教具有安顿人心与促进世界和平的功用,因此世界上不管任何宗教,都有义务共同致力于促进地球上国与国之间的相互尊重、种族与种族之间的和谐相处,以期让许多不同的语言能沟通、文化能交流、男女能平等。尤其对于世界和平的促进,宗教应该身先表率,彼此相互尊重包容,把"有容乃大"的胸襟,从宗教之间推展开来,进而影响社会各个团体,这是宗教界的责任,也是对现代社会应该提供的贡献。

为了达成此一目标,先决条件是宗教之间应该建立"同体共生"的关系,不要互相排斥。虽然宗教之间,各自的教主不同,彼此应该相互尊重,不可混淆;教义也各有所宗,应该各自发挥;但是教徒之间则可以彼此沟通往来。

我的意思是说,教主不能合,耶稣就是耶稣,佛祖就是佛祖;教义也不能合,文学就是文学,科学就是科学,医学就是医学,根本就不必

合！但是教徒可以互相来往，彼此可以做朋友，你信伊斯兰教、基督教，我信佛教、道教，我们可以在一起谈话做朋友，彼此可以互相来往，互相尊重。

尊重是人际和谐的基本要素，人人都喜欢被人尊重，却往往忽略了要去尊重别人。所谓"敬人者人恒敬之、爱人者人恒爱之"，人与人之间能够尊重包容，才能群策群力，共成美事。就如五指互相尊重，才能团结成一个拳头；一个拳头才有力量，有力量才能谋求和平。所以宗教之间要"同中存异、异中求同"，彼此包容、彼此尊重，就如人体的五官，要相互共生，才能共存。

佛教一直是提倡尊重包容的宗教，也是世界上最没有排他性的宗教，佛陀组织教团，"四姓出家，同一释种"。在佛教里，刹帝利的王子、首陀罗的贱民，佛陀同样看待；拜火教的大迦叶、好玄论的迦旃延，佛陀都能摄受成为僧团里的中坚分子。因为佛陀能容纳异己，所以十大弟子各有专长，故而有千二百五十人都能得道的美谈。佛教的信仰，念佛拜佛，都建立在尊重上。没有尊重，彼此猜忌，彼此贱视，如何能和平相处？没有尊重的和平，也无法持久。因此今日宗教界欲图世界的永久和平，首先必须建立彼此尊重之心。如果宗教之间都能互相尊重，彼此团结，则世界和平当非难事。

二、教派不要内斗，对外才能发挥力量

从宗教的历史来看，每个宗教都有不少的教派，有的以"人"为派，有的以"义"为派。教派太多，所产生的问题就和党派太多一样，容易造成民众的分裂。例如，以基督教来说，曾经有一位枢机主教告诉我，基督教有五千多个教派。光是一个基督教就有五千多个教派，甚至"上帝"之名，也有"耶和华""主""神"等各种不同的称呼；因为

"派"太多,大家各自为政,各行其是,如此怎么能团结合作呢?

乃至于以佛教而言,也有各种宗派之分,例如大乘、小乘,南传、北传、藏传、显教、密教,空宗、有宗等。不同的是,佛教虽然宗派有别,生活背景也不一样,但是大家所信仰的佛陀只有一个,基本的教义,如三法印、四圣谛,都是一样。所以佛教徒在一个佛陀以及共同的教义信仰下,虽然僧伽生活方式有所不同,但基本上三宝是一体共遵的。佛教的发扬,可大可小,可一可二可三。其他宗教在这一方面,虽然也力图统一共遵,但仍显得散漫。佛教顺应众生根机的不同,也有时候分、有时候合,很能合乎人间的需要。

其实,宗派太多导致力量分散,并不是最严重的问题,值得忧虑的是,一般人性都有"顺我者昌、逆我者亡"的弱点,宗教徒之间也往往因为不能包容他人不同的思想、言论、风格,所以难以团结,甚至互相内斗。当一个团体内部本身都无法和谐,又如何对外发挥影响力呢?尽管所有宗教的教义都是为了导人向上、向善,但是如果教派之间不能和谐,教徒经常彼此内斗,又如何能把和平的理念与精神传达出去呢?

因此,如何联合宗教界来促进世界和平,以具体发挥宗教的功能?首先要从宗教徒的相互和谐、彼此尊重做起,唯有人人以身作则,以身教来感召世人对和平的追求,才是最具说服力的传教。尤其现在是个"地球村"的时代,人与人之间相互往来关系密切,更应该保持良好、和善的关系,如此大家才能欢喜融和地共生吉祥。

三、彼此不要执着,无我才能共创和谐

1995年佛光山在澳大利亚的别院南天寺开光,我前往主持佛像开光法会,当天应邀出席的澳大利亚国会议员罗斯·卡麦隆(Ross

Cameron)问我:"世界上的宗教领袖当中,哪一个最好?"我说:"你欢喜的那个,就是最好!"

世间上本来就没有绝对的好与坏,一般人对于他所信仰的人,就看成是神、是佛;自己所不信仰的,他就是魔、就是鬼。尤其宗教人士基本上有一个"排他"性格,你不认同我,我就不和你来往。例如历史上有名的"十字军东征",就是伊斯兰教与基督教之间的宗教战争,彼此为了圣地"耶路撒冷",而于 1095 年开始,到 1270 年,前后发动 8 次战争,最后于 1291 年伊斯兰教徒攻破十字军所占领的最后一个城市,终于结束十字军东征。

十字军东征是典型的宗教战争,宗教为什么会互争?其实就如政治人物,为了实现理想,当别人与我的目标、理念不同,尤其彼此利益冲突时,自然就会有政争,这就是"我执"作祟。

"我"是纷争的源头,因为"我"而自私,因为"我"而执着,因为"我"而爱染,因为"我"而纷争;"我"之一念,令人永不安宁。经典提到:我见太重之人,喻如饿鬼。因此欲求世界和平,必须"无我",如《金刚经》说:"无我相,无人相,无众生相,无寿者相。""无我"才能大公,大公才能和平。

宗教徒之间,虽然有的人"我执"已除,但"法执"未遣,就如佛教的阿罗汉,虽已证果,我执不再,但是那份对真理的执着仍然存在。因为执着,没有包容性,所以争执不断,甚至不得不发动战争。

其实,宗教最大的意义,就是追求解脱;执着存在,如何解脱?所以宗教要有包容性。佛教的包容性最强,在佛教里,不管药师佛、弥陀佛、弥勒佛,都是"佛佛道同",甚至关公、妈祖,在佛教里也能占有一席之地。

佛教容许异己的存在,在佛教两千多年的历史里,从未有过战争或冲突。佛教把儒家当成是人乘的佛教,把基督教、伊斯兰教看成是天乘的佛教,把道教的出世无为当成是声闻、缘觉乘的佛教,彼此都是圆融无碍,互相尊重包容。

其实宗教本来就是与宇宙同行,与人民同在。世界上的宗教很多,在各种宗教当中,包括天主教、基督教、伊斯兰教、佛教等,虽然彼此信仰的对象有别,但不管是天主、上帝、阿拉、佛陀,乃至地方性的各种神祇等,其实都是信者自己心中所规划出来的"本尊",名称虽有不同,意义却是一样。由于各人心中各有本尊,所以不管耶稣、穆罕默德、孔子、上帝、关公,自己认定就好,但不要互相排斥,也不要执着自己的最好,不要以自己心中的本尊去要求别人。宗教之间应该互相融和,大家和平共存,才不会失去宗教追求真善美的本质。

四、人我不要对立,慈悲才能促进和平

常有人问:世界能否和平?自古至今,任何时代都有灾难,尽管今日的世界笼罩着各种苦难,但是人只要能保持一颗善良的心,只要内心祥和,世界自能和平。

宗教在世界上一向最倡导和平,最受人尊重,但是和平也不能没有力量。例如过去罗马教廷提倡世界和平,苏联的斯大林就问:"你欧洲的教皇有多少军队?"意思是说,提倡和平,就要有力量;没有力量,有什么资格谈和平?

佛教是最重视和平的宗教,但是佛教也主张修行要降魔,降魔并非跟别人战争,而是跟自己内心的烦恼战争。修行就是要"降伏其心",所以要有慈悲、忍耐的力量来庄严自己。现在宗教要促进世界和平,也不能没有力量;我们的力量就是因缘果报的力量,就是缘生缘灭的力量,就是慈悲喜舍的力量,就是共同和谐的力量。

慈悲是需要"立场互换",现在世界最严重的问题就是恐怖分子,就是暴力事件,不断威胁着整个世界,扰得人心惶惶。不过对付暴力,如果"以暴止暴,终不能止",只有用慈悲才能解决。所以"9·11"事件后,美国在征讨阿富汗的同时,也带了粮食去救济,并且带了很多人去帮助他们兴学,因此阿富汗的人也都心存感激。又如美伊战争,美国对伊拉克也只是指向萨达姆一个人,但对全伊人民也要照顾,所以慈悲会获得友谊。

慈悲是佛法的根本,《法句经》说:"一切皆惧死,莫不畏杖痛,恕己可为譬,勿杀勿行杖。"吾人如果能彼此易位,如果能视众生如己,则实践慈悲不难;有了慈悲之心,人与人之间自然能和平相处,人与自然也才能共同存在。

现在科学发达,交通咫尺天涯,乃至电话、电视、计算机因特网的发明,使得人际之间的关系真是天涯若比邻。但是世间的智慧有利有弊,科学发达虽然带给人类许多富乐,但相对地也造成人际疏离,甚至制造许多交通事故、计算机犯罪等问题。可以说,科学带给人类福利,但也引生许多弊端,所以单纯地发展科技,并不究竟。

比科学发明更重要、更伟大的事,就是现在人类的思想要相互交流、相互关怀。唯有人类彼此互相来往、互相联谊、互相了解、互相帮助,世界才会和平、人民才能安乐。因此,"世界和平"不是关闭的,而是"同体共生",不但人与人之间、国家与国家之间,乃至宗教与宗教之间,彼此都要互相尊重、互相来往,大家才能共存共荣。

今天谨针对"宗教与和平"的议题,提出如是四点看法:

第一,宗教不要排他,尊重才能相互包容。
第二,教派不要内斗,对外才能发挥力量。

第三,彼此不要执着,无我才能共创和谐。

第四,人我不要对立,慈悲才能促进和平。

未来希望通过宗教界人士的努力,能够唤起世人的共识,大家共同促进世界和平。最后祝福大家,身心自在,共生吉祥。

（讲演于国际自由宗教联盟世界大会,刊于 2006 年 7 月 1 日《普门学报》）

修心之钥

☆ 一般人对于他所信仰的,就看成是神、是佛;自己所不信仰的,就是魔、就是鬼,这就是"我执"作祟。

☆ 宗教徒之间,虽然有的"我执"已除,但"法执"仍在,因对真理的执着缺乏包容性,甚至发动战争。

☆ 提倡和平,需要有力量。佛教的力量是因缘果报的力量,缘生缘灭的力量,慈悲喜舍的力量,共同和谐的力量。

印度佛教复兴
——安贝卡博士五十周年纪念致辞

时间：2006 年 10 月 15 日

地点：印度奥士马尼亚大学（Osmania）泰戈尔大礼堂

半个世纪前，也就是 1956 年的 10 月 15 日，安贝卡博士选在历史上阿育王皈依佛教的同一天，亲自带领五十万名印度人在龙城举行盛大的皈依三宝典礼。之后不到三个月的时间，全印度风起云涌，超过三百万人皈依佛教，为印度佛教的复兴开启契机。

安贝卡博士生前一心希望发扬佛教"众生平等"的精神，以废除印度阶级不平等的"种姓制度"。虽然他的理想在皈依佛教七星期后往生而中止，但是其对后来印度佛教的复兴，已然发挥了不可磨灭的影响。

今日恭逢印度各界共同纪念安贝卡博士"复兴印度佛教"届满五十周年之际，谨针对印度佛教未来的发展，提出四点期盼与祝福：

第一，发扬人间佛教。佛陀出生在人间，修行、成道、度生在人间，佛教唯有走向人间，才能对人间产生积极的影响。安贝卡博士就是一位人间菩萨的行者，一生从事教育、政治、人权、经济等各种改革，曾被推选为印度独立宪法起草委员会主席，担任独立后第一任司法部长。如果甘地先生是印度的"独立之父",可以说,安贝卡博士是印度的"人权之父"。他这种以人为本的精神,就是人间佛教的发扬。我在四十年前开创佛光山,创立国际佛光会,在全球五大洲建立一百五十多个道场,也是希望追随佛陀的脚步,将佛法弘扬到世界各地。目前,印度佛教的复兴方兴未艾,相信人间佛教的发扬指日可待。

第二,提倡众生平等。佛教主张和平、平等、慈悲、中道,特别是在印度阶级森严的社会中,众生平等更为重要。一个社会,唯有在平等的基础上,才有和谐与和平。现在印度佛教复兴的力量日渐扩大,佛教的四众弟子应该团结合作,共同为发扬佛教而努力,乃至与其他宗教之间,彼此尊重和谐,相互交流往来,以期促进世界和平,谋求人类福祉。

第三,积极发展事业。五十年前,我正在台湾,听说安贝卡博士敦请缅甸高僧主持皈依大典。五十年来,陆续皈依的印度佛教徒已经超过七千万人。这么多人皈投在佛陀座下,能为佛教做什么吗?因此,未来希望能有更多的教界长老、大德、居上,创办各种利生的事业,例如建设佛学院,培养僧才,青年学子得以学习佛教的义理、仪规;乃至设立学校、医院、工厂、农场、公司等,让更多人投入弘法行列,给予佛教徒为众生服务的机会。

第四,健全僧团制度。僧团与僧制是佛陀所创立的,也是佛教两千五百年来维系不坠的力量。遗憾的是,后来僧团在印度消失了。1998年,佛光山特别在印度菩提伽耶传授国际三坛大戒暨在家三皈五戒,为的就是希望为印度佛教的僧团与僧制,贡献一些力量。期盼未来印度佛教有更多的僧团,建立更健全的僧制。

在这个特别的时刻里,为印度佛教的复兴感到无限欢喜,一瓣心香仅表祝福。

修心之钥

☆ 半个世纪前,安贝卡博士为印度佛教的复兴开启契机,陆续皈依的印度佛教徒已经超过七千万人。他提倡佛教"众生平等"的精神,以废除印度阶级不平等的"种姓制度",可说是印度的"人权之父"。

明治维新的镜子

日本明治维新,向来被视为是政治改革成功的典范,举世赞誉!

说到明治维新,1867年日本结束幕府时代,新继位的明治天皇励精图治,亲自颁布五条御誓文,呼吁举国上下从政治、经济、文化等方面,展开前所未有的变革,使日本"脱亚入欧",一跃成为现代化的国家,并跻身列强之林。

探讨明治维新成功的原因,主要在于其改革乃"由上而下",由身居上位的明治天皇亲率文武百官,对人民宣誓,发表五条"以民为主"的誓文,包括:

第一,时常召开会议,凡遇重大政策,必经大家开会讨论后才做决定。

第二,全国人民,不管身份高低,上下齐心协力,努力工作。

第三,积极改革政治体制,建立一个使全体国民满意的新政府。

第四,不拘泥于旧习俗,一切依照正确的方向来推动新政。

第五,吸取各国的优点,加强国家基本建设。

由于明治天皇"由上而下"、身先表率,凡事以"民意"为依归,因此一旦令下,举国上下一致奉行,进行起来自然顺利许多。反观世界上很多国家的改造、进步,都要经过人民"由下向上革命",把落伍、腐朽的政权推翻,才能再造新局。如中国汉朝的刘邦推翻秦始皇暴政,乃至近代孙中山推翻清朝,都是由下而上。

由下向上革命,对抗的是坐拥权势与军队的强大政权,因而困难重重,也因此历史上多的是不能克竟功业而失败的民间英雄;反之,明治维新因为是"由上而下",没有血流成河的斗争,所以能获得人民支持。

除此之外,当时明治天皇所颁布的五条誓文内容,也是值得大书特书。例如,一切施政以人民的需要为依归;遇有重大事情,要召开会议,由人民决定;乃至打开国家门户,接受外来的思想与长处等,这些都可见出明治天皇的开明与远见,以及作风务实、襟怀磊落。

在台湾,过去李登辉虽然也曾喊出"民在我心",可惜只流于口号,没有实践力行,当然产生不出力量,也就发挥不了什么作用。至于召开会议,现在有些国家平时虽然也是会议不断,但所关切的都是如何巩固政权,并非为了国计民生;甚至有些当权者,非但提不出为民谋求福利的政策,只是一味地排斥外来文化、科技、经济等,这种闭门、锁国的思想,国家当然无法进步。

甚至更有的国家领导人,专以操弄民粹为能事,导致社会族群对立,朝野之间主流、非主流更是壁垒分明,彼此杯葛、较劲、内耗,徒然削减国力,怎不令人浩叹。

其实,一个国家的朝野之间,乃至全体官员,如果能把对立、互斗的力量集结起来,一心一意为国为民服务,不也是等同经过一次"明治维新"一样吗!

明治维新距今虽然已过了近一个半世纪,但明治天皇以民心为依归,并对自己揭示的国是方针躬亲实践之精神,还是有值得我们效法与借鉴之处。

因此,借古观今,当前台湾要想走出困局,要想步上更现代化的民主地区,就必须要有新观念与新政策;新观念就是"开放",新政策就是"以民为主"!

(刊于 2011 年 9 月 30 日《人间福报》)

修心之钥

☆ 使日本一跃成为现代化的国家,并跻身列强之林的"明治维新"之所以成功,最主要是因开明的明治天皇"由上而下"推动,与许多流血革命是人民"由下向上"的斗争不同,可说是政治改革极成功的典范。

☆ 当权者说改革如果只流于口号,或是只借此巩固政权,并非为了国计民生,国家不容易有富强的新局发生。

☆ 距今近一个半世纪,"明治维新"仍值得借鉴。

弱者！
你的名字叫"和尚"

日前来台访问的海协会会长陈云林先生，十多年来专职处理两岸事务。我与他早就相识，然而是最近十年来我到大陆建寺，才有所往来。

其间，我曾多次到大陆，有一次承他专程从北京到上海，我们晤谈甚欢；之后，我应邀到海南岛参加观音像开光，他也前往与我相谈许久；两年前，我到湖南长沙参加"一笔字"展出，他也飞往长沙，就如故人重访，友谊当然更加深厚。

陈先生之前三来台湾，虽未能越过浊水溪，但他都用电话与我联系，希望有机会南下高雄，到佛光山参观。这次他第四度到台湾，虽然是带着经贸参访团，但行程中也安排到佛光山访问。

不谈两岸的关系，就说我们十年相交的情谊，我创建佛光山，他专程而来，我能不欢迎吗？我站在朋友立场以礼接待，对此，有些网络所发表的个人文章责怪我，说"和尚穿着袈裟迎接大官"等诸多不是，我想请问：和尚，难道就没有朋友吗？

也许你要说，他是政治人物！过去释迦牟尼佛迎接频婆娑罗王与波斯匿王，他也不应该吗？现在梵蒂冈的教宗迎接各国元首、大官及重要人士，他也不得体吗？

和尚,并没有被褫夺公民权,他和每个公民一样,难道他连接近朋友的自由都没有吗?这就如同我从童年出家,活到现在八十多岁,走过七十多年的出家岁月,我曾在长途旅行的火车上看报纸,旁边的乘客讥讽说:和尚也看报纸啊!

五十多年前,台湾很流行用钢笔写字,我也有一支不是很好的钢笔,见者也说:和尚也用钢笔!用钢笔有罪吗?甚至现代人提倡守时,我在多年前因为弘法行程繁忙,怕忙中误时对不起信众,因此种种的节省才买了一只手表,见者也质疑:你们和尚也戴手表吗?我在台北孙中山纪念馆连续三十年,每年固定举办三天的讲演,有多次从高雄乘坐汽车赶到孙中山纪念馆,下车时,多次听到一旁的人议论:和尚还坐汽车噢!

我从高雄到台北讲演,不坐汽车,难道要我走路走一个星期吗?诸如此类的种种闲言杂话,过去数十年来我都不计较,总当成是在修行"忍辱波罗蜜",甚至自己也观想:感谢这许多讥讽我的人,他们的批评正是替我消灾。

于是就这样,一天又一天,一次又一次,我都默默地忍受下来,如今回首人生路,七十多年的出家岁月,多少政治的迫害、同门的打压、社会的误解,以及许多不实的批评和屈辱,都像云烟一样,轻飘飘地过去,还有什么不能忍耐的呢?

然而这一次陈云林先生来访,事后徒众告诉我,媒体报道多数都持正面看法,尤其对于我送给陈云林"情义人生"四个字,舆论更是多所赞美,认为人间应该要有情义;只不过仍有少数人发出一些杂音,认为出家人不应该迎接政治人物。

由此不禁想到,佛教里多少的和尚,他们都与我有同样的命运;为了万千的佛门同道,以及台湾多数的佛教信徒,虽然个人毁誉不计,但在自我忏悔之余,还是不免从内心发出深沉的感慨:弱者!你的名字叫"和尚"!

(刊于 2011 年 3 月 1 日《人间福报》《联合报》)

修心之钥

☆ "和尚穿着袈裟迎接大官!""和尚也看报纸啊!""和尚也戴手表吗?""和尚还坐汽车噢!"许多讥讽、批评和屈辱,都当成是在修行"忍辱波罗蜜",自我忏悔之余,也不免深深地感慨。

授外籍宗教人士荣誉证，值得喝彩！

昨日报载，马英九先生将授予在台外籍宗教人士荣誉证，以感谢他们毕生为台湾奉献的无私精神。

其实早该如此，这些外籍神父、修女等，他们离乡背井，不求回报、无怨无悔的奉献，展现宗教家无我无私的慈悲胸怀，实在了不起，各个地方都应该欢迎。

就拿美国来说，据说早期由台湾到美国去的移民，其中以通过宗教签证者，最为美国政府所欢迎。甚至我自己也亲身经验过，我在美国创建西来寺，美国政府为了方便我们取得签证，特别修法，通过了宗教人士延长签证，甚至优先入籍等法案。

另外，佛光山多年来在世界各地建寺弘法，也都受到当地政府的肯定与支持。例如巴西如来寺前住持觉诚法师，因创办"如来之子"，收留青少年就学及救济贫困等，因此获得巴西政府颁给"荣誉市民奖"。

另外，在澳大利亚弘法多年的依来法师，因常年推动禅修、读书会、才艺班、妇女法座会、爱心服务队、赈灾救济等文教、慈善、共修及社会福利、公益活动等，不但获得黄金海岸市政府颁赠荣誉市民，并获堪培拉市政府颁予宗教人士证婚资格执照，成为澳大利亚佛教界首位获此资格人士。

所谓"宗教无国界",宗教本来就应该跨越国家种族的藩篱,共同为安顿人心与促进世界和平而努力。但遗憾的是,台湾与大陆同是中国人,但早期从大陆到台湾弘法的佛教法师们,如法鼓山的圣严法师、中台山的惟觉法师、玄奘大学的了中法师,以及智光高中董事长成一法师等人,他们在台奉献几十年,但台湾人并不予以承认、肯定。

我自己虽然有幸在前年承蒙宜兰县、市政府,同时颁发荣誉县民、市民证书给我,表示对我在台弘法一甲子以上的鼓励。不过我一生从不为个人争取什么,我所关心的是宗教之间要尊重包容,尤其对于台湾社会的发展,乃至世界和平、人民安乐等,只要与此有关的议题,我也不能不表示意见,因此对马英九先生昨日发表对宗教人士肯定与重视的一席话,我觉得应该给予喝彩,同时希望今后政府乃至社会大众,能给予各个正信宗教多一点空间,让大家有更多的机会来为台湾社会服务。

(刊于 2011 年 3 月 15 日《人间福报》、2011 年 3 月 16 日《联合报》)

修心之钥

☆ 来台湾多年的外籍神父、修女等,他们离乡背井,不求回报、无怨无悔的奉献,展现宗教家无我无私的慈悲胸怀,实在了不起,政府授予他们荣誉证,值得喝彩。

【述评】
"改变"的力量
——记第一届"星云人文世界论坛"

高希均

（一）

2012年6月16日是历史性的一刻。在佛光山佛陀纪念馆，来自海内外的朋友共同见证了第一届"星云人文世界论坛"创办会的开幕。

创设这个论坛最大的愿望就是要融合人间佛教与人文世界。人间佛教就是星云大师所解释的："佛说的、人要的、净化的、善美的；凡是有助于幸福人生增进的教法，都是人间佛教。"

因此人间佛教的精神是包容、奉献、舍得、无我。"人文世界"是指人类对多种面向（如文史哲、艺术、音乐）的求知与知识的理性探讨。当"人文世界"聚焦于"人本思维"时，就是在提倡人类的平等、博爱、正义、公平。

因此人间佛教与人文世界，所追求的，所提倡的，有很多的重叠，完全可以产生相加相乘的功能。是这个原因，使大师很高兴接受以"星云"之名来举办这个论坛。

（二）

当前的台湾，被认为是拥有中华文化底蕴，以及旺盛民间生命力的地方；但我们仍然担心社会上的功利与贪婪，自私与短视，财富的创造与分配，人才的培育与流失，以及政治上的对立。大师特别对这种现象忧虑，近年来所发表的一些重要文章，已经引起社会普遍的共鸣。在这一关键时刻，台湾社会就更需要注入人文思维及宗教情操。

（三）

第一届的论坛以"改变"（change）为主题。"变"可能变"好"，可能变"坏"。"改变"通常指"良性的变化"，意含"改革"及"改善"。

勇敢的重大改变可以改善人民的生活质量及社会进步；错误的重大改变则带来人民的痛苦及社会的混乱。

在中华民族的近代史上出现了二位政治领袖，台湾的蒋经国先生与大陆的邓小平先生，由于他们勇敢地改变与坚持，改善了人民的生活、家庭的幸福及社会的发展。

十分难得的是邀请到了世界级的哈佛大学傅高义教授，专程来台参加这个论坛。这位精通中文和日文的美国学者，对我们东方人来说，一点也不陌生，他的《日本第一》，不仅在称赞日本，更在警惕美国。他来台湾，喜欢用中文交谈。对他的著作,美国学术界的评论是"呈现一种过人的洞察力"。华文世界的读者,通过中译文,可以读到这本五十五万字的《邓小平改革》,这真是他一生学术生涯的重大贡献。

另一位主题演讲者是大师自己,主讲"人间佛教改变了人心"。我曾经这样归纳星云大师的一生——十二岁做和尚,二十三岁到台湾,投下了六十年的心血,开创了一个无远弗届的人间佛教,这是"台湾奇迹"的一部分!他的一生:改革了佛教,改善了人心,改变了世界。

我自己则以"智慧创新改变了社会",强调"智慧创新"的特质有八:要使用较少的材料、要产生较少的污染、要减少新款式、要以耐久替代时尚、要以简单替代复杂、要以分享替代垄断、要以价廉替代昂贵、要以实用替代讲究。这样的综效就有较大的可能走向"永续发展"。

现场一千五百余名听众,见证了"改革开放""人间佛教"及"智慧创新"所产生的"改变的力量"。

刊于2012年7月23日《人间福报》

两岸事：用包容，解人际之间

佛教对全球问题的概观

各位法师、各位贵宾：大家好！

今天法鼓山为了庆祝落成开山而举办这场"世界佛教领袖座谈会"，很高兴能与各位法师大德共聚一堂，并针对"全球问题"发表看法，倍感荣幸。

谈到"全球问题"，现今社会面临的窘境，诸如战争的威胁、金融的危机、种族的冲突、生态的破坏、人口的老化，乃至高失业率、家庭暴力等，这些都是全球共同遭遇的问题。尤其近年来国际间灾难频传，各种天灾人祸造成严重的人命伤亡与财物损失，例如去年12月26日，发生在印尼苏门答腊的一场七级大地震，引发强烈海啸，使得临近的印度、马来西亚、斯里兰卡等南亚地区都遭受严重的灾情；今年8月因为卡崔娜飓风横扫，使得美国的纽奥良市一夕之间成为人间炼狱。其他再如今年7月英国伦敦多处地铁站因为遭受恐怖分子以炸弹攻击，一时人心惶惶。尤其2003年5月的一场SARS流行，更是打乱了举世人类的生活步调……

其实，不管天灾还是人祸，世间的一切灾难都是人类共业所造成。尤其一些看似起因于不可抗拒的天灾，追根究底也都是源于人类的贪嗔无明。因为人类需索无度，不懂得善待地球，过度开发、使用的结果,自然引起大自然的报复。因此我曾经说过:"世间的问题,大都是源于人为的因素所造成。如何突破困境,解决世间的问题,唯有靠人类自我觉醒。"

今天针对"全球问题",我仅提出四点看法,请大家指教。

一、要达致世界和平,应先建立平等的观念

爱好和平,这是人性光明的表现,生活在地球上的每一个人,都有权利要求过安定、福乐、没有战争恐惧的生活。然而和平并非一人之力可成,和平也不是通过禁武、限核等外在措施所能达致,和平的先决条件就是要"平等"。

"平等"与"和平"是一体两面的真理,今日世界所以不能和平,就是因为不平等。举凡政治上的恃强凌弱,经济上的贫富悬殊,宗教爆发的冲突,种族的相互排挤,乃至男尊女卑、地域分歧……种种无法和平解决的问题,皆出于彼此不能平等共存、共尊、共荣所致,韩愈在《送孟东野序》中说"大凡物不得其平则鸣",因此唯有平等,才有真正的和平。

现在举世虽然也都在追求自由、民主与平等,但是真正的平等不是表面上、齐头式的平等,真正的平等需要彼此立场互易,才能有自他平等的相处。

"平等"是佛法的根本精神,当初佛陀成立僧团,标举六和敬,以思想、法制、经济、语言、身行、心意为民主平等的原则,树立了佛法的平等风范。《杂阿含经》里的"四不可轻",也在说明平等的原则,尤其佛教的事理平等、性相平等、自他平等、怨亲平等、生佛平等最为究竟。"平等"才能共尊,"和平"才能共荣,今日欲求世界的和平,必先呼吁世人建立平等心,不但大国小国、各种族之间要平等相处,尤其

要能以大尊重小、以多尊重少、以强尊重弱、以有尊重无、以上尊重下,唯有在平等的观念下,人人平等共尊,才能进取世界和平。

二、要推动生态环保,应先重视生权的提升

"生态环保"是当代举世共同关心,也是亟待解决的重大问题之一。现代人为了满足口腹之欲,毫无节制地滥捕滥杀,使得许多珍稀动物面临绝种的危机,间接造成严重的生态破坏。尤其滥垦滥伐,造成泥石流,水库及河川淤积泥沙;滥采沙石,造成桥断路危;滥抽地下水,造成地层下陷;任意燃烧有毒废料,以及废弃物、工业废水、核废料等处理不当,造成空气、水质、大地的污染,乃至温室效应、臭氧层破洞、沙尘暴等大自然的异常反应,都已严重威胁到人类的生存。

另外,根据科学家的一项研究报告指出,以目前人类消耗自然资源的速度和全球人口增长速度来测算,再过五十年可能需要两个地球才能满足人类对自然资源的需求。由于人类面临严重的能源危机及生态破坏问题,现代人终于意识到环保的重要。

环保是对于地球的爱护,没有地球,人类就难以生存,因此提倡环保,首重爱护地球。早在1992年6月初,联合国在巴西里约热内卢举行的"地球高峰会议",这个被视为"抢救地球"的会议,主要目标就是要达成保护植物、动物和自然资源的协议。

因此,提倡环保应该从尊重生命做起,因为不光是人或动物有生命,树木花草等植物也有生命,乃至山河大地都有生命。甚至时间就是生命,因为生命是时间的累积,所以浪费时间如同杀生。相同的,随便浪费物品也是杀生,因为物品是大众的资源,是聚集大众的因缘而成,所以浪费时间、破坏物资,都是广义的杀生。

佛教是个很有环保意识的宗教,佛教主张不仅对人要有爱心,对

山河大地也要保护，所谓"大地众生，皆有佛性"。既然"佛性平等"，一切众生的生存权利也应该受到保障，不容许轻易加以伤害，因此佛教提倡不杀生。

不杀生就是慈悲，就是对生命的尊重。佛教对生命的尊重关怀，从一些偈语可以得到印证。诸如《梵纲经合注》卷五载："一切众生肉者，不论水陆空行，但是有情身分，悉遮止也。一切众生，皆有佛性，与我同体，而今食噉其肉，残惨之甚，故云断大慈悲佛性种子。"《中阿含经》："诸贤！我离杀，断杀，弃舍刀杖，有惭有愧，有慈悲心，饶益一切乃至昆虫；我于杀生净除其心。"近代耐庵道人也有诗云："有命尽贪生，无分人与畜，最怕是杀烹，最苦是割肉。擒执未施刀，魂惊气先窒，断喉气未绝，颠倒三起伏。鱼鳖无声类，见死睁两目，挥命砧几间，张口不能哭。念此恻肺肝，何忍饱口腹。"另外，根据佛教《六度集经》记载，佛陀在过去世为鹿王时，曾代替母鹿舍身，感动国王制定动物保护区，禁止猎杀。佛灭以后阿育王更广植树林，庇荫众生，设立动物医院，规定宫廷御厨不得杀生等，凡此都是佛教对于护生的最好示范。

不杀生而护生，进而倡导生权平等，这是最合乎现代举世所关心的生态保护，也是最积极的重视环保。因此，唯有唤起现代人的共识，大家共同重视生权，共同保护环境生态，才能还给人类一个健康美好的地球与未来。

三、要消除种族隔阂，应先发扬慈悲的精神

自有人类以来，"族群问题"就一直存在于各个国家与民族之间，不但经常造成国与国之间的战争，有时一个国家内部因为族群对立，也会导致分裂，甚至发生内战。所以世界上最难处理的问题，不是贫

富,不是智愚,最难处理的就是种族问题。

种族的分歧,有的是地理环境使然,有的是语言风俗习惯差异,有的是人种肤色的不同,致使大家排除异己。即使是在同文同种的种族里,也会有阶级贵贱之分。不同种族里更是划分了种种的不同,于是产生种种不能相聚的情结。

要消除种族隔阂,首先应该发扬慈悲的精神。慈悲是佛法的根本,《观无量寿佛经》云:"诸佛心者,大慈悲是,以无缘慈,摄诸众生。"佛教提倡的慈悲,不但要以同体的慈悲来解救众生,更要用无缘的慈悲为广大众生救苦救难;不仅要消极地不做恶事,更要积极地行善;不只要一时口号的慈悲,还要永久务实的慈悲;不唯以图利求偿而行慈悲,更要无相无偿而行慈悲。所谓"慈"能予乐,"悲"能拔苦。当一个人内心充满了慈悲心,则见他人痛苦时,即能以悲心拔除其苦厄;当见别人不欢时,即能以慈心施予安乐。如果人人都能以慈悲心相待,则一切众生皆得福乐。

荷兰弗朗几博士曾说:"世界战乱之根,由于人类贪竞权力思想过高,遂发为暴毒争战之至惨。"佛教强调慈悲、包容,不像其他宗教带有强烈的种族色彩,因此没有种族仇恨、残杀和宗教战争。佛教基本上是倡导和平的,佛法教导我们要怨亲平等,不仅要"不念旧恶、不憎恶人",甚至要爱我们的敌人。佛教的僧团里,"四姓出家,同为释姓",就是破除种族歧视的平等制度的落实。

长期以来,由于佛法能不分种族、宗教、国家,因此佛教徒在世界各地都努力推动净化人心、福利群生的工作,甚至结合各地人士的力量,共同为世界和平、社会福祉而努力,同时更扩大胸襟,包容异己,群策群力,以法界为心,以地球人自居。只要地球上的人与人之间、种族与种族之间,都能本着慈悲心,彼此互相尊重、相互帮助,大家都能做个慈悲的地球人,都能走出国界,自然没有种族的歧视。

四、要体现共生智慧,应先倡导缘起的思想

"法不孤起,仗境方生"。世间上的事物都不是凭空而有,也不能单独存在,必须在各种因缘条件和合之下,才能现起和存在。一旦组成的"因缘"散失,事物本身也就不复存在,这就是佛教所谓"诸法因缘生,诸法因缘灭"的"缘起"道理。

我们生存在世界之上,可以说都是生命共同体,因为宇宙万物都是由众缘和合而成。所谓"缘聚则生,缘散则灭",推其原理,国家与社会就是由种种因缘关系所组成;扩而大之,世界上的人与人之间,国与国之间,都离不开"共生"的关系,都离不开"缘起"的法则。

缘,是世间上最美妙的事!靠着众缘和合,无中可以生有。由于善缘加入,坏的因子得以改善,因此佛教讲"因缘和合",也就是社会人生互助的意义。乃至一般人喜欢探究人有无命运?其实命运就是"因缘"。造什么因,结什么缘,就有什么果报;果报善恶,就决定命运的好坏。所以做人要广结善缘,别人曾经给我们好因好缘,我们也要给人善因善缘,彼此互为因缘,这就是"同体共生"的关系。

总之,从"缘起"的法则来看,宇宙中一切事物都是相因相成,众生之间也具有同体共生的关系,因此人类应该摒弃过去"物竞天择,适者生存""弱肉强食"的概念,大家要发扬互助精神,彼此不要分裂、排挤,让共生在地球上的每一个人都能融和共存,都能以共生的理念发扬慈悲喜舍的精神,让地球成为和平安乐的人间净土,这才是我们应该努力追求的目标。

今天就以这四点意见:

一、要达致世界和平,应先建立平等的观念。
二、要推动生态环保,应先重视生权的提升。
三、要消除种族隔阂,应先发扬慈悲的精神。
四、要体现共生智慧,应先倡导缘起的思想。

提供给各位参考,谢谢大家。

(2005年10月20日讲于台北圆山饭店10楼国际会议厅专题讲演:《佛教对全球问题的概观——法鼓山文教基金会举办之"世界佛教领袖座谈会"》,刊于2006年3月1日《普门学报》)

修心之钥

☆ 时间就是生命,浪费时间如同杀生。资源是聚集大众因缘而成,破坏物资,也是广义的杀生。

☆ 世界上最难处理的问题,不是贫富,不是智愚,是种族隔阂、排除异己的问题。唯有靠人类自我觉醒,朝做个"慈悲地球人"而努力。

如何建设和谐社会

一诚法师、叶局长、各位领导、各位法师、各位贵宾：大家吉祥！

很难得的因缘，今天能在这里和大家齐聚一堂，共同参加这场由中国佛教界倡议发起，并由浙江杭州市佛协与舟山市佛协主办的首届"世界佛教论坛"。这次论坛的主题"和谐世界，从心开始"，不但呼应了胡锦涛主席"和谐社会"的倡导，同时也明确指出和谐之道在于"从心开始"，希望借由这次的论坛，共同促进世界的和平，因此意义非凡。

谈到世界和平，放眼当前社会，所以有诸多的纷争，不能和谐，都是由于人们不善于管理自己，尤其不懂得如何管理好自己的"心"。如果人人都能把"心"管理好，则促进社会和谐，不为难也。因此，今天仅针对"如何和谐社会"这个主题，提出四点建设和谐社会的管理要点，分别是：一、柔性的管理；二、自觉的管理；三、感动的管理；四、佛法的管理，请大家不吝指教。

一、柔性的管理

"管理学"是因应时代进步而产生的一门学问。过去西方一谈到"管理"，都是讲究"制度管理"，也就是一般强调有组织、有系统、有计划、有目标的企业管理。然而在佛教里,除了重视组织、制度,佛教尤其有一套另类的管理办法,也就是以慈悲、赞美、鼓励来代替制度与规矩的"柔性管理"。

所谓"柔性管理",世间上刚硬的东西不一定坚固有力,有时柔软的东西反而有意想不到的穿透力。例如,滴水可以穿石、温火可以融冰,乃至人体上坚硬的牙齿易断,但柔软的舌头不死不烂。可见"刚"虽然不是绝对的不好,为人"刚直"有时也有其必要,但刚而锐的东西容易斫伤,所以佛教讲"从来硬弩弦先断,每见刚刀口易伤",柔性反而能够持久。佛教指导人坐禅,目的就是要培养柔软心,心地柔软的人才容易跟人融和相处,心性慈悲柔和的人,往往能制服顽强于无形。例如,佛教里的盘珪禅师,他以"慈悲爱心"感动禅堂里恶习不改的惯窃;仙崖禅师则以"不说破"的方式,化导顽皮的沙弥遵守寺规;乃至中国的老禅师放下身段"老作小",因此让整个寺院和合无争,他们都是真正懂得管理三昧的人。

"以柔克刚"的原理不仅可以应用在人事管理上,其实现在海峡两岸虽因政治因素造成隔阂,但事实上两岸都是同文同种,有着血浓于水的民族情感;两岸一衣带水,国土实不容分裂。因此,两岸统一是时代的潮流,也是必然的趋势。未来在"一个中国"的统一大道上,应该立足在"爱"与"平等"的前提下。如胡锦涛主席说:"和平统一,不是一方吃掉另一方,而是平等协商,共议统一。"也就是彼此尊重、包容,通过柔性的沟通,如此才能化解僵局,才能和平统一。所以,和谐社会要讲究"管理",但不是"强势"的管理,有时以"柔性"的攻势,更能发挥力用。

二、自觉的管理

"管理学"虽是现代最时髦的一门学科，不过，现在一般人大都只懂得应用在事务上的管理，却忘了要"管理自己"，尤其是"心"的管理，也就是佛教的"自觉"与"自悟"。

所谓"自觉"，就是自我要求、自我检讨、自我反省、自我发觉问题，继而要懂得自己解决问题。例如自觉自己说话不圆融、做事不周全；自觉自己经常对人过分要求，乃至对自己无法信守承诺等。因此，"自觉管理"就是举凡说话、做事，都要事先设想周全，不要事后懊悔，要时时觉得自己的形象重要，自己的品牌重要，所以要自我改进。尤其要"自觉"自己一生承受各种因缘的成就，故要感恩、发心，要懂得先"舍"才能"有"。

"自觉"就是一种自我教育，佛陀讲"自依止、法依止、莫异依止"，就是自我教育；"触类旁通、举一反三、闻一知十"，也都是自我教育。自觉的人生，做人处事要"竖穷三际、横遍十方"，要自觉"内心重于外境、精神重于物质、结缘重于自私、建设重于破坏"；自觉的管理，就是要了解事情的前因后果、来龙去脉、轻重是非、人我关系，乃至觉悟宇宙世间因缘果报的定律。

当初佛陀也是通过自觉才能成道，所以人生在成长的过程中，有时候需要父母的教导、老师的训诫、社会大众的帮助、长官的提携、朋友的勉励；但是最重要的，还是要靠自己"自觉"。自觉就是自我成长，自我树立形象，如果自己不能自觉，光是依靠别人，就如自己的身体，血管里的血液是自己的，是自发的营养，对增进健康有最大的功效与帮助；如果靠打针、注射营养剂，总是外来的，利益有限。

是故，"自觉管理"其实就是自我认识、自我惭愧、自我忏悔、自我奋发、自我学习,也就是要能自我"见贤思齐",把自我的能量发挥出来,把自我的形象树立起来。如果人人都能建立起自己慈悲、智慧、明理、乐观、忠诚、忍耐、守信等"形象"与"品牌",自然能够建立和谐的社会。

三、感动的管理

管理学中最难管理的是自己的"心",但是管"人"也不是容易的事,因为人性是自私的,人有很多的烦恼,很多的意见,最重要的是面对不同的思想、习惯、经历、年龄、族群等,如何在这么多的差异之中,将人统摄起来,事实上是非常困难的。

有些人从事管理,善于以谋略在人我之间制造矛盾,然而一旦被人拆穿,就不容易为他人所尊重;有些人从事管理,喜欢用计策先试探别人的忠诚,但是一旦被人识破,就不能为对方所信服。所以最好的管理方式,应该是对人尊重、爱护,凡事"以身作则",并且勇于承担及包容部属的不足或过错。能够用"感动"来代替"谋略",用"施恩"来当作"助缘",必然更能令人信服,更容易摄受人心。

自古以来,凡是善于管理的良臣名将,都是因为他们拥有这种体贴、承担的美德,能与属下"荣辱与共""生死不移",所以感动大家同心一德,克敌制胜。例如吴起领军,不但与兵士同榻而眠、同桌而食,而且嘘寒问暖、为吮脓血,所以官兵们都肯为他赴汤蹈火,在所不辞;李广带兵,在饥乏之际,发现泉水,不待士卒尽饮,必不近水,不待士卒尽餐,必不尝食,所以大家都乐于为他效劳卖命,出生入死。乃至现在的中共领导人胡锦涛、温家宝,以及台湾的连战、马英九等,他们"亲民爱民"的作风,也一直深获广大群众的拥护。

过去听过一则"剩菜的故事",一个母亲为了家庭、儿女,一辈子甘心情愿地吃剩菜，我把这种肯牺牲、肯奉献、不计较、不嫌苦的管理方法称为"剩菜哲学"，这就是一种"感动"的管理。

感动的管理，不是用规矩来要求人，而是要懂得尊重、包容、平等，彼此立场互换，要让人"感动"后心甘情愿的发心奉献，所以感动的管理不是命令、指示、权威，而是要让人自动自发，是一种"无为而治"。

历史上，伯夷与叔齐兄弟互让王位、管仲与叔牙互为知音，乃至"羔羊跪乳""乌鸦反哺"，甚至最近宜兰佛光大学活动中心万人碑墙的夫妻相互报恩，都展现出令人动容的高贵情操。如果一个国家人人都能相互感动，彼此尊重包容，社会自然和谐无争。

四、佛法的管理

世间的管理，最高的境界就是"皆大欢喜"。"欢喜"是人间最宝贵的东西，当初佛陀降诞世间，目的就是为了"示教利喜"，所以佛陀说法四十九年，一直以佛法给人欢喜、让人受益。

佛陀是真理的传播者，佛法则是宇宙人生的真理，世间一切问题，佛法都有办法解决。例如每个人都离不开"心"而有生命，而能生活；然而我们的心时常制造很多妄想、烦恼，让人不得安宁。佛法里"治心"的方法很多，其中"五停心观"即是五个治心的方法。

所谓"五停心观"，就是以"不净观"对治"贪欲"，以"慈悲观"对治"瞋恚"，以"缘起观"对治"愚痴"，以"念佛观"对治"妄想"，以"数息观"对治"散乱"。

此外，僧团是"六和敬"的组织，"六和敬"就是最好的管理法。例如，"见和同解"就是"思想上建立共识"，"戒和同修"就是"法制上人人平等"，"利和同均"就是"经济上均衡分配"，"意和同悦"就是"精神上志同道合","口和无争"就是"言语上和谐无争","身和同住"就是"行为上不侵犯人"。乃至"四摄法"的布施、爱语、利行、同事,"四无量心"的慈、悲、喜、舍等,这些都是建设和谐社会不可少的条件。

尤其佛教的经典,一卷《阿弥陀经》就是阿弥陀佛的"管理学",一卷《普门品》就是观世音菩萨的"管理学"。阿弥陀佛的西方极乐世界所以为人所向往,就是因为他能满足人们对幸福安乐生活的渴求;观世音菩萨所以能让信者把家里最好的中堂用来供奉他,因为他大慈大慈、救苦救难,让众生得以无忧无惧。

阿弥陀佛和观世音菩萨不但是管理专家,他们的管理学更合乎自我的管理、自性的管理、自觉的管理、柔性的管理、感动的管理,可以说一切都是佛法的管理。甚至由此让佛教发展出各种宗派的管理法、丛林清规的管理法、僧团戒律的管理法、祖师大德的管理法,可谓内容繁多,让佛教对于当代社会,甚至自我的管理等,都能提出贡献。

现在举世都在渴望真正的慈悲与和平,佛陀的慈心悲愿正是为了给人类带来幸福与希望,因此这次"世界佛教论坛"的举办,必将为全世界带来非凡的贡献。今天仅借着"世界佛教论坛"举办因缘,不揣浅陋地以"柔性的管理""自觉的管理""感动的管理""佛法的管理"等四点促进世界和谐之道。希望提供佛教的管理理念,能有助于世人重视和谐,把自己的"心"管理好,继而实现叶小文局长期盼这次论坛所要达成的"心净国土净,心安众生安,心平世界平"之目标。最后祝福大家,身心自在,共生吉祥。

(2006年4月13日讲于世界佛教论坛专题讲演《如何建设和谐的社会》)

修心之钥

☆ 佛门有"六和敬"管理法:思想上建立共识、法制上人人平等、经济上均衡分配、精神上志同道合、言语上和谐无争、行为上不侵犯人。真正做到,社会怎会不和谐?

《人间福报》十年有感

有人说："如果你和哪个人过不去，就劝他去办教育、编杂志、建道场。"

这么多年来，不是有人跟我过不去，也没有人游说我做什么，但我教育办了，杂志编了，道场也建了。尤其我从年轻时，就一心想为佛教创办一份日报，以为佛教广开言路，同时也为传播佛法尽一份心意。

这份蕴藏心中多年的理念，终于在2000年4月1日《人间福报》创刊时实现了。《人间福报》是岛内佛教界所办的第一份日报，记得当初创刊时，我把他定位为"是一份注重人性光明、道德、温馨的报纸"，他所代表的是净化美的社会，是智仁勇的人生，是慈心桥的连系，是因缘果的报道。

我的立意是，希望《人间福报》能多报道一些社会的光明面，能把生活周围值得歌颂的善行美事表扬出来，也把每个人潜在的智慧、善良本性发掘出来，期许人人开创智仁勇的人生，同时通过《人间福报》这座慈心桥的沟通，能联系、结合每一颗心，共同开创祥和温馨、净化美好的社会。

因为我相信，尽管这个娑婆世界是一团污泥，但我们还是应该做一朵净莲,要把美好、清净的人性表扬出来,所以《人间福报》一直重在"奇人妙事"的介绍,以及"好人好事"的表扬。我觉得社会要有公道,因此不希望社会上的好事,都是寂寞的慈悲,坏事都是热闹的声音;我们要让好事传千里,要让好人能出头,目的只希望社会能平衡。

另外,我们注重青少年善美教育的推动,以及世界科技新知的介绍;我们不只把艺术、旅游、医药、体育等各种信息贡献给大众,尤其希望所有的报道,都能对社会风气的改善、对人性道德的提升有所帮助。

十年来,由于《人间福报》没有血腥暴力,没有刀光剑影,没有权谋斗争,是一份适合全家老少一同阅读的报纸,所以一般家庭都把它当作夫妻、亲子间共读的刊物,甚至各级学校也用来作为教学教材,莘莘学子更把福报的文章视为作文习作的最佳范本。

此外,不少企业家把《人间福报》当作管理锦囊,一般社会大众更视之为人生宝典。甚至马英九先生也肯定:《人间福报》"散播慈悲理念,淑世济人;广结善因善缘,蔚为社会一股清流"。可见《人间福报》尽管没有耸人听闻的政治新闻,但政治人物慢慢也知道,这种清流对人间还是很有用的。

《人间福报》是一份具备教育、文化、艺术、新知的报纸,创刊以来得到社会诸多肯定,包括获得第一届"竞报——媒体报道奖",以及第一届、第二届"卓越新闻奖"等。但相较之下,《人间福报》能够走进家庭,走入学校,走向机关团体,普受社会大众接受,这是我们最大的欣慰。

在佛教里讲的是"众缘和合",《人间福报》能在短短十年里,让愈来愈多的人愿意成为"终生订户",甚至广为宣传,除了感谢全球佛光人的护持,共同推动"我订报,你看报"活动,让福报能普及家庭、学校、监狱、公司等社会各角落之外,更感谢多年来主持笔阵的柴松林教授、马西屏教授等人执笔为文,让福报的内容充实不少。

虽然十岁的《人间福报》啼声初试,就受到各方的鼓励、爱护,但我们不能以此为满足,未来还有待继续发展、茁壮,因此对于走过十年的《人间福报》,只提出四点方向,作为今后努力的目标:

一、走入校园,推行三好。教育是台湾百年树人的根本大计,帮助台湾培育德智兼备、品学兼优的下一代,一直是《人间福报》自觉责无旁贷的使命。十年来,我们每天刊载许多好人好事的新闻,以及发人深省的励志文章,不但鼓舞学生积极向上,并且引发见贤思齐的正向思考,因此普获教育界人士的好评。

不过,教育是永无休止、永远不能停顿的工作,因此未来《人间福报》将再接再厉,继续配合国际佛光会,积极推动"身做好事,口说好话,心存好念"的"三好运动",期许"福报进校园,学子变三好",人人都能成为身心健全的好公民,这是《人间福报》下一个阶段的重要工作。

二、掌握趋势,关怀社会。社会是由众缘所成,人是活在因缘里的,不能遗世独立,当然也离不开政治。所谓政治,就是管理众人的事,每个人都是众中的一员,不能不关心政治。因此,《人间福报》并不偏废政治新闻,只是我们不能随着某些政治乱象起舞,但对于有关政策的制定、法令的倡导、社会的和谐、弱势族群的关怀,乃至与民生有关的经济、交通、治安、人权、社福、环保等议题,甚至对时代的思想潮流、世界的发展趋势等,都应该主动而深入地做正向报道,以期带动人民关心政治,帮助大众开阔胸襟与视野,成为"家事、国事、天下事,事事关心"的现代公民,这也是现代媒体应负的责任。

三、扩大影响,拓展国际。时代的发展,随着交通发达,现在的国与国之间"朝发夕至",真是"天涯若比邻";尤其因特网的传播,更是"信息无国界",所以未来将是个"地球村"的世界,现代人理应做好当个"地球人"的心理准备。

值此之际,《人间福报》不但在内容上要不断倡导"同体共生"、"尊重包容""欢喜融和""平等和平"等普世共尊的理念,尤其在发行上更应加紧脚步,努力拓展到全世界,以期扩大影响,引领举世人类,共同迎接地球村时代的来临。

四、重视生活,实践行佛。21世纪,人类的文明一日千里,但相较之下,社会上有很多发心的义工,他们在社会各个角落默默奉献、服务,这种人性光辉的散发,才是这个时代最了不起的成就。这种义工服务的精神,正是"人间佛教"所提倡的生活修行,更是"行佛"思想的落实,他们为社会平添温馨与善美,为人间点燃光明与希望,更是值得表扬、赞美。

因此,未来《人间福报》要多鼓励生活的修行,要多宣扬行佛的思想;只要人人心中有慈悲、有正见、有感恩、有发心,人人懂得惭愧、谦卑、忍耐、服务,这就是修行。希望未来社会能产生更多的义工菩萨,大家都能通过行佛来圆满自己,进而美化人间。

总之,《人间福报》一向秉持"传播人间善因善缘"的理念在办报,未来祈愿能继续为社会注入清流,让福报的发行为人间带来祥和欢喜,实现"人间有福报,福报满人间"的目标。是所至盼!

(刊于2010年4月1日《人间福报》)

修心之钥

☆ 《人间福报》十年，不只为佛教广开言路，更为社会搭起一座慈心桥。

☆ 因为不希望社会上的好事，都是寂寞的慈悲，坏事都是热闹的声音；我们要让好事传千里，要让好人能出头，目的只希望社会能平衡。

☆ 绝不随乱象起舞，但纯净的报纸也不能不成为"家事、国事、天下事，事事关心"的现代媒体。

花,美丽了台湾

世界上哪里最美丽?花前月下。

情人在花前月下,那就是他们的天堂;朋友在花前月下,更增添了情谊的交流。

说到月亮,有所谓的"今人不见古时月,今月曾经照古人"。而花,它那万紫千红、多彩多姿的身影,在物换星移之中,早已穿越时空,陪伴了生生世世的人们。

在台北举行的国际花卉博览会,即将在这个月6日展开。像我这样周游世界多次,八九十岁的老人,曾经看过荷兰的郁金香、北海道的薰衣草;我走过花都巴黎,也到过牡丹之都洛阳。老实说,最初并没有引起我的关心注意。直到近日,承蒙前台北市副市长李永萍小姐邀请,和总制作人丁锡镛博士的引导,前往参观花博部分区域的展览,着实令人叹为观止。花的美丽,人文与科技的结合,节能减碳、环保爱护地球的精神,都发挥到极点,早已超出我的想象之外。乃至在花博中,提供休憩、谈话、饮食、表演等动线,把人性的需要,都与花结合在一块了。

我不知道花博在世界上具有什么样的地位?有多么的重要?为什么连年都有许多地方竞相争取世界花卉博览会的举办权?经过现

场人士的指引、解说才知道,原来,花博也和"世博"一样,和"奥运"一样,它的千奇百态,它的各种内涵意义,不仅升华了人生,也扩大了眼界。原来,花的世界,比起人一生的丰富,可谓毫不逊色。

花,可以用哲学的眼光,去欣赏它的一生;花,也可以用美学的角度,去探讨它的内涵;花,是集合了天地的精华、水土的情缘,它的娇美生命与人类的灵魂,可以说紧紧地系在一起。你说,世界上哪一个人不爱花呢?连佛祖也都要花香供养。

我在花博的现场中,看到了中国人的智慧,花比人娇,人比花慧,把智慧与花朵点缀在一起,那花的智慧和美丽,真的是难以形容。走在精巧的设计中,走过万花丛边,我看到伟大的台湾,可爱的台湾。在台湾各种花卉农产中,有稻米、甘蔗、菠萝、草莓、玉荷包、水蜜桃、高山的水梨,改良品种的芒果、番石榴,可以说台湾不但是花果的天堂,也是花香的世界。

那里有青青翠竹,随风招展,象征着台湾向世界喊话;从空心菜、茭白笋、高丽菜的土壤下,嗅闻到台湾乡土的气息;我在一株茎上含有五十朵兰花的盆栽前,注目欣赏,惊叹不已;我也在锦簇的玫瑰花前,驻足观看,不忍离去。在这万千的花种之中,我感动得急于想让全台湾的人、全世界的人来这里分享花的生命,花的美丽,花的芬芳,花的教育。

叶叶花卉,无非般若,片片花香,皆是妙谛,于是,我问李永萍小姐,如何邀请住在台湾中南部的人北上欣赏花博;我也建议应该发文让各级学校师生,前来上一堂美的课程;我更设想如何发动文宣,吸引全世界的人来看看我们的花博、我们美好的台湾,以及我们的成就,我们的智慧。台湾,是多么美丽的宝岛啊!

台北的花博,匆匆一见,我好像看到居住六十多年的台湾的另外一种身影,我看到台湾多少人心智的伟大与杰出。我心想,台湾虽然只是小小的岛屿,但是通过花博,台湾的花香早已弥漫到全世界,台湾的美丽,又再一次呈现在全世界人类的眼前。

我在参观花博后,4日随即前往日本参加一场法会,在两个半小时的飞机上,脑海里不断浮现的,全都是花儿美丽的形象。在花博开幕的前夕,我不禁要说一声:"感谢台北市市长郝龙斌先生,你结合了台湾花卉专家,你为我们台湾人增加了荣耀,我们感谢你。"

星云寄语,4日于日本旅途中
(刊于2010年11月5日《人间福报》)

修心之钥

☆ 原来,花博也和"世博"一样,和"奥运"一样,连年都有许多地方竞相争取世界花卉博览会的举办权,是向全世界展示美丽台湾的机会。

☆ 台湾不但是水果的天堂,也是花香的世界。

禅在中国

佛教发源于印度,光大在中国。现在中国的佛教有大乘八宗,其中以"行门"为主的有禅宗、净土宗、律宗、密宗;另外四宗则以"解门"为重,分别是:天台宗、华严宗、三论宗、唯识宗。

八宗当中,禅宗以外的七宗,确实皆发源于印度,但是禅宗不同,禅乃发源于中国,光大于江西!因为大部分禅宗的祖师都出身于江西,其中最负盛名的如马祖道一禅师,他在江西大树法幢,与湖南的石头希迁禅师同时名震天下,当时各地禅僧纷纷往来于江西、湖南之间参学,因此有"走江湖"之说。

马祖禅师嗣法于南岳怀让,怀让禅师与青原行思同在六祖惠能门下得法,并称为二大弟子。之后由此二人更发展出临济、沩仰、曹洞、云门、法眼等五家,所以说禅宗自六祖惠能大师以后"一花开五叶";甚至加上出自临济宗的杨岐派与黄龙派等"五家七派",禅门的祖师一时在中国各地大振禅风,禅的精神不但融入中国文化,禅门的大德更是多如孔门的儒士。

近代国学大师钱穆博士曾经大力推荐,认为《六祖坛经》是探索中国文化必读的经典之一,说明禅是中国文化,是中国人的发现。中国禅宗自菩提达摩由印度来华,传法于慧可,之后慧可传僧璨,僧璨传道信,道信传弘忍,弘忍传惠能,是扩禅宗六祖。菩提达摩虽然来自印度,但他在嵩山少林寺面壁坐禅长达九年,因此说他是在中国开悟的,也有可能。

禅,就是要"悟"! 禅不是宗教,禅是我们的心。正如佛陀在灵山会上拈花微笑,传法于大迦叶,他也说:"吾有正法眼藏,涅槃妙心,实相无相,微妙法门,不立文字,教外别传,付嘱摩诃迦叶。"佛陀说"教外别传",那是讲"心",而不是指"禅",心里面有禅,那是很重要的,所以说禅是直指人心,是以心印心。

禅是人人本具,个个不无,每个人都有禅心,心中有了禅,就如暗室里有了明灯。禅,在宇宙之中,像水、像山、像大自然、像宇宙;宇宙就在我们的心中,所以不可以完全用宗教的眼光来看它,而要肯定禅是中国的文化,是中国人的发现,就如西方人发现许多新兴的学科。中国人发现儒家的"仁"、道家的"道"、佛教的"禅",这是伟大中国人的贡献。

当初禅随着佛教流传到日本,日本佛教因此广大发扬;流传到韩国,韩国佛教因而随之兴盛。遗憾的是有的中国人不知道珍惜,现在有的中国人不顾文化、历史,硬要把禅推说是外国的、是宗教的,诚为可惜。

之所以有这些感触,是因为现在台湾有些团体要举办"大专学生禅学营",大陆的教育界不放心让学生来台参加,因为他们一听说是"禅学营",就害怕与宗教有关。后来几经交涉,虽然有些开明的学校终于放行,但有些还是坚持不行。

其实,即使"禅"与宗教有所关联也不用怕,因为禅是每个人自己的人生之宝,人生就是一个禅,你的语言有禅,所说的话就不一样,你的眼光有禅,看到的世界就不一样;甚至有了禅,你吃的饭菜味道会不一样,有了禅,你睡觉就能睡得安然自在。何况事实上禅也不是宗教的,禅是人生、是生活、是人心,如此宝藏与儒家的仁、道家的道,同为中国之宝,一定要把它归纳于宗教,归纳为外国的舶来品吗?

现在正值两岸往来交流最密切的时候,此刻歧视文化,把禅废止,两岸的交流如何能发展呢?再说,两岸交流光是人来往还是不够的,要用"文化"、要用"心"来往,才能把两岸同胞的情谊联系在一起。

记得2002年佛光山联合台湾佛教界,共同到大陆迎接佛指舍利来台,在短短的三十几天之中,台湾就有五百万人欢喜瞻仰、礼拜,此事对中国文化,对两岸的往来交流,应该是有一些促进功能,是有实质贡献的。因此,未来希望两岸的政治界,不要再畏惧宗教,应该要更了解文化,更重视文化,让政治、经济、社会,都能与文化结合,如此两岸的交流才会更具意义。

(刊于2011年9月1日《人间福报》)

修心之钥

☆ 台湾举办"大专学生禅学营",大陆的教育界不放心让学生来台参加,他们一听"禅学营",害怕与宗教有关。最后有些开明的学校终于放行,但有些还是排拒。

☆ 禅不是宗教,禅是人生,是生活,是人心,与儒家的仁、道家的道,同为中国之宝,一定要把它归纳于宗教吗?

☆ 未来两岸交流,希望不要再畏惧宗教,要更了解文化、重视文化,让政治、经济、社会,都能与文化结合,会更具意义。

理性、包容、爱台湾

马英九先生的第二任领导人选举,获得了六百八十九万多张的选票,得票率为百分之五十一点六。但从当选后到就职这段时间,因为推动改革导致民怨沸腾,民意调查显示,他的声望从最高时期的百分之六十六降到了百分之二十三。这看出台湾的民意过分不稳定,对自我不具备信心,没有以整个大局为重,只对个人的利害诸多计较,对某一件事情不喜爱,就全面否定领导人的奉献,我觉得这实在是有欠妥当。

我也感觉到,现在台湾的各行各业不重视给别人空间。例如蓝绿对立问题,过去还有"中间选民"的说法,慢慢地,中间选民的声音也都减弱,只剩下对立责骂。假如能够理智包容,以大局为重,你有不同的意见,也未尝不可,但都要往好处去想,现在却变成了怨恨、仇视、无明,没有理性、没有原则,我就是不高兴你的存在的情况了。

就如上周,我发表一篇《慈悲与仁爱的启示》,有人批评:他是和尚,怎么可以来管这许多事情?或是:出家人也谈政治吗?自古以来,无论中外,宗教家在社会里关心社会、悲天悯人,行使一个公民的权利与义务,就算是在专制的时代,也都获得帝王和人民的尊重,怎么到了21世纪的民主时代,连一个公民权都没有,反而"出家人做什么事"的这种论调,也会在这个时代出现?你都剥夺别人说话的权利,怎么能让这个社会和谐呢?

我作该文,也只是以台湾一分子的身份提出,希望两岸和平、两党和谐、人民和解,马英九做一位领袖,提升他民望,因为我觉得"和平、和谐、和好"是当代普世的价值。如果连普世价值都加以扬弃,那这种教育的水平,叫人怎不担心呢?

我们的领导人,是几百万人民一张一张神圣的票投下去选出来的,现在又说他不好,要是马英九先生情绪化,说:我不干了,领导人你们来当!你说,这还成为一个政党社会的民主地区吗?现在应该不是马英九的声望跌到最低,而是我们全民的素养跌到最低的时候吧?

今日台湾地区的民主,需要大家共体时艰,就如汪洋中的一条船,人民必须通力合作才能稳定安全。我希望民主时代的每一个人,不要高估自己,不要一意孤行、称意而言,应该要放弃偏见,凝聚共识。民主社会有意见不同、有所纷争,都是在所难免,甚至罢免领导人也时有所闻,但是正常的情况之下,我们也应该给予领导人一个起码的尊严。

有人说马英九无能,试问:他调整油电价格和你意见不同,就是无能吗?他的施政方针和你不同就真的无能吗?应该让他做出来看看才是。再说,领导人不是技师、工程师,不是强调他具有什么能力。过去胡适之博士要蒋介石不要管太多的事情,因为台湾有分治单位,吾人对领导人不该有太多的要求。四年来,看到马英九头发渐白,为台湾操劳,我们人民又为台湾做了什么呢?

台湾的民众要养成"以责人之心责己,以恕己之心恕人"的素养,然而,现在许多媒体人、政治人士,也不经过深思熟虑,任意地攻击他人、批评他人,却没有想想我们自己呢?

我们现在每个人要先做好自己,站在各自的立场,农工者搞好生产,教育者教示学生勤奋努力、为学做人,各行各业不自私、不贪污、不狡辩,人人行三好——做好事、说好话、存好心,建设祥和之气,这才是台湾的方向。在这种时候,我们可以选出一个勤劳奋勉、正直不贪污的领导人,这也是人民的福气,实在没有必要天天在那里高呼领导人无能。在批评声中,不能放弃人性的善良和厚道。

我本无言,但我爱台湾,我爱大众,僧侣报恩,只凭关怀,只要台湾和平安定、社会和谐无争、人民和好安乐,别人骂我、诟我,我都心甘情愿。今天此文以惭愧的心情,向各位表白,请多多原谅。

(刊于 2012 年 5 月 22 日《中国时报》《旺报》
《人间福报》,原标题:《全民合作　共创台湾的方向》)

修心之钥

☆ 台湾的人民原本纯朴善良,现今却变得不重视给别人空间,中间理性的声音减弱,只剩下对立谩骂。

☆ 宗教人士关心社会、悲天悯人,行使一个公民的权利与义务,就算是在专制时代,也都获得帝王和人民尊重,到21世纪的民主时代,反而出现"出家人做什么事"这种论调,连说话的权利也被剥夺,这是民主素养的滑落。

☆ 不经过深思熟虑,任意攻击批评他人,却没有想想自己的行为与动机。

☆ 台湾地区的民主,需要大家共体时艰,不要高估自己,不要一意孤行,应放弃偏见,理性包容、凝聚共识,批评声中也不能放弃人性的善良和厚道。

看到两岸融合的契机

两岸关系说来实在是中国历史上一段奇特的因缘,隔阂了六十年之后,说疏离其实又不太疏离;说亲近嘛似乎又还有一点距离。不疏离的是同文同种;有距离的是双方在政治上还有许多歧见。尽管从2008年之后,两岸在经贸文化交流上大跨步地迈进,但是涉及主权的问题时,就会碰到绊脚石,举步维艰。在这样的情况下,两岸民间的互动就成了不可或缺的角色。

自开放大陆观光客来台,尤其是开放自由行以后,两岸民间就成了双向的往来,这对于促进彼此的了解非常有帮助。六十年的隔阂,两岸人民尽管感觉还很亲,但还是有生活习惯上、思想观念上的差异,这些差异必须通过一段较长时间的互动才有可能消解。很可喜的,我们在《旺报》的"两岸征文"中,看到很多两岸人民往来的故事,也看到了两岸间融合的契机。

以我个人来说,我虽然是个出家人,但我的经历和大陆上随着国民政府迁台的老兵们并无二致,他们都是响应"一寸山河一寸血,十万青年十万军"的号召从军的。而我从小在宜兴的大觉寺出家,1949年有同道朋友号召到台湾,跟师父禀报之后,我就到台湾来了。初到台湾时很辛苦,慢慢地一边学习一边弘法,建立了"人间佛教"的信念。

两岸经过多年的隔阂,等到开放之后我回到宜兴的祖庭去看,也游览了许多名山古寺,才惊觉到佛法在大陆没有了昔日的荣光,现在我感到有一些责任,必须和大陆的大德、法师们亲近,把佛法带回到大陆去。但是我也明白,很多事情无法一步登天,必须慢慢来。所以我现在从文教工作上着手,就像在台湾一样,我办学校、办报纸、参与社会公益,天长日久才有一点点的成绩。人同此心,心同此理,我相信假以时日,佛法可以在大陆重新弘扬。

跟我推广人间佛教的理想一样,《旺报》举办的两岸征文活动也是一点一滴积累的功夫。从文章中可以发现,两岸人民对彼此的了解,已经从硬件转向软件,大陆民众对台湾的制度和人文风习感到好奇与羡慕,譬如他们很喜欢看台湾的政治谈话性节目;他们觉得垃圾分类、垃圾不落地很环保;他们在台湾掉了相机、掉了手机,很快就找到了。

台湾人对大陆也慢慢地改观了,有了一点认识。过去对他们的印象总是觉得很穷、很落后,但是大陆最近几年经济的发展,人民富裕起来了,都市也建设起来了。很多人深入大陆的二三线城市,深刻体会到大陆"中部发展、西部大开发"的情况,不仅消费能力高,服务质量也慢慢提升了。

从中国历史看,曾经经历过三次大的政治分裂,却促成文化的大融合。第一次是春秋战国时代,虽然七雄割据、各霸一方,但是最后发展出秦汉文明;第二次是魏晋南北朝的分裂,却促成大唐文明;从清末民初到现在两岸逐渐统合,是第三次大融合,我们期待一个新的文明盛世,当然这个盛世会融合两岸文化精髓。

现代是个多元开放的社会,民间的力量才是主导两岸未来发展的主流。最近大家都谈到两篇影响力很大的文章，这两篇文章反映了大陆人民对台湾普遍的观感。一篇是大陆年轻作家韩寒所写《太平洋的风》，另外则是由《新周刊》制作的专题提到"台湾最美丽可观的风景是人"，从这里可以看出来，台湾这六十年来最大的成就，就是建立对于人的根本价值的尊重。

《旺报》的两岸征文里忠实地呈现了两岸人民之间互相批评、互相检讨、互相赞美、互相学习，这个平台是非常难得的，就像滴水穿石，两岸的隔阂终有一天会弥合。

（刊于 2012 年 12 月 14 日《人间福报》）

修心之钥

☆ 从2008年之后,两岸在经贸文化交流上大跨步地迈进,但是涉及主权的问题时,就会碰到绊脚石,举步维艰。在这样的情况下,两岸民间的互动就成了不可或缺的角色。

☆ 很多事情无法一步登天,必须慢慢来。先从文教工作上着手,就像在台湾一样,办学校、办报纸、参与社会公益,天长日久才有一点点成绩。

☆ 从两岸征文活动,发现大陆民众对台湾的制度和人文风习感到好奇与羡慕,像谈话节目自由的空气;垃圾不落地,很环保;在台湾掉了相机、手机,很快找到。

☆ 两岸未来的发展,未必不能成为中国历史上第三次文化大融合,而创造出新的文明盛世。

欢迎张志军主任来台

人来人往，走久了，路就走出来了。两岸从1987年台湾开放探亲以来，两岸人民来来往往，路愈走愈宽广。来往的人多了，也愈来愈能相互了解。两岸关系就是这样走出来的。两岸关系若要继续稳当地发展，就要坚定不移地继续往前走。

我很高兴，国台办张志军主任一行要到台湾来走走。在我来看，张主任一行这次最重要的意义是走亲，两岸本来就是一家人，本来就要多走动，走的地方愈多，见的人愈广，两岸的感情就一定愈来愈好。

张主任是我的好朋友，他为人谦和，能力很强，这一次到台湾来，一定可以倾听更多的声音，认识更多的新朋友，对台湾增加更多的了解，与台湾结一个不解的善缘。

我近年来推动"三好"与"四给"，希望人人都能"存好心、说好话、做好事"。我希望张主任来台时，宾主双方都能抱持着为两岸谋求福利的好心，多为两岸关系未来的和平发展提出建议，并让此次访问能够圆满顺利。这就是为两岸做功德，为我们下一代累善积福。

我还希望在张主任访台之时，宾主双方都要做到"四给"，即"给人信心、给人欢喜、给人希望、给人方便"。要让两岸人民都对于未来的发展更有信心，要让两岸民众彼此都能感受欢喜，要为两岸人民的福祉创造希望,还要为两岸人民解决困难,让彼此更能像一家人一样自然无拘地相处。

两岸关系从以往的武力相对、恶言相向,走到今日的交流互动、和平发展,的确是非常不容易,这是以往大家种因结缘所得的善果。相对于目前在全世界各地的族群冲突、政治纷争,两岸即使目前仍有政治的分歧,但仍可和睦相处,这是由于两岸人民都有智慧,都懂得包容的道理。

"有容乃大,慈悲无敌"。张主任此次来访,是诸多因缘的果,也是未来诸多善果的因缘。佛光山将敞开山门,用最热情的欢喜来迎接张主任。大陆朋友常常说,台湾最美丽的风景是人,我也希望台湾的朋友,用温暖的欢喜来接待张主任,让他们一行能够感受台湾社会的和谐,民众的善良纯朴以及包容与慈悲。

祝福张主任一行访问台湾,圆满顺利,满载欢喜与信心而归。

(刊于2014年6月25日《联合报》,原题《期许张志军走出两岸善缘》;2014年6月26日《人间福报》,原题《张志军为两岸做功德》)

修心之钥

☆ 从1987年台湾开放探亲,两岸关系的路愈走愈宽广。

☆ 两岸关系从以往的武力相对、恶言相向,走到今日的交流互动、和平发展,非常不容易,这是以往种因结缘所得的善果。继续稳当地发展,就是为两岸做功德,为下一代累善积福。

☆ 大陆朋友常常说,台湾最美丽的风景是人——展现待客热情和欢喜的人。

两岸和敬,不计较一两句话

现在两岸和平来往,这样的和平来往得来不易,我们珍惜这种和好、和谐、和平,甚至还要"和敬"。特别是两岸来往,要从大体上去促进彼此的了解、友谊,不要斤斤计较于一句话、两句话、一个细节,伤了和气。

最近适逢大学开学期间,政治大学的大陆学生和台湾本地的学生在新一届的陆生说明会,发生了一点纠纷,有两句话引发了热烈的讨论。

第一句话是,台湾本地的学生对大陆的学生说"欢迎各位中国学生到台湾来"。但大陆的学生一听不能忍耐这一句话,为此而抗议。

其实不必,叫中国也没错,叫台湾也没错,本来都是地名,没有分别的意思,甚至现在两地都在来往了,哪有什么不对呢?

就好比一家人住在一个屋子里,叫房间里的人出来到客厅,那不是两家,是一家;你从厨房到饭厅来吃饭,这也不是两家,仍是一家人;从厨房到客厅、到饭厅,不管什么说法,都是一家人。

讲这话的人,他也没有什么分裂的意识,可能只是他的习惯用语,可能中国也包括台湾,不过从北京到台湾,这也是事实,就不要计较于"中国学生"这样的名词有什么不好。

就算是夫妻,也会有不同的想法、不同的意见。容许一些说话用词的不同,无关于宏旨,就不要疑神疑鬼太过敏感了。

我对佛光山的徒众到大陆去,就告诉他们,在大陆,不可以说"你们大陆",也不要说"我们台湾",这好像对立一样。

你可以说"我们大陆",这样让对方听了会感到大家都是一家人,也就没有什么纠纷了。这就是讲究说话的艺术。

第二句引起争执的话是"台湾像个小女生"。"小女生"这个名称,是侮辱吗?是不好吗?是不敬吗?也不见得。小女生也是可爱的意思,小女生将来也可以做贵夫人、做皇太后。

台湾和大陆比,是小,我们也毋庸讳言,大陆很大,我们很小,做小女生不要紧,问题是大陆是大男生,如何追求到小女生,有条件娶小女生吗?这才是重要的课题啊!

因此,这些是不值得计较的,本来就各有各的想法、各有各的看法,这都是个人一些的言语措词,不要拿来影响大众,甚至社会,两岸的共识不要因此而损伤。

两岸应该互相尊敬,假如一句话都不能容忍,那怎么能和平友好呢?就是谈判,你来我往,我往你来,唇枪舌剑,互相辩论,所谓"异中求同,同中存异",这都可以,但不要作人身攻击,伤了和气。

台湾的同胞们应该学习讲"我们的大陆",这样我们的心胸不是会扩大吗?假如大陆的学生在台湾讲"我们的台湾",大家的感受又是什么味道呢?所以不要执着,如佛教有两句话:依法不依人、依义不依语,这才是重要。

像我们在台湾,经常感受中华文化之优美,中国历史上仁人圣者之多,我们同享前人圣贤留下来的丰富精神食粮;像甘肃敦煌石窟、山西云冈石窟,湖南的张家界、黄龙的九寨沟、云南的玉龙雪山、宜兴的石洞竹海,我们也共赏这些令人惊叹的艺术价值和美妙的自然风光……这许多许多,都是我们的。

所以,今后两岸同胞彼此往来,要注意修辞,不要那么敏感,统统都是我们中国、我们大陆、我们台湾,两岸都是我们的,世界都是我们的,那还有什么可以计较、争执的呢?

(刊于2014年10月2日《联合报》、2014年10月3日《人间福报》)

修心之钥

☆ 两岸和平来往,得来不易,珍惜这种和好、和谐、和平,甚至还要"和敬",不要斤斤计较于一两句话,伤了和气。

☆ 讲话有习惯用语,注意修辞,不要过度敏感,对话多说"我们",少说"你们",感受就不同。所以不要执着,如佛教有两句话:依法不依人、依义不依语,这才是重要。

【述评】

挑"好"的说
——"家和万事兴"的曙光会出现

高希均

一

每天排山倒海而来的负面新闻,从政经、两岸、社会到体育、健保,使民众看累了、听腻了、心烦了。

进入21世纪的另一个十年,让我们共同努力构建:一个快乐的家庭、一个和谐的社会、一个进步的台湾、一个永续发展的大环境。

走向这个伟大愿景的一小步,容我建议:先从大家"挑好的说"开始。用于家庭,家会快乐;用于社会,社会会和谐。限于篇幅,只讨论对公共政策的批判。

- 对公共政策的优劣,做出符合比例的批评,是天经地义的。
- 谩骂是"自我感觉"好,于事无补。
- "无所不骂"则凸显自己的作秀与无知。
- 评论时政宜有同理心与体谅心,如陈长文与张作锦二位近来所呼吁的。

- 在台湾,责骂官员,完全不要有勇气,只要有脾气;称赞官员却需要道德勇气。

二

一年半以来的马政府到底做"错"了什么？我认为很少;政策推动上,做了"慢"的倒很多。平心静气地来探讨新流感疫苗、ECFA、美国牛这些公共议题时,这些都是做了"对的决定",但是为什么反被认为是"做错了事"？这就是"专挑坏的说"的效应。就"两岸经济合作架构协议"来说,面对"东协加一"自由贸易区的生效,大陆只要对可能受影响的产业采取适当措施,台湾就要赶快签订。

少数反对者不断夸大以及专挑负面影响,而有关部门沟通力又不足时,就产生了政策的延误,使民众整体利益受到损失。《远见》杂志12月中的民调显示：54％的民意认为签订ECFA对台湾经济发展重要,只有19％认为不重要。当"对的决定"宣布后,当局一碰到少数反对,或迟疑、或收回,或道歉,好像变成"做错了事"。这种一再出现的场景,起初是展现了风度,以后则是损伤了魄力。这种退让是多数支持者对马政府失望的根本原因。

三

当舆论发挥报忧不报喜的功能时,西方社会也常会出现另一种声音：请媒体告诉我们,"政府做'对'了什么？"。

台湾的二十五县市与当局当然也做了很多很多值得报道与令民众兴奋的事。可惜"好事出不了门",使大多数的民众日日夜夜被所报道的灰暗面所笼罩。

让我们做三个月实验:挑"好"的说。把八十/二十原则用在这里:八成讲"好",二成讲"不好"。

- 孩子数学成绩从二十分升到四十分时,称赞这是"一倍的进步",不是"还不及格"。
- 鼓励失业的丈夫:"休息是为了走更长的路。"
- 对迟暮的女子说:"你一直有这样动人的气质。"
- 对蔡英文说:"加油,走理性的路。"
- 对马英九说:"你放心,民调只剩下一个可能:升!"

胡志强有本书《幽默一定强》(不是"志强一定强"),高希均有本书《阅读救自己》(不是"自己救阅读"),马英九有本书《沉默的魄力》(不是"魄力的沉默")。

星云大师一直在提倡"三好":说好话、做好事、存好心。这样做"三好",一定有"好"报。这个"报"也指报纸。

大家来实验三个月:挑"好"的说。我猜想:股市会上升、微笑会增加、"家和万事兴"的曙光也会出现。

刊于 2011 年 1 月 4 日《联合报》

大千事：执正见，解偏执之言

21世纪的讯息与展望

有人说：21世纪是太平洋的世纪，也有人说：21世纪是中国人的世纪。在我个人看来，并不尽然如此。那么，21世纪是什么样的世纪呢？下面我分四点来说明自己对21世纪的展望：

一、21世纪是尊重包容的世纪

20世纪，自由、民主与科学发展迅速，在人类的误用下，已产生诸多弊端，例如，个人太过自由，妨碍到他人的生存；民主成为"众暴寡"的借口，科学也沦为"强凌弱"的工具。近几年来随着欧洲共同体的成立、核子武器的冻结、科技文明的整合，世界的前途日趋光明，我们可以预见，未来的世纪是走向尊重和包容的世纪。因为唯有尊重对方，自他互换，易地而处，才能消弭无谓的杀戮和纷争，唯有包容异己，同中存异，异中求同，才能共享幸福的生活。尤其在科技进步、信息发达，人类迈向地球村的纪元里，我们更需要打破宗派、种族、国家的界限，摒除私心，接纳异己，携手建立尊重包容的世纪，才能共成美事、永享和平。

二、21世纪是同体共生的世纪

人类最初生活在神权时代,将冥冥不可知的未来寄托于神祇。后来,帝国的形成造就君权至上的时代。直至近代,民智渐开,人类抛头颅、洒热血为自己争取权利,民权时代于焉而起。然而,因为缺少"同体平等"的认知,族群冲突频起。由于没有"共生慈悲"的观念,我们的地球遭到空前的浩劫,不但生物渐灭,满目疮痍,而且周围环境日益恶化,促使大家开始觉醒昔日之非。我认为这将会推移人类到一个注重生权的时代,也就是同体共生的世纪。

在一切众生都有权利的时代,大家将意识到,尽管彼此之间有国家、民族、习性、物种的区别,却居住在一个地球上"同"为众缘和合的生命"体",所以应该"共"相仰赖并求"生"存。如果我们都能体悟物我一如、生佛平等的真理,就能捐弃我执,化解对立,整个世界就能和平安乐、生机盎然,成为同体共生的世纪。

三、21世纪是集体创作的世纪

在今日知识爆炸的时代,专业分工成为不可避免的趋势,但又发生无法掌握全局,反成扞格的弊病,人们渐渐觉悟到彼此合作、集体创作的重要性。其实,两千六百年前,我们的教主释迦牟尼佛在印度所领导的就是一个集体创作的僧团。在佛陀的出家弟子中,迦叶、优婆离尊者重修持、守戒,目犍连、舍利弗长老善于说法、教化,甚至愚笨如周利槃陀伽,都能安住在洒扫中,贡献社会。佛陀的在家弟子从王公贵族到贩夫走卒,也都能依循教理,充分发挥护法卫教的功能。在僧俗二众的通力合作之下,使佛教在当时的印度不但发展迅速，而且兴盛璀璨。同样地，今日世界在迈向现代化、国际化的同时，妥善分工固然是每件事是否成功的关键，但也必须进一步地合作无间、集思广益，才能创造历史性的事业。所以，我觉得21世纪应迈向集体创作的路线，才能集合众人的力量，共创美好的未来。

四、21世纪是崇尚真理的世纪

从早期求取生存温饱，到目前的工商发达、物质丰富，人类的身心遭遇愈来愈多的问题，面对国家政局的动荡不安、人我是非的冲突纷扰，社会情况的日趋繁复，以及未知将来的不安恐惧，人类无论在生活上、工作上、经济上、情感上，都产生着莫大的压力，大家莫不殷切渴求心灵的超越，这时如果没有一个正确的知见来引导生活，就容易造成道德的沦丧、社会的脱序。所以，人类对真理的需求可说是刻不容缓。

西方思想家说："吾爱吾师，吾更爱真理。"的确，真理如明灯，能指引我们走向康庄大道；真理如船筏，能运载我们安然渡过人生大海。两千六百年前，佛陀在菩提树下所证悟的宇宙人生真理，简单而言，就是放诸四海而皆准的"因果法则"。如果我们能明因识果，就知道想要身体健康，就必须饮食节度，生活正常；想要成功，就必须奋发向上，精进不懈；想要财源广进，就必须开源节流，培植福德；想要名闻远播，就必须慈悲喜舍，广结善缘。在这个千变万化、学说纷纭的现代社会里，如果大家都能顺着理而行，必定能开展美满人生。因此，21世纪应该是一个崇尚真理的世纪。

展望21世纪，我们若能胸怀法界，放眼宇宙，以尊重包容的雅量扩大心胸,以同体共生的认知发展生机,以集体创作的理念成就事业,以崇尚真理的精神开发自心无限的宝藏,则21世纪将是一个拥有无限希望的世纪,也是一个人间净土的世纪!

(刊于1996年5月1日《普门》杂志第200期)

修心之钥

☆ 居住在一个地球上"同"为众缘和合的生命"体",应该"共"相仰赖并求"生"存。

☆ 佛陀在印度所领导的就是一个集体创作的僧团,人人安住,各展所长,个体群体能共成美事,共享幸福。21世纪应迈向集体创作的路线,成为同体共生的世纪。

我对宗教融和的世界观

永久的和平是千古以来人人梦寐以求的美景,尤其处在这个是非颠倒、战争迭起的时代里,人人自危,大家对和平更是渴望不已。然而今天,自由、民主与科学虽然成为世界的潮流,但是在人类的滥用之下,自由成为侵犯他人的借口,民主也变成牺牲弱小的武器,科学更是被野心家利用作为打倒邻国的工具,这三项被认为社会进步的要素,如今却弊端百出。和平主义经常被人扭曲,反使人类的祸害频传。

政治上的以强欺弱,经济上的贫富不均,宗教、种族的排挤,男女、地域的分歧,这些不能和平解决的问题,莫不是因为彼此不能平等共存所引起,所谓"不平则鸣"。

追求世界和平是各个宗教一直努力倡导的,但是我特别要提出,谈和平必须先建立平等关系,如此才有和平可言,无论国与国间或宗教与宗教间没有平等,这和平就很难了。我们在倡导和平里,要先有平等,才有和平,没有平等的和平,是片面的。

平等必须要人我共尊。先贤曾说"敬人者人恒敬之,爱人者人恒爱之",平等不是用强制的手段逼迫对方就范,而是应该顾及对方尊严,唯有人我共尊才能达到彼此平等的境地。如果彼此尊重,人我无间,则和平又哪会遥远无期?

在佛教教义里,对于不同国家、种族、阶级、性别、年龄的人们,也最能赋予尊重,平等对待。二千五百年前的印度,佛陀提出"四河入海,无复河名;四姓出家,同为释姓"的主张。正因为佛教拥有"人我共尊"的平等特性、心物一体的平等主张,因此在历史上唯有佛教流传的过程中,未曾发生过战争流血的冲突。

平等要彼此立场互易。佛教里,佛陀告诉吾人,如何建立平等观念?必须要视人如己,爱人如己。经典上也提醒我们,如何增长慈悲胸怀?见到别人苦难,要设身处地为对方设想,假如我是他,或者他是我,如此立场互易才能建立自他平等的相处。能平等对待,世界怎会不和平?将社会上的丑陋缺失,看成与自己有关,自然会以慈悲胸怀,以平等观念去对待。所以唯有人我互易、异地互惠的平等方式,才能和平共存。

平等真义乃一多不异:一般人喜多厌少,以致有比较、计较、起惑造业,也因而纷扰不断。其实在佛教看来,一就是多,多就是一,一多不异,性相圆融。因为万法一如,同体共生。随举一法,都与全体有密不可分的关系。例如:小国卢森堡或新加坡的总统到欧美访问,大国如美、法总统,一样亲临机场欢迎,以表尊重。因为不管国家大小,人民多寡,在平等之下,价值一样的,此即是一多不异的平等真义。

南美的巴西,拥有一片广大森林资源,具有调节地球上气温的作用,联合国曾明文规定,要巴西保护这片森林,不得任意砍伐。这虽然只是巴西国内的一个定点,却可影响到整个人类的环保存亡。

不管人口多少,土地大小,语言种族,经济悬殊,并不影响其在国际上的地位,就像亚洲四小龙,即是一例。一棵树的种子埋在土壤,经过灌溉施肥,可以结出万千果实。道家也说:"道生一,一生二,二生三,三生万物。"一句话、一件事、一个人、一本书、甚至一个念头,都可以决定一个人或一个国家的命运。因为"一"具有众多的背景,因为"一"可能是众多的起因。所以我们不要因星星之火而轻视,因它可以燎原;不因少数民族而轻视,因会酿成难以想象的祸患;不因王子幼小而轻视,因他总有统理你的可能。这些都是多从一生,一多不异的例子。

平等,要能以大尊重小,以多尊重少,以强尊重弱,以有尊重无,以上尊重下。平等是当然的习惯观念,世界在平等的观念之下,必定能获致和平。

由于这次我到梵蒂冈与天主教教宗会面,希望今后天主教的神职人员及佛光山的僧信大众,能常常来往交流,如举办学术研讨会、佛光大学设立宗教研究所,我们欢迎他们神职人员前来研究,我们的僧众也可以去天主教大学研究。在宗教教育上、信仰上,大家都能提供方法研究出更超越、更有见地的宗教发展。假如有机会,佛教与天主教或其他宗教能合作举办世界宗教研究所,让世界每个宗教有机会,大家互相谈话、互相了解、互相学习。先让宗教彼此间互相沟通以后,对于各种思想的统合或学术的交流,都会比较方便。

天主教与佛教常常在世界各地救助苦难的人民,我希望通过宗教融和的理念,世界各宗教能够携手合作,对于世界苦难的民众给予具体的安排与协助。就如我曾经到过泰北,提出以工作代替赈济的方式。因为救济他们,要救济到何时?不如到那里设立工厂、设立职训所,让大家有工作、有机会习得一技之长,这样才能帮助当地人根本解决问题。

宗教融和一直是佛光山这些年致力推展的会务,不但是与天主教、基督教、道教或是其他宗教,我们一直伸出友谊的手。我一向主张同中容异,异中求同。"融和"是一种容人的雅量,一种平等的相待,一种尊重的言行,每个人都需要备有容纳异己的气度,方能有博大的未来。在佛教里,南北传佛教要融和,传统和现代要融和,今日世界更需要融和,国家与国家要融和,种族与种族间要融和,政党与政党间要融和,宗教与宗教之间更要融和,因为融和才是今后地球人的共生之道。

(刊于1997年4月1日《普门》杂志第211期)

修心之钥

☆ 平等真义乃一多不异：一就是多，多就是一，因为"一"具有众多的背景，因为"一"可能是众多的起因。

☆ 平等，是要设身处地为对方设想，假如我是他，或者他是我，如此立场互易才能建立自他平等的相处。能平等对待，世界怎会不和平？

佛牙来台

舍利,意译遗身或灵骨等义,乃指人往生后的遗身或火化后的骨灰。一般而言,生身舍利分有白色的骨舍利、黑色的发舍利,乃至红色的肉舍利。因而所谓佛牙舍利,是骨舍利的一种,为释迦牟尼佛涅槃荼毗火化后,所遗留下来的固体结晶物,此乃佛陀宿世以来,由戒定慧三学熏修所得,功果圆成,为无上福田。

普通人的遗身或骨灰,皆由其子孙藏于棺木,或置于金、石、陶质容器中,埋葬于坟墓或纳骨塔中。而佛菩萨和祖师火化后的舍利则不同,它会受到弟子及一般佛教徒普遍的尊敬与供养。因此,根据佛典记载,当佛陀入灭荼毗后,就有八大国王争分舍利,取得佛舍利后,请回本土砌塔供养。

儒家言"慎终追远",对于先圣前贤及历代祖师祭祀供奉,以表尊敬之意。佛弟子对祖师的遗骨,往往建塔造坟加以供奉,乃至前人生前所遗留的牙齿、剃下的头发,甚而剪下的指甲,都特别以精致的容器盛之供奉。佛陀累积多生修行,难行能行,难忍能忍,历经无数的考验与磨炼,才能究竟圆满成就佛果,他的真身舍利,当然备受佛弟子的珍重。因此,此颗佛牙舍利能流传二千多年,历古今而不失,实甚为稀有,更显出其难能可贵,此乃佛陀慈悲与智慧的象征,故为无上至宝,更应受到礼敬与尊崇。

由《中国时报》、高雄市立美术馆等合办的藏传佛教艺术大展,3月28日在万方瞩目之下,隆重揭幕。此次展出的主题为"天空下的珍宝:慈悲·智慧"。其实,4月9日弥足珍贵即将迎奉来台湾的佛牙,正是佛陀无上慈悲与智慧的表征。

"慈",是给予众生安乐,"悲",是拔除众生痛苦;佛陀在无量劫的生命中,割肉喂鹰,舍身饲虎,实践慈悲的菩萨行;佛陀以智慧方便降伏邪魔外道,去除众生的无名烦恼,呈现圆融的智慧。慈悲与智慧,是佛陀累劫多生所熏习圆成的威德。

慈悲不是用来衡量别人的尺度,而是身体力行的道德;慈悲也不是沽名钓誉的工具手段,而是真爱的自然流露。

所以,我们为人处世,要能悲智双运、福慧双修,人生才能如意自在。

目前台湾处处充满暴戾之气,社会严重地脱序,想要改善社会风气,净化人心,建立一个富而好礼的社会,就必须提倡慈悲与智慧,人人懂得包容、尊重、忍耐、谦让,让社会充满祥和欢喜,使人间处处有温暖。

此次佛牙能够奉迎来台,是全台湾千千万万人民的莫大福报,佛牙虽然是有形的存在,但是它的价值是无量无限的。希望台湾全民百姓借由礼拜恭敬佛牙的功德,能够净化每个人心中的贪嗔痴习气,彰显人人本具的清静佛性,将自己的心化为佛心,以慈悲来关爱社会大众;将自己的手化为佛手,奉行善事,热心公益,不做坏事;将自己的眼化为佛眼,对他人没有歧视差别;将自己的口化为佛口,常说赞叹的语言,没有恶言毁谤中伤。因此,佛牙的功德,是真实体现人生悲智圆融的境界。

有人说此次佛牙能够迎奉来台湾，将可为台湾带来富足、平安、祥和、繁荣的气象，万事无碍。事实上，我们不可以将所有的功德罪业汇归于佛牙，让佛牙承受"不可承受的重"。自己贪嗔痴所感得的因缘果报，要自己去承担责任；社会大众共同造作的杀盗淫妄的共业，责无旁贷地要人人共同担当。《佛遗教经》说："佛如良医，知病说药，服与不服，非医咎也。佛如善导，导人善道，闻之不行，非导过也。"稀世珍宝的佛牙，固然能令全台湾百姓同沾法益，但是佛牙的再现，对我们而言，毋宁是一种激励与启示，启发我们每个人，应该更加珍惜现有的福报，勤奋培植未来的福报，激励我们每个人要收摄自己的身心，发挥慈悲智慧的本性。

佛牙在哪里？佛牙就在我们的心中，心中有佛，我们的心就是佛心，以佛心的慈悲与智慧去观看世间，世间就是清净祥和的净土。让我们将佛牙功德所熏的慈悲喜舍、圆融智慧常挂吾心，把台湾创造成庄严安乐的佛国。

（刊于1998年4月1日《中国时报》）

修心之钥

☆ 佛牙是佛陀宿世以来,由戒定慧三学熏修,功果圆成的结晶,佛弟子视为无上福田,佛教徒普遍心怀尊敬并供养。

☆ 恭敬礼拜佛牙,是为了净化心中的贪嗔痴习气,彰显人人本具的清静佛性,以佛心观看世间、做人处事,才能辉映佛牙的功德。

邪教之害

本报在第一版开辟"迷悟之间"的专栏,是因为在这个五光十色的社会里,许多迷悟之间的观念有待厘清,加以一些散播似是而非思想的人,影响他人徘徊在正邪之间,甚至落入危地。

本报身为人民喉舌,自觉应负起去邪显正的使命,以保护大众的权益慧命。

末法时期,正法不彰,邪教盛行。美国柏克莱大学辛格教授在写给白宫的一份报告中估计,光是在美国,邪教组织就多达二千到五千个,计有一千万至二千万人参与邪教活动。

其实论及邪教,其波及地区之广、危害程度之深,已到了令人咋舌的地步。据《文汇报》《明报》记载,近十年来,著名者如美国的"人民圣殿教""戴维教派""天堂之门",澳大利亚的"圣歌餐运动"等,曾唆使教徒集体自杀;日本的"奥姆真理教派"在地铁施放毒气杀人,"法之华三法行""生命空间"等诈骗财物;意大利的"撒旦之子"等聚敛金钱,非法交易……均造成举世轰动;余如乌克兰的"大白兄弟会",德、法的"科学教派",菲律宾、印度尼西亚的"基督教末日教会",瑞士、比利时的"太阳神殿教"等,也都引起相当程度的震撼,甚至如中国大陆的"法轮功"等至今仍余波荡漾。邪教危害至巨,于此可见一斑。

欣闻美国政府有鉴于邪教之害,已采取严格措施,打击邪教的非法活动,数千个民间社团也誓言抵制邪教。余如日本、比利时、以色列等国也都加强取缔邪教。唯独台湾,尽管神棍充斥,敛财骗色,还有以"真佛"之名义号召惑众者,有自称"无上师"以怪诞行径迷人者,却未见有关当局注意。更有甚者,身为民意代表对于邪教活动趋之若鹜,热心参加,无异助长邪风。

过去当局曾因"宋七力事件"而呼吁扫除迷信,其实,迷不可怕,怕的是邪。因为迷,只是信得入迷;邪,是走错了路。

今天台湾邪教风行,究其原因,不外乎:

一、宗教师没有考核制度

对于宗教师,相关单位不实施审核制度,以至于心怀不轨的人穿起僧衣来,就可以招摇撞骗;邪知邪见之人可以到处建道场,做住持,说邪法,做邪事。

对于会计师、律师、医师等,当局及相关公会都设有考核制度,以维护专业水准,保护大众权益;但对于身为人天师范、负有净化人心使命的宗教师,不但不定考核制度,还任其发展,社会不乱,焉有此理?

二、宗教学院不予立案

正信宗教有心设立学院,培养宗教人才,期能达到净化社会的宗旨,但政府却一直不予立案,如此一来,反倒让邪教乘虚而入,因为横竖没有立案,你是来自正信宗教学院,还是来自邪师邪道,有谁晓得?

一般的社会教育都讲究科班出身,所以当局为立审核标准,颁发学历文凭,但对于注重传承、讲究戒法的正信宗教却不重视。邪教盛行,究竟是孰令致之?谁能为之?

三、宗教教育不够普遍

宗教教育不普及,让宗教如同蒙上一层薄纱,一些人无法辨认何者为正?何者为邪?很容易就信奉邪教,甚至被邪师控制,作为行恶的工具。

如今虽然教育法令松绑,在大学内准予开设宗教课程,成立宗教系所,但终究只能嘉惠少数人,或仅属研究性质,不能普遍。

四、朝野缺乏扫除邪教的魄力决心及道德勇气

邪教害人匪浅,众所周知,但当局缺乏魄力与决心,让邪教一再死灰复燃。而许多民众也本着"各人自扫门前雪,不管他人瓦上霜"的心理,甚至抱着幸灾乐祸的态度,隔岸观火,殊不知在交流频繁的社会里,大家都具有"同体共生"的关系。

于今之计,我们希望——

(一)宗教法规能够尽速确立

对于宗教师、宗教徒、宗教学院、宗教道场等,法律都能有明文规定,俾从根本上斩除邪教之害。

(二)宗教教育从幼儿开始

如能从小拥有正确的观念,长大之后,不致信奉邪教,也不致为非作歹。此乃"正本清源"之道也。

(刊于 2000 年 2 月 17 日《人间福报》)

修心之钥

☆ 迷不可怕,怕的是邪。因为迷,只是信得入迷;邪,是走错了路。

☆ 有些人对于似是而非思想、招摇撞骗的行径、神秘危险的活动,无法清楚辨认。邪法与邪事的泛滥,必须要靠法规及教育来解决。

十邪：再论邪之害

日前本报"社论"中，我们以"邪教之害"为题，阐述邪教的可怕及对治的呼吁，受到读者们热烈的反响，可见邪教之害，人皆畏之。其实，邪教只是诸邪之一，邪之害还有很多，为使大众能充分了解，兹列举"十邪"，以为说明：

（一）邪说。邪说害人，自古有之，于今为烈，例如"人死如灯灭""人死后继续转世为人"等邪说，往往成为恶人为非作歹的借口；"宿命论""拨无因果论"等邪说使得许多穷苦的人对于未来失去信心；"及时行乐"等邪说让人们沉溺于五欲之中，无法自拔；近年来流行"末日到来"的邪说，则已误导许多人做出自杀、杀他之恶行。邪说害人于无形之中，吾人不可不辨。

（二）邪命。人人都需要有正当职业来维持生命，回馈社会。然而有许多人却为了贪图巨利，不惜铤而走险，贩卖毒品、刀枪，开设酒家、赌场，制作色情电影、黄色网络等，促使杀盗淫妄猖獗，社会治安堪虞。

（三）邪念。正心诚意是修身、齐家、治国的根本，但一些有心人士，或基于阴谋，或由于心术不正，倡导邪念妄想，例如诱人从事投机商业，进行不正当的买进卖出，促成毒品交易，以牟取暴利，乃至设下圈套,伤害他人,助长民众贪嗔痴、颠倒是非之恶行,其罪过可谓深矣!

(四)邪书。过去,海淫海盗或思想不正的出版物都在严禁之列,时至今日,社会提倡自由,放宽禁戒,各种色情暴力、鬼怪乱神、异端邪说的书籍、录像带触目皆是,败坏社会善良风俗,以致犯罪的人数日增、犯罪的年龄层也逐渐降低,吾人不可不加以警觉!

(五)邪淫。正当美满的夫妻生活可以促使家庭和谐,然而在目前性开放的泛滥下,婚外情、同性恋、未婚生子、娼妓、牛郎等现象甚嚣尘上。古德云:"万恶淫为首。"现在到处淫地、淫事、淫具等泛滥猖獗,长此以往,将使伦理纲常荡然,岂不动摇社稷根本?

(六)邪戒。戒律本来是追求解脱的途径,但一些邪教却以之作为标新立异、哗众取宠的手段,例如主张喝小便、光吃水果辟五谷、不与家人往来等等,可以成道证果。如此行径,无异以一盲引众盲,相牵入火坑。

(七)邪行。卜卦算命、风水地理等虽是运用中国《易经》的哲理,但被一些人滥用以神权、宿命来操纵信者,使其丧失自我正理的力量,凡此皆非正道。所以《遗教经》云:"占相吉凶,仰观星宿,推步盈虚,历数算计,皆所不应。"

(八)邪人。小至家庭,大至世界,每一个团体都是由"人"所组成,"邪人"存在,如同害群之马。团体当中,只要有一个邪人,就足以破坏安宁。但看今日,不务正业、投机取巧、招摇撞骗、欺世盗名者充斥社会,如不加以遏止,将造成诸多问题。

(九)邪地。在我们都市中,风花雪月的招牌标志、杀生害命的饭店餐馆、招摇撞骗的星卜场所、剥削暴力的地下钱庄等充斥街头,诱人犯罪造业,皆为不正之邪地。然政府不但视若无睹,任其猖獗,甚至颁发法令,允许登记,无异助长歪风。

（十）邪团。社团组织的成立,本来是相关人士为了促进团结,利益社会,但近几年来,非法组织的团体增加,或宣扬邪说、或蛊惑人心、或颠覆政府、或分裂国家,为世界各地带来了灾难。

邪之害,乃冰冻三尺,非一日之寒。解决之道,非政府集合有识之士,群策群力,难以成功。在此希望各界都能具有荣辱与共、唇亡齿寒的认识,共同整顿邪恶,扫除歪风,尤其希望传播媒体应倡导正知正见,正行正命。父母师长要强调因果教育,注重言行身教;工商企业遵守职业道德,杜绝邪具之制造,邪念之散播;文化事业自尊自重,发行有益世道人心之出版物;宗教团体发起自律行动,清理门户,揭发不合戒法的言行,以为警诫;娱乐事业举行正当活动,寓教于乐。宁可正而不足,不可邪而有余,更希望全体大众,即日实时,觉悟"邪之害"。

(刊于 2000 年 2 月 25 日《人间福报》)

修心之钥

☆ 邪说害人于无形之中,相信邪教如同一盲引众盲,相牵入火坑。

☆ 宁可正而不足,不可邪而有余。

世纪生春

冬天已去,春天来了!院子里的百花盛开,树上的鸟儿啼叫。当远山含笑,绿意盎然,这是寒冬业已过去;当冰雪融解,春风回暖,这是生机已经来到。老人们走出家门,儿童们成群嬉笑,校园里歌声洋溢,公园内柳绿花红,好一片大地春临、"世纪生春"的新气象。

当春天重回大地人间:春江水暖,游鸭先知;春草暖性,昆虫已晓;春到枝头,杨柳翠绿;春回大地,蝴蝶飞舞;春雷惊蛰,万物复苏。20世纪过去了,21世纪的脚步已经悄悄地来到。你看!人间好一片"四季生春"的美丽风貌。

21世纪的时代,世界的冷战已经加强在和解,各国的纠纷也不断地获得调停。民权受到重视,生权也跟着起步。强权已经不能再称霸世界,核武也受到各国的限制。民族平等的呼声响彻云霄,环保生态的维护获得举世的关注。瑞典诺贝尔和平奖的号角处处响起,各国联合及和平团结的呼声,已经传遍十方了。这一个世界上,各国的飞机你来我往;各国的民众穿梭不停。法界之内,同体共生;四海之内,皆为兄弟。这一切,都是"世纪生春"的美好写照。

有人说,21世纪是中国的世纪;有人说,21世纪是太平洋的世纪;有人说,21世纪是人间佛教的世纪;有人说,21世纪是普世和解的世纪。21世纪,正如一个充满生机盎然的春天,带给人类无限美好的未来。因为,新世纪,总会有新希望。

在21世纪的自我人生里,我们要重新调整自己的脚步,奋发自强,充实自己的知识与道德,加强自己的技能与阅历。我们要为社会做出奉献与牺牲,我们要散发生命的光和热,我们要增添自己的智与能。树立自我慈悲的形象,促进人我融和的交往,处处欢喜合群,时时积极进步,让自己真正拥有一个世纪的春天。

在21世纪的家庭中,父慈子孝、兄友弟恭,夫妻相亲相爱,你中有我,我中有你;家居生活,和乐融融。这是家庭的"世纪生春"。

在21世纪的社会里,工商发达,产业丰收,生命安全,生活自在,让大家都能人我尊重,往来互助,这是社会的"世纪生春"。

在21世纪的政治上,官员清廉诚实,体察民生疾苦,发心为民服务,立愿为民前锋。党与党携手合作,官与官勤政爱民,人与人开诚布公,家与家安居乐业。让社会人间,再没有倾轧与打压,再没有黑道与黑金,再没有恃强与凌弱,再没有害人与害己。媒体所披露的,都是好人好事;百姓所展现的,都是笑逐颜开。好一片太平盛世的和乐景象,这是政治上的"世纪生春"。

在21世纪里,我们希望海峡两岸的春天早日来到,我们希望久已倡导的"和平统一"代替"僵硬执着",我们也希望经济继续成长的春天长驻海峡两岸。现在中国大陆的经济,已经面临了一个春天;台湾的经济和自由民主,也早就是春天了。台湾世称宝岛,气候"四季如春";我们希望人情也能像春暖花开,处处飘香;我们更希望每一个人的内心都能飘散着戒定慧的芬芳,让法界蒙熏,共同祈愿"世纪生春"的来临,共同创造举世人类的"世纪之春"。

(刊于2001年1月1日《人间福报》)

修心之钥

☆ 新世纪,总会有新希望,我们要重新调整自己的脚步,让自己真正拥有一个世纪的春天。

宗教与当代世界

我刚从韩国来到日本。韩国有三宝佛寺：通度寺又称佛宝寺，海印寺又称法宝寺，松广寺又称僧宝寺。现在世界普遍都在追求佛学，其虔诚及求法的精神令人感动。不单韩国，马来西亚、新加坡、菲律宾，亚洲，甚至美洲、欧洲，都是如此。此次举办的"宗教与当代世界学术研讨会"，意即宗教对当代世界的人心、思潮，或者社会生活、伦理教育等，应该提供一点意见与规范。现以四点意见说明如下：

一、对物质的生活要淡薄

我们对当代世界的物质生活应加以规范，力求淡薄。因为现今社会与人心，已逐渐与古代重视修身养性、内外一如的生活远离了，大家慢慢都是向钱看，纸醉金迷，对物质生活过于偏重。

好比现代许多人心，常常成为物质的奴隶。心是自己的主人，我们可以运用物质、金钱，但不可被其利用。晋朝文人陶渊明说"心为形役"，我们的心为六尘所蒙蔽，被物质所束缚，使得本性的光明无法显现，而不得自由，人生因之失去平衡。特里莎修女以为："我以贫穷为光荣。"禅门祖师也云："一池荷叶衣无尽，数株松花食有余。"他们不汲汲于物质的追求，无衣，则以荷叶蔽体；吃饭，仅以松果果腹。

将生活关注在精神、心灵上的解脱与自在。

当然,并非全然舍弃物质生活。过去佛教说"财色名食睡,地狱五条根",其实言之过重,基本的物质生活,还是需要的。早期的佛教封闭保守,倘若出家人戴手表,就被视为奢靡放纵,他们往往忘记手表的功用是为了计时,而非装饰。好比有一回,我从台北到高雄讲演,才下车,就有人当面指责我:"出家人还坐汽车啊!"我心想,不坐车,从台北走到高雄要一个星期!人一旦认知上有了错误,便失去判断是非的能力。

佛陀时代,有位跋提王子和同参在山林里参禅打坐,不知不觉中,三个人异口同声地叫出:"快乐啊!快乐啊!"

佛陀听到了,就问:"什么事让你们如此快乐?"

跋提王子回道:"佛陀!当初我虽住在华丽的王宫,吃着珍馐美味,身穿绫罗绸缎,无以计数的卫兵日夜保护我,我仍然感到恐惧不安。如今出家,二六时中,参禅修道,虽吃得素简,却甘美饱腹;住在林间树下,却觉得安心自在,因之而欣喜若狂。"

"莫嫌佛门茶水淡,僧情不比俗情浓",过去高僧大德,也非反对物质生活,而是将之淡化,从物质以外,追求人生的幸福快乐。

二、对精神的生活要升华

现代人忽略精神生活,整日为生计而忙碌奔波,精神生活被压榨得只剩少许的空间。纵使有些人懂得调剂,也是着重在读书、情爱……其实,真正的精神生活,是身心灵的自在解脱与超越。

精神的提升是全世界必须重视的课题。许多宗教人士,宁可物质生活缺乏,但是精神的生活要富有。记得有一回,因泰北住了一群中国难民,于是举办"送温暖到泰北"活动,我们前往探望,聊表心意。

当地的难民感激地说："我们宁可没有饭吃，也不能没有佛教。"可见精神的丰足远比物质的饱满来得重要。

现代人以读书、旅游来享受，来充实精神生活。我以为还是不够。过去大迦叶尊者在坟间修行，却不以为苦；颜回"居陋巷，一箪食，一瓢饮，人不堪其忧，回也不改其乐。"因为物质的生活有限，精神的生活却是"取之无穷，用之不尽"。各位宗教界的学者、老师们，应该做时代的中坚，给予社会、人心提携精神的力量及精神上超越的空间。

三、对艺术的生活要丰富

商周时代铸造的铜器，雕工之美，展现艺术的精神；历代佛教的绘画、雕刻、塑像、建筑，更是艺术之极。此皆反映古人对艺术的爱好与重视。反观现代人不着重艺术生活，只在乎物质的享受，让人不禁慨叹，今不如昔。

如果，人世间艺术的生活能增添一分，贪欲、嗔恨、忌妒、愚痴、人我战争就会减少一分。若我们爱好美术、文学、音乐等，就能在美术的大海里悠游，陶冶的就是自心的三千世界。不过，这还是有形的艺术美。无形之美，例如讲话有艺术，歌咏、赞美他人，世界自会增添祥和欢喜。宗教讲究净化美，如菩萨一扬眉、一瞬目都是美感，像思维中的弥勒菩萨，即展现其超越了无限的生死、无限的时空、无限的人生在思维之中。

所以，艺术的生活就是：穿衣，不须太华丽，合身就是美；吃饭，无须山珍海味，有颗欢喜感恩的心即是美。我一生，最欢喜的饮食是茶泡饭、拌酱瓜，淡中之味方是妙香。一碗面，有时比满桌佳肴来得美味。因此，我常对徒众说："不喜欢吃面的人不可以出家！"因为，出家生活应力求简单、淡泊。衣食住行,行住坐卧,都有至美的思维动作,缺少了这些艺术的生活,心灵就会立即被烦恼所占据,如何体会佛菩萨的真如佛性!

这次前往韩国,我问韩国的法师:"阿弥陀佛在西方极乐世界,药师佛在东方琉璃世界,弥勒佛在兜率内院,那么,释迦牟尼佛在哪里?"众人回说:"释迦牟尼佛在虚空里。"虚空有尽,虚空能容法身,我们看得到吗?"释迦牟尼佛在常寂光净土。"在东方、南方、西方?我们也不知道啊!

佛一直在众生的心中,我们能感受得到吗?日用生活间,吃饭时有佛,喝茶时有佛,走路时有佛……乃至体会到佛的般若智慧、慈悲愿力,就能与佛同在,就能圆满一切。

四、对信仰的生活要超越

举凡一个宗教的成立,必定有他应具备的条件,即是要有教主、教义、教史。此三宝,如"鼎之三足",缺一不可。是故,信仰要完美,应从三宝里获得,但往往信仰者不是只拜佛,不欢喜听经闻法;就是只研究经典,不爱拜佛;抑或只拜师父,却不信佛祖,不爱听经。其实,无论我们信不信佛,他都不会因之而增加或减少什么。信佛是要信自己,让我们有个规范、目标,让人格、心性与佛同等。

《金刚经》提及,佛菩萨度众生,只需用几千万分之一的悲愿,世界就会和平:"所有一切众生之类,若卵生、若胎生、若湿生、若化生;若有色、若无色;若有想、若无想;若非有想非无想,我皆令入无余涅槃而灭度之。"意即我不但施予众生衣食,更要让众等获得解脱,证入涅槃。又云:"如是灭度无量无数无边众生,实无众生得灭度者。"佛没有你小我大的自我意识,一切众生皆可度。整部经以"无相布施,无我度生"为主旨,把一个人的人格与所有的大地众生融为一体。

关于宗教信仰的问题,以佛教为例,信徒到道场,某些法师总是强制性地要其拜佛。但是,有些人会将佛教的拜佛,与过去臣子对君王行三跪九拜之礼划上等号,进而对佛教望之却步,以至于不敢再亲近道场。我个人以为,拜佛是一种很自然的宗教行为,应让其自然而然,心甘情愿地接受。

佛教对当代思潮、当代人心,还是无法发挥显著的影响力,仍因台湾民众普遍以民间信仰为主。信徒多半都是对神明有所要求,求发财富贵、求长寿百岁、求家人平安、求子孙满堂等。相反的,佛教教人学习菩萨慈悲喜舍的精神,布施予人,从为人服务中解脱烦恼。

信仰宗教不应只是在有所求的层次上驻足,要在奉献、牺牲、利人上用心,才有流传的价值。也不能老是停留在拜佛、信佛、求佛的阶段,应该要"行佛",行佛之所行。当初佛陀"割肉喂鹰、舍身饲虎",以"难行能行,难忍能忍"的精神,为众生牺牲奉献,才是学佛者应学习的方向。所以,世界要进化,宗教也需提升。

宗教对当代世界,纵使有多崇高的理论、多深远的理想,没有群众,也是曲高和寡,走不出去。我以为,宗教对当代世界,唯有教导人淡薄物质生活,提升精神生活,丰富艺术生活,乃至信仰的生活能有所超越,才能发挥实质的作用,改善社会人心。

(2003年9月17日讲于日本本栖寺法轮堂:《宗教与当代世界学术研讨会致词》)

修心之钥

☆ 宗教对人心、思潮、社会生活、伦理教育……都是有影响力的。世界在进步,宗教本身也要提升,也要现代化。

☆ 无论我们信不信佛,佛都不会因之而增加或减少什么。信佛是要信自己,让我们有个规范、目标,让人格、心性与佛同等。

融和与和平
——日内瓦国际会议中心专题演讲

各位女士、各位先生：

大家远从世界各国来到日内瓦会议中心相聚，很高兴能在这里与大家共同谈话。

生活在世界上的每个人，最需要的是财富、健康、成功、欢喜，到了和世界接触之后，最需要的就是融和与和平。我们的家庭一定要融和，家人才会幸福快乐；我们的世界一定要和平，各个国家、民族才会相处融和。

联合国主要目的是致力倡导世界和平，创建人民幸福，世界上也有很多专家学者，提出相关的宝贵意见。站在佛教的立场，对这些问题又有什么看法？人与人之间要融和，必须先和平相处；想要让世界和平，也必须先相互融和、尊重。怎样才能融和呢？提出四点意见，供大家参考：

一、包容观可以融和

这个世界上有很多的不同，国家不同、文化不同、宗教不同、种族不同，对于各方面的不同，若不能包容，而以对抗的方式相待，又怎么会融和呢？要能包容，必须先有爱心，能尊重对方，即使别人跟我不同也没关系。比方一个盒子，能容纳很多种东西；一个杯子，可以装茶也可以装水，不管是什么成分的饮料，它都容许。又例如这个空间能容纳我们这么多人，世界虚空可以容纳万事万物，都可说是具有很大的包容力。同样的道理，人类也能包容，我们的心量很大，就能把宇宙万物容纳在心里，如此，这颗心也就更富有了。

前天我到梵蒂冈和教宗见过面以后，他们的第一枢机主教 Paul Poupard，是梵蒂冈的外交官，负责宗教对谈，他邀我一起作个简短的谈话：

他问我："佛教容许佛教徒再转信别的宗教吗？"

我说："在中国台湾地区或大陆，多数佛教徒原先都信仰具有中国文化的宗教，也就是道教。甚至在中国文化里，过去儒教、道教、佛教，也有所谓'三教同源，五教一家'的思想。就好比我在这个学校念书，念得不契机，可以转到另外一个学校读书；我吃这一样菜不合味口，可以换吃另外一样菜；我交了这个朋友，也可以再交另外的朋友。世界上许多事情都不是专一的，西方对宗教的看法，有一个了不起的观点就是'信教自由'"。

他说："我们天主教不允许教徒再转信其他的宗教。"

我说："这些观点可以在天主教里规定，那是天主教教内的事情。假如是对外的，与很多宗教在一起时，就要互相尊重包容，才不会触及'只有我，没有你'的问题。"

在这个世界上，一般人想要有成就，其包容的心量有多大，成就就有多大。在基督教里，出卖耶稣的犹大，伟大的耶稣最后也原谅了他；佛教的释迦牟尼佛，也曾有一些人违逆他，例如有名的提婆达多，而佛陀却说："没有黑暗就没有光明，没有罪恶就没有善良。感谢提婆达多，他一再反对我，是我的逆增上缘，他的反对成就了我。"可见佛教是一个最具有包容心的宗教。

世界上好的、善美的，我们都欢喜接纳，但是不善美的，我也要能包容，与他共同存在，如此，他也会变好。比方我们手上生了一个脓疮，流脓流血，发腐发臭，散发出不好的味道，能因此而把手砍断吗？当然不行。这是我的手，即使患了病，也要把它洗净、敷药、包扎。再举个例子，我的父母假如人格道德不健全，只要我用诚心诚意去感化他们，最后他们也会有所改变。

面对世界上一些罪恶、不健全的人，只要我心量大，给予一些宽容，都可以感化他们。所以，包容是最美好的事。我们用包容心看待一切，一切就在我们的心中，世界是我们心里的世界，众生是我们心里的众生。心里的东西，我可以美化它、净化它，最后它也会变得更美好。你看，日本仙崖禅师一句："夜深露重，早点回去睡觉，不要着凉了。"以关爱代替责备，感化夜游沙弥；安养法师情愿以纸张当被盖，也要弟子将被偷的棉被还给小偷，因此感化对方，改邪归正，皈依佛教。我们能给别人一点空间、一丝谅解、一些包容，则对自己、对他人，甚至对整个世界和平都很有帮助。

二、无我观可以融和

无我可以促进种族和谐与世界和平。每个人都有一个"我"，这个"我"明明存在，怎么说无我呢？检查一下这个"我"，永远都是真实的？都不会变吗？想一想，刚出生的女孩叫作女婴，再大一点叫作女童，再长大些叫作女学生，后来成了小姐，结婚后变成太太，生儿育女之后就成为妈妈，时间岁月久了就成了老婆婆。这个人是叫作女婴、女孩、女学生、小姐、太太、妈妈，还是叫老婆婆？她究竟是什么人啊！又好比一棵小树长成大树之后，它究竟叫作什么呢？

无我并不是真的没有我,这个道理只是说明世间没有一个真实不变的我。例如:每个人都会说当初我是怎么样,后来我变了,变得有智慧,不再像过去那样逞匹夫之勇,凡事都知道要讲道理了……"无我"的观点值得大家省思。

在佛教里讲"我",是由骨头、血肉、呼吸、大小便溺……种种条件结合起来,才成为一个人,假如这些都分散了,"我"在哪里呢?好比我们现在使用的这一栋建筑,是由许多材料建造起来的,假如把这许多材料分散,这个会堂又在哪里呢?所谓"牺牲小我,完成大我",大我者,宇宙、人类都是如此,靠因缘和合而生,因彼此相互依附而存在。假若没有士农工商供应衣食等,我们何以能生存;花草树木,若没有土壤、水分、肥料、阳光、空气,何以能成长,所以,"我"必定是仰赖许多因缘关系才能存在。

人类因为有"我",老是想"我"要前途、"我"要成就、"我"要……做任何事都是为了"我",所以心甘情愿地奋斗,受尽种种辛苦都可以承受。执着这个"我"固然可以有力量,但是太过自私,什么都只为了我,也会成为苦恼的根源。例如:我要发财固然很好,但是有了财富就会快乐吗?我要爱情,因为爱情让心欢愉,可是爱情真能永久而不灭,顺利而无波吗?是故,我们要培养服务奉献他人的心,以此扩大自我的心胸,才能成就大事业。

"无我"是什么样的心境?举个小故事:

有位先生边抽烟边看球赛,看得入神,不慎香烟烧到隔壁男士的西装,痛得他大声尖叫。抽烟的先生赶紧道歉,穿西装的男士也看到忘我,连说:"不要紧!再买件新的就好。"

因为专心看球赛,这个人并没有因此把香烟熄灭。不一会儿,邻座小姐头发也烧得直喊痛。抽烟的人连忙道歉:"对不起!我的香烟又造罪了。"这时候球赛正是胜负的关键时刻,这位小姐看得入神,忘了利害关系,不计较地说:"不要紧,不要紧,回去再换一顶就好了!"

忘我就减少执着,减少斗争,减少痛苦。所以,"无我"的观念,是一种最平等、最和平的观念。无我并不是指人死了以后才没有我,而是在修养上、思想上,慢慢建立起一个大我的观念,不再自私,不再只顾自我、执着自我,如此,也就容易促进世界和平。

究竟无我的观念如何观想?修行要如何到达无我的境界?其实"无我观"就是思想上对"我"的看法。我是有生死的,是无常的,是会损坏的,这个身体不会让我们永久拥有。因此,要寻找一个真我,也就是我们的真心。人生要找到真心的我,世界才会和平,才能融和。

三、平等观可以融和

真平等才能真和平。古往今来,国与国间之所以争执不断,皆出于不平等;人类因想法不同、认知有别,所以引起斗争,乃至种族的歧视、男女的不平等,都会造成人世间的纠纷。

有位农夫养了许多羊、鹿、牛与小猪,他每天把羊送出去,剪了羊毛又带回来;把鹿送出去,剪了鹿角又送回来。羊、鹿和牛从不开口,只有小猪听到农夫说要走了就大叫,羊和牛笑他:"主人叫我们出去,我们都不开口,怎么叫到你,你就叫得那么大声?"小猪抗议说:"叫你们出去还会再回来,我是一去不复返,怎能不叫呢!"

所谓"不平则鸣",没有受到公平的待遇,反应当然就会不一样。这世间,要平等绝非易事,但是,做不到平等,和平又在哪里呢?

有个猫和老鼠的故事:

有一只老鼠向猫抗议:"我们同样是生命,为什么你老是要吃我呢？太不平等了。"

猫回答："好！老鼠,我给你吃,这样平等了吧！"

老鼠疑惑："我哪里能吃你呢？"

猫说："既然你不能吃我,我现在吃你,总算很平等了吧！"

世间上多少人在假平等的口号下牺牲,造成人间许多的不圆满。如何才能真平等？《法华经》中叙述常不轻菩萨经常向人礼拜赞叹,并说："我不敢轻视汝等,汝等皆当作佛。"《菩萨睒子经》说,睒子菩萨"履地常恐地痛",由此看出菩萨视众生如己的平等慈心。

平等是从思想上建立,有智慧、有仁慈,平等心自会于焉而生。

举个例子：有一个家庭,小孩子吵闹不休,被祖父赏了一巴掌,小孩子的父亲看到这一幕,就自己打自己。祖父惊讶地问道："你怎么自己打自己？"父亲说："因为你打我的儿子,我就打你的儿子。"这叫作愚痴,不是平等。

平等是合乎理性,是放诸四海而皆准的,理要有平等性、必然性,才是真理。假如你有钱,说话就有理,我没有钱,说话就没有理,这就不平等；你是男人讲话就有力量,我是女人讲话就没有力量,这也不平等。我们呼吁世界要融和、要平等,平等的观念是一种行持,是一种道德的行为,须靠大家共同努力去实践、去圆满。

四、慈悲观可以融和

人间要有融和,世界要能和平,唯有慈悲待人。慈悲就是爱的升华,爱有真心相爱,有慈悲的奉献,但是爱也有自私的爱。例如有的人为了爱而去杀人,这种爱就有了杂质。爱要升华,要净化为慈悲,才是大爱。

"慈悲",分"有缘的慈悲",如对亲朋好友慈悲以待；也有"无缘的慈悲",对无缘的众生,施于爱心、关怀。"热闹的慈悲"容易做,例如哪个地方发生天灾需要救苦救难,大家便奋勇向前。但是左右邻居、街角陋巷有人饥困、贫穷、呻吟、孤独、困苦,这种"寂寞的慈悲"往往乏人问津。

有些人在助人后,总想得到名位,要求回报,这是"有相的慈悲"。能做到无相、不计较,行善不望回报的"无相的慈悲"才是真正的慈悲。基督教《圣经》说"要爱你们的仇敌",在佛教讲"怨亲平等",对冤家仇人能舍弃敌对,真心感谢,将之看作是成就自己的善知识,这种慈悲不容易做到。

待人慈悲有什么好处呢?有则动人的小故事:

有位妇人欲出门倒垃圾,门一开,发现四个老人在寒风中颤抖,她心生慈悲,说道:"四位老人家,天气寒冷,到我家里喝杯茶取暖好吗?"

四个老人反问:"你家里有男人在吗?"

妇人回道:"没有。"

四个老人说:"如此,我们不方便进去。"

傍晚,先生与孩子回到家,太太告知家人此事,先生立时请太太将四位老人请回家中做客。妇人赶忙请四位老人进门。

四个老人却说:"我们四个人有个规矩,只能派一个人当代表。这位叫作财富,那位是成功,他叫平安,我叫作慈悲。你想要什么,就请哪一个人到你家里去。"

妇人回去转述方才老人所说的话。全家人思考后,各抒己见:先生认为请财富,太太以为平安最好,儿子希望成功进门,女儿欢喜慈悲。最后大家采纳女儿的意见,请慈悲进家门。

慈悲进了他们家,另外三个老人也跟着进门,太太疑惑:"你们不是说只能一个代表吗？"

三个老人说："我们有一个惯例，慈悲到哪里，我们三个都愿跟随。"

最后，我也希望能把财富、成功、平安、慈悲送给各位，祝福大家。

(2006年6月24日于日内瓦联合国国际会议中心)

修心之钥

☆ 人与人之间要融和,必须先和平相处;想要让世界和平,也必须先相互融和、尊重。

☆ 若具有包容观、无我观、平等观、慈悲观,则国家、文化、宗教、种族,都能走向融和。

【述评】

星云奇迹
——佛光山人间佛教的兴起

高希均

一位十二岁的扬州和尚,二十三岁从大陆到台湾,没有亲人,不谙台语,孤苦无援,还被诬陷为"匪谍"入狱二十三天。但脑无杂念,心无二用,投下了六十年的心血,开创了一个无限的人间佛教世界。

这位法名"悟彻"的出家人,就是现在大家尊称的星云大师。

在台湾,在大陆,在其他华侨地区,以及世界各地(从日内瓦、东京到悉尼),人间佛教、佛光山、星云大师已变成了"台湾之光"。

他的一生:改革了佛教,改善了人心,改变了世界。

这是"台湾奇迹"的一部分,这是台湾"宁静革命"的一部分,这是一位值得尊敬的人物。

一、"奇迹"起因于一念

六十年来的台湾社会,已经从贫穷变成小康,从闭塞变成开放,从威权变成多元,人才与言论早已是百花齐放、百家争鸣。在宗教界,能结合佛教思想与人生幸福,再加以多方面实践与全球性推广的领袖,当推佛光山星云大师。

　　对大多数人来说,他们并不清楚佛光山的信徒到底有几百万人?每年在世界各地佛法的宣扬有几百场?遍布世界各地的道场有多少个?组织的读书会有几千个?出版的佛学专著有几百种?但很多人都能体会到佛光山无远弗届的影响力。

　　我的观察是,这些在海内外的成就以及对台湾社会的贡献,起因于一个念头:推动人间佛教。年轻的星云,从宜兰做起。他所向往的就是:"佛说的、人要的、净化的、善美的;凡是有助于幸福人生增进的教法,都是人间佛教。"不懂精深佛理的人,也都能懂这样平易近人的解释。

　　人间佛教的提倡,是通过各种直接与间接方式、宗教与非宗教活动走进人群、走进社会、走进生活以及走向国际时,追随的人——信徒以及非信徒——都被这些信念与行为所感动:给人信心、给人欢喜、给人希望、给人方便。他又深知人生离不开金钱、爱情、名位、权力,因此又不断提倡"要过合理的经济生活、正义的政治生活、服务的社会生活、艺术的道德生活、尊重的伦理生活、净化的感情生活"。

　　他自己则从不间断著书立论、兴学育才、讲经说法、推

广实践,六十年如一日。他的辛苦没有白费,他的成就难以细述。在文教领域:

- 1967年创建佛光山,启动"人间佛教"弘法之路。
- 创办了十六所佛教学院,二十二所美术馆。
- 在美国、澳大利亚以及台湾地区创办了四所大学,二十六所图书馆。
- 在台湾另有八所小区大学,在世界各地有五十所中华学校。
- 重编藏经,翻译白话经典。
- 成立出版社、图书馆、电台、人间卫视、《人间福报》等。
- 海外已有两百多个别分院与道场。
- 个人获得的荣誉(如荣誉博士、勋章、奖状等)更逾百位数,包括最近中山大学(高雄)、香港大学致赠的荣誉博士。

在一般人(包括我自己)的内心深处总想了解星云大师:

- 如何以其智慧,把深奥的佛理变成人人可以亲近的道理?

- 如何以其毅力,再把这些道理变成具体的示范?
- 又如何会有这样的才能,把庞大的组织管理得井然有序?
- 又如何会有这样的胸怀,在五十八岁就交棒,完成佛光山的世代交替? 又如何在交棒之后,再在海外另创出一片更宽阔的佛教天空?
- 又如何以其愿力、因缘、德行,总能"无中生有",把佛教从一角、一地、一岛而辐射到全球?

二、开创"佛光事业"

自己读经济,用我们的言语来探讨:星云大师是用什么"经营策略",以及什么"商业模式",创造了遍及海内外的"佛光事业"?

相识二十年来,一直在思索他的领导模式与管理哲学。他如何能"无中生有""一有即无"? 他或许会说:"我不懂管理,只懂人心""我不会命令,只会慈悲""我以出世的精神做入世的事业""我相信:舍才有得""我相信:有佛法就有办法"。

2005年出版的《蓝海策略》与《星云模式的人间佛教》,终于提供了关键性的解答。"蓝海"不是政治符号,是一种机会无限的隐喻。《蓝海策略》一书的二位西方学者指出:

企业(或任何组织)不可能永远保持卓越,要打破这个宿命就是要脱离"血腥竞争的红色海洋",去追求一个完全崭新的想象空间与发展方向。它不再坚守一个固定的市场,更不能对旧产业紧抱不放;而是勇敢地另建舞台,另寻市场,另找活水,就会在新发现的蓝海中扬帆前进。当我们看到任何一个组织(从政党到企业)不另找活水时,就会一个一个地在一池死水中衰退,终至消失。

开创蓝海,要有四项策略:(一)"消除"哪些习以为常的因素?(二)"减少"哪些不必要的因素?(三)"提升"哪些因素?(四)"创造"市场上哪些尚未提供的因素?(一)与(二)在节省成本,以扩大需要;(三)与(四)在创造"差异化"与"新价值",以开拓市场。

令人惊讶的是:这个近年来横扫企业界的蓝海理论,早已在佛光山与他的弟子身体力行下默默地推动:

- 他们一直在努力开创佛教的"新市场"。
- 与其他宗教常相往来,使"竞争"变得不对立。
- 创造出信徒及社会的新需求,保持活力。
- 以新的事业与愿景,维持信徒的热情及社会的信赖。
- 不断提升内部人才的培育与外语能力,并且加强内部操作系统。

● 更以不同的说法语言、弘法方式、为教愿心、证悟目标来传播人间佛教。

　　这样的用心、做法、效果，不仅符合蓝海策略，更超越了蓝海策略。因此满义法师所写的《星云模式的人间佛教》，即是人间蓝海的中文版、宗教版；更正确地说，星云大师是人间蓝海的领航者，比之英文著作已经先启航了半个世纪。

　　我们要分辨的是：企业所追求的蓝海是企业利润、个人财富与产业版图；人间佛教所追求的蓝海是现世净土、人间美满、慈悲宽容。

三、"星云模式"的提出

　　我们还应当进一步引用满义法师对"星云模式"的诠释。

　　在知识经济时代的企业运作中，模式（model）的对错，决定公司盈亏。我们常听到高科技企业界的主持人兴奋地说："本公司已经找到可以盈利的新商业模式（new business model）。"或者听到另一种借口："公司之所以亏本，就是选错了商业模式。"因此，"模式"就是指决定运作成败的一套方法、一个过程、一种组织、一种判断。

　　作者满义法师非常用心地根据大师这么多年来的言行

及著述,探讨了人间佛教特有的做法与推展的特色。作者把这些做法与特色归纳为四个项目,然后旁征博引地陈述"星云模式"在于:

　　一、说法的语言不同。
　　二、弘化的方式不同。
　　三、为教的愿心不同。
　　四、证悟的目标不同。

在每一个大项目下,又以清晰的文字与实例来阐释。在引证"说法的语言不同"时,作者指出星云大师:

- 诠释佛法的语言很人性化,没有教条、没有形而上的谈玄说妙,也不标榜神通灵异。
- 说法善于举喻说譬,他常利用故事、公案,借以诠释深奥的道理,令人心开意解,继而对佛教生起信心。
- 说法理路清晰,前后有连贯性,简洁扼要,不会离题漫谈,也没有赘语。

- 说法机智幽默，常常信手拈来，一句话就能回答一个难解的问题。
- 言行一致、言而有信，且一生信守承诺，所开示的佛法都是自己躬亲实践过，所以说来令人信服。
- 讲话圆融，客观中肯，而且面面俱到，总能令举座皆大欢喜。
- 为人慈悲厚道，从小就学习"口边留德"，从不轻易批评、责怪别人，说话总是给人留有余地；他体谅、温厚的性格，总是令人如沐春风，凡是与之接触过的人，无不欢喜亲近，并且被他的诚意感动。

在"弘化的方式不同"之下，作者又指出：

- 提出"用新事业增广净财"的理念，将信仰与事业结合，使信仰佛教的人逐渐"年轻化""知识化"，大大改变过去一般人对佛教的观感。
- 首开兴办活动之风气，通过"多元"活动的举办，不但带动各种社团活动的蓬勃发展，尤其借助于活动，发挥"寓传教于活动"的弘法功能，让佛教走向社会，带动社会善良风气，甚至走向国际，如最近提倡的佛光女篮国际比赛。

- 对于传统佛教的陋习勇于改革,能够摆脱守旧,而不断创新、发展。

这里引述的"不同"即是"特色"。"星云模式"的人间佛教,就拥有这三十二项"特色",突出于海内外的信众及民众的心目中。

从我们研究经济及管理的观点来看,"星云模式"之所以在岛内及国际市场有高度竞争力,不仅在于"差异化"(有三十二项不同),也在于其能满足顾客(此处是指信众)的需求;更重要的是这位领导人拥有四项才能:过人的说服力、坚强的执行力、群众的扩散力、旺盛的生命力。

他回顾自己当年的承诺:"我是出家人,我要把和尚做好。"即使以最严的标准责己,也应当给自己一个"很满意"的分数。

四、"软实力"无处不在

提倡"软实力"(Soft Power)的哈佛学者奈伊教授(Joseph Nye)刚于去年12月访问过台湾。近几年来我不断在鼓吹"软实力"的理念。印证人间佛教的兴起,正证明了"软实力"的实力。

"软实力"是指一种吸引力,能使别人(别国)愿意来称赞、学习、仿效。一个社会拥有的文明、开放、平等、法治、宗教、艺术等等都是软实力的例子。

"人间佛教"的吸引力呈显在文字上与活动上：它可以是一种静态的或与动态的、个人的或团体的、岛内的或国际的，它也可以是"同中求异"或"异中求同"。所有这些吸引力又可归纳为：

（一）奉献的行为。
（二）行善的服务。
（三）慈爱的感染。

佛光山的体系则是源头，它是：

（四）具有效率的组织。
（五）拥有推动的机制。
（六）积极助人的团体。

最后，在信众及民众之间，

（七）凝聚成一股"向上的力量"。
（八）产生了"参与的向往"。

星云大师说过的这些话,都给"软实力"做了贴切的示范:

- "不怕吃亏,吃亏就是占便宜。"
- "给人利用,才有价值。"
- "天下长辈都是我的父母,天下晚辈都是我的子女,天下人都是我的自家人。"
- "你对我错、你大我小、你有我无、你乐我苦。"
- "你中有我,我中有你。"
- "给人就是给己,佛光山就是从'给'里成就出来的。"
- "我跟别人结缘,没有别的本领,只有用感动、用佛法、用真诚的心。"
- "大众第一,自己第二;信徒第一,自己第二。"

五、缘分

二十年来对我影响深远的一位长辈就是星云大师。

我不是佛教徒,也不谙高深的佛理,但常能从他倡导的平易近人的人间佛教中,获取很多启示。即以办教育而言,我一生教书,能教出多少学生?他所创办的大学,如佛光大学、南华大学及美国的西来大学,一年就培养出几千位大学生与研究生。

《远见》杂志促成了我们相识的因缘。那是 1989 年 3 月,大师第一次从大陆访问回来,我们邀请到了他在台北做一次公开演讲,相信这也是在当时的台湾社会,公开"谈大陆行"的第一次演讲。

2006 年 3 月曾有机缘随大师赴长沙有千年历史的岳麓书院聆听他的演讲。正碰上春雨的长沙,数百位听众在这个充满史迹的书院的露天中庭穿着雨衣,专心地聆听他的讲话,这真是从未见过的感动场面。

然后岳麓书院的朱汉民院长请我做十五分钟的讲话,其中有一段话我是在细雨中这样向听众说的:

"随着国际佛光会的散布全球,随着中国社会的逐步开放,星云大师还有更多的人间佛教事业要做,更长的人间佛教道路要走。

"近年来,大师多次受邀访问大陆,他对中国大陆的爱心,已经播下了友谊的种子,迟早必然会对海峡两岸有所贡献,发挥对社会人心净化的功能。

"此刻如果他诞生的土地需要他来协助建立一个和谐社会,我们相信他一定会乐于贡献出他的心力。"

2005 年后大师再回到宜兴复兴祖庭,重建大觉寺,并在扬州设立鉴真图书馆及"扬州讲坛",大陆各地设立四十余所"佛光希望学校",二十余所佛光医院;也在非洲塞内加尔、巴西、印度、菲律宾等地设立育幼院及技能训练班。

他自喻为地球人,跨越宗教、人种、地域。他自己与天主教、伊斯兰教等领袖或会谈、或交流、或共同推动世界和平、人类博爱。近年来常与单国玺枢机主教对话。

从他的高度与视野来看这世间的一切——他的四句话是送给天下人最好的礼物:

人生最大的毛病是自私;
人生最大的悲哀是无知;
人生最大的勇气是认错;
人生最大的本钱是尊严。

在佛光山的大会客厅中挂有三幅字:做好事、说好话、存好心。当重要政治人物看到这"三好"时,内心想必会有一番触动。他近年也在各处推广"行三好,救台湾"。

大师要以"三好"为核心,进而构建"三和":"人民和睦""两岸和平"与"人类和谐"。

佛光山佛陀纪念馆的兴建是星云大师晚年深藏内心的

愿望的实现。它一面供奉佛牙舍利，供世人瞻仰；另一面众人可以学习佛陀的慈悲智慧，创造更真、更善、更美的和谐社会。

此一建馆工程占地一百公顷，自2003年开始，将于2011年竣工。佛陀纪念馆是一座融合古今与中外、传统与现代的建筑。在佛光山巅，它将闪耀着人类文化与佛教智慧的光芒。

出身贫寒的他，从未学习过写字。近年因视力模糊，一沾墨就一笔挥就，被称为"一笔字"。中国艺术研究院院长王文章这样形容"一笔字"：大师的字超越了俗世"规矩"和"方法"，但却气韵流畅；有一种鲜活的灵动之美和深刻的禅意。"一笔字"的书法，近几年来已在台北、北京、南京等地各美术馆展出。大师说："不要看我的字，请看我的心，我有一点慈悲心及一颗中国心。"

他又于2009年设立"星云真善美新闻贡献奖"，肯定在新闻传播领域，对华人社会有重大贡献的新闻专业人士；他们坚持理想，建立典范，并发挥社会公器责任。此一贡献奖已颁发二次，得奖地区除了中国台湾，已扩及大陆、香港地区，以及新加坡、马来西亚。得奖者包括了典范人物奖成舍我、王惕吾、余纪忠；终身成就奖张作锦及教育贡献奖与传播贡献奖等奖项。

20世纪大经济学家熊彼德在1950年去世前，他曾经对彼得·杜拉克父子讲过这么一段话："人们若只晓得我写了几部著作及发明一些理论，我认为是不够的。如果没有改变人们的生活，你就不能说改变了世界。"

大师六十年来在自己的著述及实践中，所提倡的"人间佛教"已经改变了人们的生活，也已经改变了这个世界；像一场"宁静革命"，已在海内外和平地崛起。

文史学者余秋雨先生第一次见到大师，就有这样的印象："大师形象大、格局大、气魄大、心胸大、理想大。"愈与他有机会亲近的人，愈会有这种"大"的体会。

我们不能把他的成就，归于机运；不能把他的"事业"，只认为是宗教；更不能把他的影响，局限于台湾。星云大师的贡献实在已经跨越宗教，超越台湾，飞越时空。

面对外界对他的各种赞誉，他总是淡淡地说："我只是一个平凡的出家人，我来世还要做和尚，因为我做得不够好。"

这真是台湾"经济奇迹"之外的另一个"星云奇迹"。

2010 年 12 月 29 日于台北，
2011 年 1 月 12 日修订